- 教育部人文社会科学重点研究基地
  南京师范大学道德教育研究所成果

- 国家社科基金青年专项"中等职业学校创
  新德育模式研究"（CJA080240）资助

德育新视野丛书

中等职业学校创新德育模式研究

匡瑛 著

中国社会科学出版社

图书在版编目（CIP）数据

中等职业学校创新德育模式研究／匡瑛著 . —北京：中国
社会科学出版社，2013.7
（德育新视野丛书）
ISBN 978 - 7 - 5161 - 2226 - 6

Ⅰ.①中… Ⅱ.①匡… Ⅲ.①德育—教学研究—中等专业
学校 Ⅳ.①G711

中国版本图书馆 CIP 数据核字（2013）第 048603 号

出 版 人	赵剑英
责任编辑	高 涵
责任校对	石春梅
责任印制	王炳图

出 版	中国社会科学出版社
社 址	北京鼓楼西大街甲 158 号（邮编 100720）
网 址	http：//www.csspw.cn
	中文域名：中国社科网 010 - 64070619
发 行 部	010 - 84083685
门 市 部	010 - 84029450
经 销	新华书店及其他书店

印 刷	北京奥隆印刷厂
装 订	北京市兴怀印刷厂
版 次	2013 年 7 月第 1 版
印 次	2013 年 7 月第 1 次印刷

开 本	710×1000 1/16
印 张	20.75
插 页	2
字 数	340 千字
定 价	59.00 元

凡购买中国社会科学出版社图书，如有质量问题请与本社联系调换
电话：010 - 64009791
版权所有 侵权必究

目　录

序

德育从来就是盛宴中每一道菜都不可或缺的"盐",而当"盐"被分离出来时,它就成为累赘物。因此,有人说,"坐忘"才是德育的最高境界。德育只有融于他物成为"视而不见"时,才能充分发挥其功效。

中职德育与中职的教育教学只有从"分离"态走向"融合"态,让教学切实成为道德的事业,让德育成为中职教育的底色,才能真正引领中职生的道德成长。

道德教育是一种以生命影响生命的活动,基于尊重生命、理解生命、生命对话的道德教育创新才能真正奏效。

尊重生命。了解中职生的生命状态和生命追求是开展道德教育的起点。中职德育创新模式研究意在让学生重拾自信、获取道德幸福感,真正践行中国著名的职业教育思想家黄炎培先生所言,职业教育旨在"使无业者有业,使有业者乐业"。

理解生命。把握中职生的生命特质是有效德育模式创新的基础。中职德育的特色就在于从学会做事中学会做人。当前,"做学一体"的改革为中职德育提供了一个全新且适切的结合体。两者的有机整合将进一步彰显德育的全程性与全面性,进一步体现课改的人本性与系统性,进一步推动职业教育的全面协调可持续发展。

生命对话。道德教育影响生命成长的方式不是灌输,而是对话。生命的碰撞、沟通和对话才能真正有助于德行成长。正由于此,德心融合也当成为德育的改革主题之一,实现从心理层面的疏导、道德层面的引导和生涯方面的向导之积极作用。

综上所述,立足生涯发展全过程,着重在做事中学会做人,关注生命成长的中职德育改革正在焕发空前的生命力。

第 一 章

导　论

　　《国家中长期教育改革和发展规划纲要》（2010—2020）提出教育是民族振兴、社会进步的基石，是提高国民素质、促进人的全面发展的根本途径，寄托着亿万家庭对美好生活的期盼。并指出大力发展职业教育，职业教育要面向人人、面向社会，着力培养学生的职业道德、职业技能和就业创业能力。《中等职业教育改革创新行动计划》（2010—2012）指出，中国正处于加快推进社会主义现代化的关键时期，工业化、信息化、城镇化、市场化、国际化加快发展，转变经济发展方式，改造传统产业，振兴战略性新兴产业，推动经济结构调整和产业升级，特别是发展现代农业、先进制造业和现代服务业，同样迫切需要培养数量充足、结构合理的高素质劳动者和技能型人才。大力发展职业教育，既是当务之急，又是长远之计……不断增强中等职业教育服务经济社会发展的针对性和实效性，加快培养数以亿计的具有良好职业道德、必要文化知识、熟练职业技能等综合职业能力的高素质劳动者和技能型人才。那么，居于首位的职业道德如何培养必然是理论界与实践界长期研究的话题。

第一节　问题缘起

一　缘于对当代价值观教育的忧思

　　2005 年暑假，中央电视台《对话》节目邀请中美两国即将进入大学的高中生参与。其中，美国的 12 名高中生都是当年美国总统奖的获得者，国内的高中生也是被北京大学、清华大学、香港大学等著名大学录取的优秀学生。他们一同会聚，就一些主题进行对话。

《对话》开始的第一个环节，是一个关于希腊神话故事中"神"的选择：太阳神阿波罗——代表真理；众神之神宙斯——代表权力；冥界之神哈得斯——代表财富；爱神维纳斯——代表爱与美；智慧女神雅典娜——代表智慧。在列出的这些神话人物里，由中美高中生按照各自的人生价值取向，选择在即将开始的4年大学生活里最想得到哪一位"神"的青睐。

选择结果，美国高中生的选择只有两种：阿波罗和雅典娜——真理和智慧。中国高中生则选择广泛，一半左右选择了权力的代表宙斯，一位女生选择了爱与美的代表维纳斯，其余的分别选择了阿波罗和雅典娜。相同的是中美双方都没有人选择"财富之神"哈得斯。

在陈述各自的选择理由时，美国高中生的主要观点是：希望能够在未来的4年大学生活中不断地成长，成为更好的人。雅典娜的指引能使自己在面对许多争议时，知道到底什么是正确的，什么是错误的，而根据美国的精神，一旦你掌握了真理和智慧，你也就获得了得到权力的能力，获得了拥有财富的机会，也许还能得到爱的垂青。

中国高中生被重点问到了对"权力"的选择。他们的理由是：智慧也好，真理也好，要把它用于实际，我们必须拥有一定的手段，所以选择权力的象征——宙斯。

正是这一选择结果，引发了国人对学生"理想和信仰"状况的质疑和担忧。

有人认为中国学生如此选择是受我们文化中根深蒂固的官本位思想的影响，社会上对于金钱、权力的过分追逐使他们也热衷于选择直奔权力和财富而忽视如何实现的过程。这种选择清楚地映照出了我们的文化传统和社会环境的一些劣根性，而学生们并没有获得对社会风气的免疫力，所以才会作此选择。

现代社会这种实用主义和急功近利的倾向，造成了当前中国教育对有用性的偏好。在此背景下，原本旨在关注人生存意义的价值观教育也出现了严重的功能性危机。为了提升自己的事务性能力，近现代教育越来越精密，但所有这些能力都是关于"如何做"的能力，而作为人文教育的价值观教育面对知识教育的意识形态霸权表现出臣服的姿态，价值观教育存在的价值常常沦落为仅仅向社会提供一定知识和技能的培训服务，忘记了自己本真使命的价值观教育正面临着最终无处为家的困窘局面。中职生也处于同样的阶段，他们受到功利性的影响在某种程度上要高于高中生。而"教育的本质属性在于引导完备人性的建构与发展"①，那么目前中职教育的这种本质属性是否体现出来了，还是产生了偏离？中职学校如何来体现教育的这一本质属性？这些问题值得反思。

二 有感于中职生道德失范事件的频发

在 1980—2009 年间，全国普通中等职业学校（未含成人中专）的招生总数、在校生数和专任教师数分别增长了 6.52 倍、7.99 倍和 2.78 倍，三类中等职业学校的变化情况见表 1—1。②

表 1—1 中国三类职业学校发展的变化

	年份	学校数（所）	招生数（万人）	在校生数（万人）	专任教师数（万人）
中等专业学校	1980	3069	46.76	124.30	12.87
	2007	3801	297.29	781.63	24.90
	2009	3789	311.71	840.43	27.23
职业高中	1980	缺	24.06	31.92	1.65

---

① 鲁洁：《道德教育的当代论域》，人民出版社 2005 年版，第 10 页。

② 《2009 全国教育事业发展统计公报》。http：//www.moe.edu.cn/edoas/web-site18/54/info1209972965475254.htm.（2011 年 4 月 14 日）《各级各类学历教育招生数》。http：//www.moe.edu.cn/edoas/website18/59/info33459.htm.（2011 年 4 月 14 日）《各级各类学校校数》。http：//www.moe.edu.cn/edoas/website18/54/info33454.htm.（2011 年 4 月 14 日）《各级各类学校学生数》。http：//www.moe.edu.cn/edoas/website18/56/info33456.htm.（2011 年 4 月 14 日）《各级各类学校专任教师数》。http：//www.moe.edu.cn/edoas/website18/79/info33479.htm.（2011 年 4 月 14 日）

	年份	学校数 （所）	招生数 （万人）	在校生数 （万人）	专任教师数 （万人）
职业高中	2007	5916	302.18	725.25	30.87
	2009	5652	313.17	778.42	32.15
技工学校	1980	3305	33.13	70.04	6.14
	2007	2995	158.55	367.15	20.43
	2009	3077	156.75	415.32	18.64
合计	1980		103.95	226.26	20.66
	2007	12712	758.02	1874.03	76.20
	2009	12518	781.63	2034.17	78.02

由此可见，我国的中等职业教育发展速度迅猛，成就突出，为社会主义建设培养了一大批建设者和接班人。当然，在 30 年左右的发展中，中等职业教育经历了跌宕起伏的波折历程，出现了几次低谷，如 20 世纪 80 年代中期和 90 年代后期，中职教育规模出现了滑坡，而且在学界出现了"中职还要不要发展"[1] 的大讨论。目前，中等职业教育改革发展迎来了前所未有的重大机遇[2]。由此，中等职业教育领域正在经历一场翻天覆地的改革，特别是课程与教学，正从学科性的知识体系走向强调工作过程的新体系，特别强调了中等职业教育服务产业、支撑产业结构的调整和产业能级的提升，并频频举办"专业技能大赛"等活动，中央和地方都对中等职业教育投入了大量经费，这些举措对于培养学生在就业技能方面的价值是非常值得肯定的。

但是，在中职生就业技能不断提升之后，人们发现，企业等用人单位还是抱怨重重。甚至有雇主提出：企业可以在职培训毕业生的就业技能，不需要太长时间，我们希望学校毕业的学生综合素养好一些。诚如一外企的 CEO 坦言：

---

① 石伟平、徐国庆：《对我国城市中职办学模式的反思与探索》，载《教育研究》2000 年第 12 期。

② 《中等职业教育改革创新行动计划》（2010—2012）。

现在的中职生素质太差，最基本的连小学生都知道的做人道理也不懂。搞生产的，在生产过程中弄虚作假，还大言不惭地说，这种事很正常的；搞销售的，把一家几口人的手机、电话都捆绑在一起，要求企业买单，说说他吧，明天就跳槽了，真是！

甚至，当前谈到中职生，社会舆论总有种"谈虎色变"的倾向，而近来网络上也频频曝光中职生的种种不良事件，导致社会对中职生的印象跌到了谷底，认为中职生就是一个"道德品质差"的群体。

那么，为何我们花了那么大力气，投入了这么多经费，仍然出现了用人单位的上述反馈以及对中职毕业生的负面社会舆论呢？这种现象是如何发生的？究竟是否属实？又是如何演变到今天这个地步的呢？为了解决这些问题，课题组认为很有必要剖析目前的中等职业学校德育，看看其中的核心问题所在，并试图分析总结出其中的原因，最后讨论：面对种种现状，我们应当从哪里入手来改革或改造原有的中职德育？中职的"育人"功能如何发挥？中职德育的目标、内容和过程如何？有没有自身的特色？

由此，本书在研究追寻德育在中职学校的基本价值，回归教育的本质属性，探索中职德育的基本取向，澄清中职德育的范畴等方面，具有重要的理论价值。与此同时，对于中职学校而言，急需一套将上述理论付诸实践的行之有效的德育实施方案，因此本课题研究又具有相当的实践意义。

第二节 文献综述

国内外关注中职德育的研究从总量来看，成果较为单薄。因此，课题组拓宽了搜索范围，以便获得更有价值的研究成果。

一 国外的研究成果综述

国外的研究没有专门针对中职德育的，在 Education Resources Information Center（ERIC）中查找与道德教育相关的研究，绝大部分是关于基础教育和高等教育的。

总体来说，主要的研究内容包括：

（一）学生的道德发展、道德判断、道德行为等

如尼尔·弗格森（Neil Ferguson）的《当前欧洲道德教育及发展研究》①，论文研究了道德教学、道德发展、决策、道德价值、能力、价值观教育、背景效应、测试的合法性等；又如毕特·德瑞贝瑞和史蒂芬·托马（W. Pitt Derryberry & Stephen J. Thoma）合写的《道德判断、自我理解和道德行为：多元建构的角色》②，论述的内容涉及大学生的价值判断、道德培养模式、道德发展和测量，重点指出当前大学道德培养模式的缺陷，提出要建构一种注重道德判断、道德行为的新模式；再如索布瑞克和贝瑞特·卡赛斯（Tone Dyrdal Solbrekke & Berit Karseth）写就的《专业/职业责任——是高等教育的事吗?》③，论文谈到学生态度、新生道德问题、工作环境和专业职责，明确提出大学应当关注和培养学生承担起专业职责。

（二）技术教育中的价值与道德

如萨缪尔·娜塔莉和马克·凡顿（Samuel M. Natale & Mark B. Fenton）合写的《商业教育与培训：一种价值——负重的过程》（第1辑：教育和价值的冲突)④，该书的19篇论文揭示了所有职业/专业（professions）中的价值冲突。又如吉尼·克罗纳（Gene W. Gloeckner）撰写的《性别因素：一个道德两难》⑤，其中具体阐述了在技术教育中出现的

---

① Neil Ferguson， "Current Research on Moral Education and Development in Europe"， *Journal of Moral Education*， Vol. 35， No. 1， March 2006， pp. 129 – 136.

② W. Pitt Derryberry & Stephen J. Thoma， "Moral Judgment， Self-Understanding， and Moral Actions: The Role of Multiple Constructs"， *Merrill Palmer Quarterly Journal of Developmental Psychology*， Vol. 51， No. 1， Jan. 2005， pp. 67 – 92.

③ Tone Dyrdal Solbrekke & Berit Karseth， "Professional Responsibility—An Issue for Higher Education?"， *Higher Education: The International Journal of Higher Education and Educational Planning*， Vol. 52， No. 1， Jul. 2006， pp. 95 – 119.

④ Samuel M. Natale & Mark B. Fenton， "Business Education and Training: A Value-Laden Process"， Vol. 1， *Education and Value Conflict*， 1997.

⑤ Gene W. Gloeckner， "Gender Facts: A Moral Dilemma"， 1997.

因性别不同而产生的道德两难问题，并提出了解决的对策。再如弗列达·窦瑟特（Frieda Douthitt）的《通过职业/技术教育来发展工作伦理》①，它是一则研究报告，主要阐述了工作伦理的教授过程，提出了传统工作伦理在工作时就能在工人之间形成高度的认同感和自觉服从性，但当前则只有一小部分人那么做，因此仅仅通过工作来确立工作伦理是困难的，需要教师通过职业教育/技术教育来实现这一点。

（三）欧洲多学科视角中的道德与社会行为

道德与社会行为国际会议（MOSAIC）集合了国际多学科领域的专家前来参与，这些学者、专家从哲学、心理学以及社会学等角度来观察道德发展、道德教育以及道德观念的发展情况。该主题内容是多样化的，包含价值观教育、宗教导向、跨文化道德评价、个性差异以及道德主导论。

英国利物浦霍普大学的尼尔·弗格森研究了"尼日利亚和北爱尔兰儿童的道德判断力：政治冲突的影响"，该项研究将尼日利亚和北爱尔兰10—11岁儿童的伦理道德进行了对比。该项研究使用了社会道德反应测量表（SRM-SF；Gibbs et al.，1992），并对跨文化测量的有效性进行了评估。在社会道德反应测量表中，尼日利亚儿童得分明显偏低。结果表明：与北爱尔兰儿童相比，冲突强度以及对宗教的、当局的毫无疑问地遵从使尼日利亚的孩子道德水平偏低，尤其在涉及法律、法律正义方面表现得尤为明显。关于这个研究量表的有效性是可以保障的，这个量表对于非欧洲人同样适用，尤其是儿童样本。

奥地利萨尔斯堡大学的辛利德·韦瑞杰和派崔·让—卢克（Sieglinde Weyringer & Patry Jean-Luc）研究了"价值观和知识教育可以合并吗？概念、哲学基础、经验、评估"，介绍了由萨尔斯堡大学开发的以班级为基础的价值教育项目。目前，随着欧盟成员国的扩展，欧盟越来越强调共享价值观。价值观的教育最为关键的是教师，但是很多教师称很难有时间将价值教育作为正常必需授课内容的一部分。价值与知识教育（Patry，2002）是一种试图将知识获得和价值教育整合在一起的教

---

① Frieda Douthitt, "Developing the Work Ethic through Vocational/Technical Education", 1990.

学途径。1984 年柯尔伯格（Kohlberg）的道德发展理论和格拉斯菲尔德（Glasersfeld）的建构主义理论形成了价值与知识教育的理论基础。实践中，价值与知识教育是基于两难困境形成的。当面对该两难问题进行讨论时，学生认为他们没有足够的知识进行辩论，因此，他们要通过搜寻必要的信息来进行高水平的辩论。而建构学习过程是学生自己的责任，学生必须根据讨论中所呈现出的挑战创造自己的知识，这样的学习便成了主动的过程。

德国康斯坦茨大学的乔治·林德（Georg Lind）开展了"道德判断的跨文化的有效性：结果来自于 17 例研究"，将道德判断测试（Lind & Wakenhut，1985）用于评估欧洲五个国家（奥地利、德国、荷兰、波兰以及前南斯拉夫）大学生的道德判断能力。道德测试的有效性不仅通过严谨的翻译已达到语义对等，而且通过运用理论研究中的三个实验标准已达到语用等效。这三个实验标准是：（1）偏好层次（Rest，1969）；（2）情感—认知度（Piaget，1976）；（3）准单纯结构（Kohlberg，1958）。此外，这个道德测试还被翻译成 25 种语言并在更多不同的国家得以应用。已有 17 个不同语言版本的跨文化有效性研究的结果被呈现出来。这个调查结果表明，所有满足这三个标准的新版本被认为是跨文化有效的，并可以应用于跨文化研究。此外，这些调查结果前所未有地支持了认知发展理论的三个假设效度。

匈牙利赛格德大学的凡达和哈拿（Zsuzsanna Vajda & Szabolcs Hajnal）研究了"道德判断的环境影响"，该研究运用社会伦理主导理论，不仅关注结果，更关注形成伦理观念的过程。作者认为社会道德主导论对于道德判断过程缺乏解释力度。这项研究目的是为了发现道德判断过程中的一些细节以及理性思考的背景。一个假设是，除了失范本身，环境对道德失范的严肃评估以及道德特征有影响。环境是显著的原因（违规者的动机以及其他环境因素），而行动是最终结果。另一假设就是当人们采取了违法行为，尽管没有针对某个人的行为触犯了法律，但针对某个人的违法行为会比没有针对某个人的违法行为更加严重。基于皮亚杰的故事的道德两难问题是通过四组年轻人来呈现的。参与者被问到道德两难问题的评价所呈现出来的道德违规是可以识别的，但是原因和结果却是不同的。大体上，该结果支持了假设，并显示了当人们要对道德违规行为的严肃性作出判断时，人们会考虑其前因和后果。该项研究表明了道德观念具有复杂性、逻辑性的特征，并且帮助理解儿童和成人道德判断的差异性。

波兰华沙学院社会心理系的亚历山大·锡兹莱克（Aleksandra Cislak）研究了"在道德归属和政治认知中利己主义的作用"，通过三个实验性研究检验了在道德归属和政治认知中利己主义所起的作用。尽管有数据证实：利己主义在人们作出判断和决策时，发挥了潜在的作用，但是在社会认知中的利己主义的作用似乎被忽视了，并且利己主义被认为只是影响社会判断的一个因素。作者构建了这样的理论并认为利己是通过道德归属形成人际态度的主导因素。在目前的文献中的发现证实了利己的重要性，在当代波兰，在政治直觉中以及选举偏好领域能获得道德能力。实验一的被试有82位退休军官，80位大学生，实验为他们提供了关于参加选举的政客或是有能力或是没有能力的信息，政客或者推行对退休军官有力的政策或者推行对其利益有损的政策。结果表明个人利益影响了选举意图和对政客的认知。同时，如果政客的行为是有利于个人利益的，政客则被认为是更加道德的，反之亦然。实验二的被试有133位大学生，实验为其提供了政客候选人的行为可能会有益于候选人和选民的利益，也有可能有损于候选人和选民的利益。这个实验再次证明了候选人为选民利益而工作时，被认为是更道德；但是如果政客为服务于他们自己的利益的话，他们会被认为是更有能力。实验三的被试是来自三所大学的103位大学生，对他们进行了非常模的案例检测，这些案例或是有利于或是有损于他们的个人利益。结果表明，个人利益的影响与其他人的道德评价相对。该结果表明坚守道德常模的人被认为是道德的，而那些打破常模的人则被认为是不道德的。然而，仍然存在大量的悖论。

由此可见，国外对于道德教育的研究已经有了一定的深度，研究方法也较为多样。但遗憾的是，研究对象大都集中在基础教育和高等教育领域。关于中职德育方面的研究相对少了许多，其研究内容仅限于一般的阶段性道德发展研究。

为了充分收集已有的研究资料和成果，课题组深入挖掘，发现还有三个相关的研究领域：

一是专业/职业伦理的研究，已经相当细致深入，对不同的专业，其至不同的岗位的道德规范作出了明确的界定。有专门的机构进行这方面的研究，如伊利诺斯技术协会的专业/职业伦理研究中心（Center for the Study of Ethics in the Professions at IIT, Illinois Institute of Technology），马萨诸塞技术学院的工程与科学伦理中心（Ethics Center for Engineering & Science, Massachusetts Institute of Technology），电子与电气工程伦理委员会（Institute of Electrical and Electronics Engineering Ethics Committee），马萨诸塞技术学院工程伦理国家中心（National Institute for Engineering Ethics, Massachusetts Institute of Technology），曼哈顿学院专业/职业伦理中心（Center for Professional Ethics, Manhattan College），以及西密歇根大学社会伦理研究中心（Center for the Study of Ethics in Society, Western Michigan University）等。其研究成果公开发布，如在美国、英国等国已经设立了专门的网站，以供查阅。但令人遗憾的是，它仅仅研究了不同专业/职业的伦理要求，但没有涉及如何教育的问题。

二是生涯指导的研究，是职业教育中除课程外的研究主流，世界发达国家和地区如美、英、澳、德、日、中国台湾和中国香港等纷纷探讨从学校到生涯的过渡途径，其内容包含了德育的内容。在这方面，最具代表性的是苏柏（Donald E. Super），他从 20 世纪 70 年代就开始了这方面的理论研究和实践探索，公开发表了一系列论文和书籍，最早引起人们关注的是论文《关于生命长度和生命角色的生涯教育和生涯指导》①，主要阐述了生涯发展理论，包括生命阶段，不同阶段的重点任务、生涯模式和个体差异，并据此提出了不同阶段生涯指导的目标、内容、课程、评价、结果等。随后他进一步深化了生命阶段论，撰写了《生涯发展的生命长度、生命空间方法》②，这是最能代表苏柏思想的经典篇章，也是目前引用最多的。论文界定了生涯的含义，并根据这一含义，提出了生命—生涯彩虹图（Life-career Rainbow）。此后，他所做的研究更为细致，进行了实证调查和模式研究，如 1988 年同道润西·纳微尔（Dorothy D. Nevill）合写的

---

① Donald E. Super, "Career Education and Career Guidance for the Life Span and for Life Roles", *Journal of Career Education*, Vol. 2, No. 2, 1975.

② Donald E. Super, "A Life-Span, Life-Space Approach to Career Development", *Journal of Vocational Behavior*, Vol. 16, No. 3, June 1980.

《大学生生涯成熟度和工作成绩》① 主要研究了职业成熟度和职业表现之间的关系，以性别、社会经济地位、大学水平为维度对 372 名本科生进行调查。调查结果显示职业表现与态度及职业成熟度的认知因素密切相关，性别和社会经济地位与职业成熟度无关。再如，《发展性生涯评价和咨询：C-DAC 模式》②，主要论述了职业生涯发展评价及咨询的模式，填补了生涯发展理论和生涯创新评价手段，并开创了用咨询的方法来进行职业生涯指导的模式。到了 1995 年，苏柏的研究趋于成熟，出版了《生命角色、价值观和生涯：工作重要性研究的国际成果》（第一版）③，重点探讨了在现代生活中工作本质的基本问题，涉及生涯教育、跨文化学习、文化影响、就业、生活满意度、工作满意度、角色冲突、工作态度和工作伦理等问题。除苏柏之外，其他人对该问题也有研究，其结果同苏柏的结论基本是一致的。

　　三是一个比较新的研究领域，即技术伦理。它是技术哲学研究到了 20 世纪 70 年代后出现的伦理转向。有不少技术哲学的研究人员开始对不同领域进行技术伦理研究，拉普、马尔库塞和米切姆等人都有自己的一套技术伦理思想。如马尔库塞在其名著《单向度的人》中，用犀利的语言批判了现代西方发达工业社会由于科学技术的发展，导致了人的单向度性、政治领域的单向度性和思想文化领域的单向度性，由此提出了伦理维度，他指出，"人们日益变成技术、物质资料的生产和消费的奴隶。人与社会的关系、人与人的关系、人与自身的工作关系相异化。一切社会关系变成了单一、片面的社会关系，个人自由的理性变成了技术理性，社会协调并统一了人的生产、消费和娱乐，排除了一切对立和反抗的因素。这样科技进步就造就了单向度的社会、单向度的人和单向度的思维方式。科学

---

① Donald E. Super & Dorothy D. Nevill, "Career Maturity and Commitment to Work in University Students", *Journal of Vocational Behavior*, Vol. 32, No. 2, April 1988.

② Donald E. Super, "Developmental Career Assessment and Counseling: The C-DAC Model", *Journal of Counseling and Development*, Vol. 71, No. 1, Sep. – Oct. 1992.

③ Donald E. Super, "Life Roles, Values, and Careers. International Findings of the Work Importance Study" (First Edition), *The Jossey-Bass Social and Behavioral Science Series*, 1995.

技术所带来的发达的工业社会是一个畸形、病态的社会"①。米切姆则对生物医学、信息技术等领域具体的技术伦理进行了深入探讨，具体内容在下文详细说明。

由此可见，国外对于这方面的研究从量上而言是有一定积累的，但直接研究中职德育的非常少见，从研究跨度来看，主要集中于专业伦理、技术伦理和生涯教育上，其他方面涉及较少。

二 国内的研究成果综述

从国内中职德育的研究看，一个同国际研究相同的趋势是，中职德育与基础教育德育的研究成果相比，显得非常单薄。

（一）关于中职德育的研究

目前中等职业学校最为关心的仍然是学生的出路问题，虽然刊物上不乏关于德育问题的探讨，但都停留于较泛的层面，仅把它作为一种工作来对待，或者个案经验的总结。

例如，有论文提出：长期以来，现行德育存在着以智育模式解决德育问题的弊端。并提出，围绕着"优秀职业人"为目标的中职德育模式，学校以职业生涯规划、行为规范强化、道德实践养成、校园文化熏陶为重点工作，同时加强与企业联络，对比企业用人要求、行业标准、企业文化，真正促成校企培养目标一致，形成了以生涯规划提升职业意识、以企业要求养成职业规范、以行业标准促成职业素养、以校企文化强化职业道德、以园区保障确立职业理想的培养"优秀职业人"德育实践模式。②

又如，仲爱萍提出，随着课程改革的深入、课程理念的更新，原有的课程观——课程即学科的概念已经被突破。新的课程观认为，课程是知识，课程是经验，课程是活动。德育活动的课程化建设正是顺应了课程改革和发展的趋势，将内容不一、形式多样的德育活动按照

① 李桂花、肖爱民：《爱因斯坦与马尔库塞科技伦理思想之比较》，载《吉林师范大学学报》2004 年第 5 期。

② 杨放：《探讨以"优秀职业人"为导向的中职德育模式》，载《中等职业教育》2011 年第 32 期。

课程理念加以整合，使之成为领域广泛、较为稳定、便于实施的课程。通过丰富多彩的德育实践活动，使学生在职业情境中得到专业发展，丰富道德体验，促进个性特长的发展。以学分制为框架，开发具有本校特色的德育活动系列课程，整合社会资源，完善德育课程评价体系。①

其中，长期进行职业院校德育研究的是蒋乃平先生，他撰写了多篇论文，如《创新精神的培养是德育的重要内容》（《职教通讯》2000 年第 5 期）、《职业生涯设计与德育》（《中国职业技术教育》2004 年第 12 期）、《职业理想教育与职业生涯教育》（《教育与职业》2003 年第 1 期）等，并编写了高教版《职业道德与职业指导》一书，为职业院校德育改革提出了许多有益的建议。但遗憾的是，他的研究仅从职业指导和职业生涯设计有助于道德教育的角度来强调，并没有从职业教育德育本身的内容结构、方法途径来系统探讨。此外，还有一些硕士论文谈到相关问题，如《职业学校内化式道德教育理论与实践研究》、《当前重庆市职业中学学生的道德问题及学校德育对策研究》等，其中确实揭示了一些关于学生道德和中职德育现存的问题，如缺乏诚信、不负责任、只重知识灌输、脱离生活实际等，并提出了相应的对策，如加强责任感的教育、德育要贴近生活实际、要重视体验等。但遗憾的是，这些问题的挖掘仅停留于事实的表象，还没有深入到深层原因，因此所提出的建议只能是流于表面；此外，论文对中职德育的探讨没有凸显中职本身的特色，仅仅是从学校德育的困境与对策角度来论述的。

就技术伦理教育而言，它是一个比较新的研究领域，特别是在中职教育中，但关注它的学者都认为它是中职德育的重要内容，如陈向阳提出：（技术伦理教育）是职业技术教育自身本质回归的需要，是培养完整的"技术人"的需要，且经济社会的迅速发展需要培养具有技术责任感的公民。在此基础上，提出了两种实施方法：学科渗透式教学和活

---

① 仲爱萍：《学分制框架下中职德育活动课程的设计与实施》，载《中国职业技术教育》2011 年第 11 期。

动渗透式教学。①

就职业道德或专业伦理而言，对于不同行业和不同领域已经有了初步的研究，如有医疗人员的职业道德、会计从业人员的职业道德、教师的职业道德等。但这些行业职业道德的研究较粗、较泛，同社会公德没有很大区别，主要停留于道德原则层面。且从实践效果来看，这些职业道德对从业人员的约束力还是比较缺乏的。

上述这些研究确实针对中职德育现存弊端提出了一些有用的建议，但是从总体上看还存在以下几个问题：（1）实践经验多于理论研究，关于中职德育的研究，大多来自"教学一线"的教师实践经验的总结，总体上具有零散性和个性经验的特点；（2）缺乏系统性和整体性，缺乏对中职德育背景的思考和对中职德育发展至今的历史必然性的思考；（3）缺乏具体化、可操作性的德育方案和建议；（4）对职业道德和技术伦理的研究不成熟，且对于如何进行相关教育研究不多；（5）缺乏对中职学生群体特征的研究，对于中职生特有的心理特征、道德认知水平等研究不够深入，由此导致研究的针对性不强，难以起到"有的放矢"的作用；（6）缺乏多视角、多学科的研究，目前的研究主要还是就问题研究问题，几乎没有从心理学、伦理学、经济学、社会学等多学科、多视角开展交叉研究。

（二）关于德育原理的研究

从德育原理研究的角度看，目前我国对德育的内容和实施途径都有了较为深入的探讨，并形成了几大主要的观点：如以人性化和生命教育为核心的系列研究（班华，2002②；高德胜，2005③；王健敏，2002④；刘慧，

---

① 陈向阳：《试论高职院校中的技术伦理教育》，载《中国高教研究》2006 年第 2 期。

② 班华：《德育理念与德育改革——新世纪德育人性化走向》，载《南京师范大学学报》（社会科学版）2002 年第 4 期。

③ 高德胜：《走向内在和谐——道德教育与生命的摩擦辨析》，德育论专业委员会 2005 年年会交流稿。

④ 王健敏：《道德学习论》，浙江教育出版社 2002 年版，第 10—14 页。

2005①；李菲，2005②）。又如以德育生活化为主要观点的系列研究（高德胜，2003③；李太平，2005④；郑航，2005⑤；侯亚彬，2005⑥；林宁，2005⑦）。再如以体验为中心的系列研究（刘惊铎、姚亚萍，2005⑧；刘惊铎，2003⑨；苏静，2005⑩；刘济良，2005⑪；韦京利，2005⑫）。《教育研究》杂志专门对 2005 年关于道德教育问题的研究作了一个很好的归纳，主要有如下观点：（1）道德之知本是一种实践之知，当代的道德教育却以普遍化、客体化的知识割断了与生活和实践的联系，走上了一条唯知识化的道路。（2）20 世纪末全球性道德教育危机的根本原因，是由于对道德教育本质的认识不够全面，即把道德等同于知识，忽略了道德教育的目的是行为的改善。（3）对于德育工作细微品性缺乏认知和领悟，在分数和升学率面前，德育不过是一种陪衬和摆设，导致德育工作的形式化、空

---

① 刘慧：《教育：关注个体生命智慧的陶养——当代教育转型的一种思考》，德育论专业委员会 2005 年年会交流稿。

② 李菲：《近年来我国德育目的研究的现状及存在的问题》，德育论专业委员会 2005 年年会交流稿。

③ 高德胜：《知性德育及其超越——现代德育困境研究》，教育科学出版社 2003 年版。

④ 李太平：《关于中国德育研究的思考》，德育论专业委员会 2005 年年会交流稿。

⑤ 郑航：《和谐社会的"好生活"与道德理性的成长》，德育论专业委员会 2005 年年会交流稿。

⑥ 侯亚彬：《论道德教育由"规范"向生命的回归》，德育论专业委员会 2005 年年会交流稿。

⑦ 林宁：《学校德育：从知性德育到生活德育的转化》，德育论专业委员会 2005 年年会交流稿。

⑧ 刘惊铎、姚亚萍：《生态体验：臻于美善和谐境界的教育模式探索》，德育论专业委员会 2005 年年会交流稿。

⑨ 刘惊铎：《体验：道德教育的主体》，载《教育研究》2003 年第 3 期。

⑩ 苏静：《论新德育课程观》，德育论专业委员会 2005 年年会交流稿。

⑪ 刘济良：《生命体验：道德教育的意蕴所在》，德育论专业委员会 2005 年年会交流稿。

⑫ 韦京利：《从个体的生命体验做起——构建和谐社会道德教育发展的起点》，德育论专业委员会 2005 年年会交流稿。

泛化和简单化现象相当严重。(4)德育低效源于普遍利用虚拟道德教育情境进行道德教育,而不能引发学生真实的道德冲突。寻求放之四海而皆准的"处方"和精确制导的"技术手段",缺乏主体间的交流、对话和关怀,缺乏真实的道德体验。(5)道德教育不仅是社会或国家对个体的一种规约和要求,也不仅仅是用社会性的价值规准去要求个人,道德对个人要求最终应当是关注个体的生活质量和生活幸福。(6)为克服传统德育方法表现出的诸多弊端,道德教育应从"知识"转向"故事",从"灌输"转向"对话",从"大道理"转向"小细节",从"感悟"转向"践行",从"受爱"转向"创爱"。(7)进行德育工作制度化、个案化建设,是解决德育形式化的关键;改善师生的道德生活环境,强调学生的德育体验,是学校德育工作必须加强的细微环节;德育工作生活化、真实化是改变德育工作空洞说教倾向的必然选择。这些都代表了德育研究的主流思想。

与此同时,德育原理的研究经历了若干变化:从宏观主题走向微观化、个性化的转变;从对德育本身的研究转向关注德育外部环境的研究,并注重理论研究与变革社会中的现实问题相结合;从以经验为范式的研究向科学化的研究转变;更加注重德育实效,特别是德育实施途径和方法的创新研究(迟希新、檀传宝,2005年)。①

但从其涉及的范围来看,主要是社会公德和私德,主要指向基础教育阶段的德育。除此之外,还有不少基于上述观点的教育实验和实践。但涉及职业院校的德育研究和职业道德教育的研究还为数不多。

综上所述,已有的研究在一定程度上为本书的研究提供了必要的研究基础,如对于道德教育的认识、道德发展阶段、德育课程教学、各专业/职业伦理规范、生涯教育的理论与指导等方面有了专门的、长期的、多方面的研究。但是,已有的研究对中职德育缺乏针对性,主要体现在如下两个方面。

第一,在研究范围方面涉及中职的研究数量少,不够深入。德育研究尽管在国内进行了较长时间,在基础教育方面取得了丰硕的成果,但在中

---

① 迟希新、檀传宝:《20年来全国教育科学规划德育研究的回顾与反思》,德育论专业委员会 2005 年年会交流稿。

等职业教育领域，研究仍然相当薄弱，具有较大的理论研究和实践研究的空间。

第二，在研究方法上以总结归纳德育做法和经验的居多，也有一些从应然层面探讨改革策略的，但理论研究与实践改革之间总是存在较大的脱节和割裂。能够从总体上系统研究中职德育的困境、问题，并整体设计中职德育方案，寻找试验点验证的这种理论与实际相结合的研究成果极少。

这些都给本书预留了充分的研究空间。总体而言，这些研究成果还不能够充分回答以下问题：当前中职德育的总体情况如何？存在哪些问题及其原因何在？中职德育应该如何改革？其特色何在？它和生涯教育有没有关系，是什么样的关系？如何在实践层面创新中职德育模式？等等。这些问题将成为本书的研究重点。

第三节　研究思路与框架

通过较全面的文献综述，课题组经过多次商讨将本书的思路和技术路线拟定如下。

一　研究思路

本书的研究思路是：试图通过对中职德育困境的调查分析，寻找中职德育困境的表层原因，其中一部分原因和其他教育机构的德育问题是一致的，另一部分原因是中职特有的。接着，从这些表面原因深入，探求其更深层次的背后原因。然后，从这些原因的改善出发，结合时代新特征对中职德育的调整，讨论新时代中职德育的基本取向，探讨跟中职德育相关的有争议的问题。根据这些基本取向，探讨中职德育在实施层面的导向性原则，主要内容涉及中职德育的目标、内容和过程。最后结合原则，选择一些合适的学校，开展蹲点式实践，最后对中职德育的创新模式研究进行展望。具体的技术路线如图1—1所示。

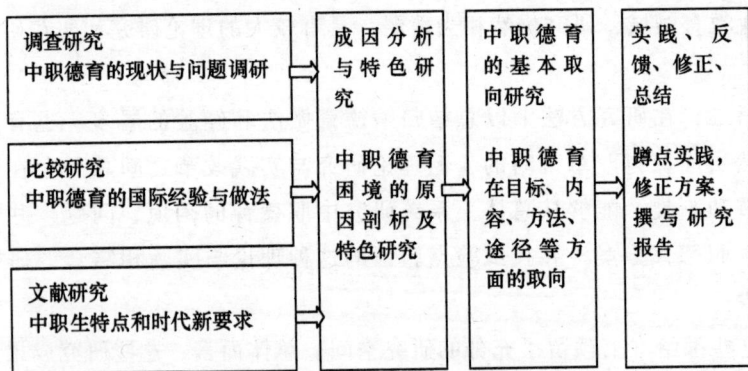

图1—1　本研究的技术路线示意图

二　研究方法与框架

在方法论上，力求做到理论与实践相结合、历史与逻辑相结合、国外经验与本土实际相结合。在具体方法上，综合运用调查研究法、文献分析法等。

调查研究法——通过问卷和访谈，把握当前中职德育的主要问题及其成因。

文献分析法——用于获取已有中职德育研究资料以及时代新特征对中职生的要求及影响。

比较法——通过国际比较研究，获取中职德育的先进经验，以供借鉴和学习。

准实验法——通过选择个案学校，实施蹲点研究，修正初拟方案，开展创新模式的实践。

本书分为七个部分，主要框架如图1—2所示。

第四节　概念厘定

在行文之前，有必要界定相关概念，本书的核心概念是：中职德育。有必要对这一概念进行界定。

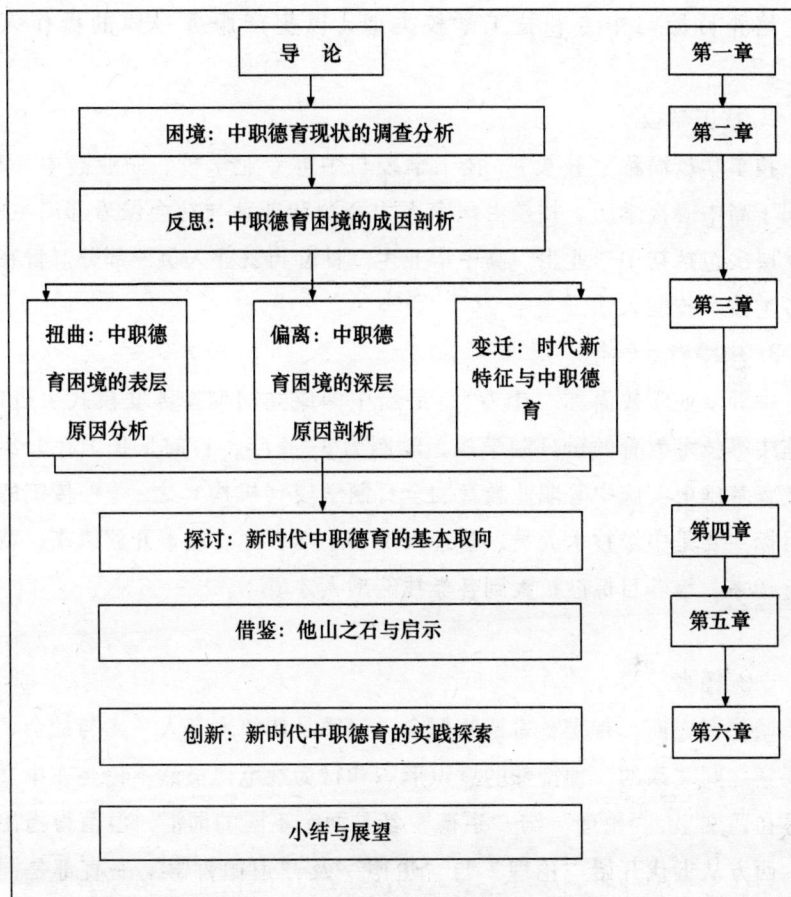

图1—2　本文的研究框架图

一　中等职业学校

中等职业学校是从事中等职业教育的正规办学机构，在中国主要包括四类，即职业高级中学、技工学校、中等专业学校和成人中专。但本书主要关注职前教育，因此不把成人中专纳入研究的范围之内。

1. 职业高级中学

职业高级中学简称"职业高中"，是我国在九年义务教育基础上实施中等职业教育的全日制学校（机构）之一，隶属教育行政部门，大部分由普通中学改办。① 一般招收初中毕业生，学制三年，也有二年和四年的。培养目标与中专和技工学校类似，以生产服务一线的操作人员为主。②

2. 技工学校

技工学校简称"技校"，技工学校与中等专业学校、职业高中一样，等同于高中等次学历。技校由国家人力资源和劳动与社会保障部门主管，招生层次包括初中毕业生、高中毕业生、社会再就业人员三部分。旨在培养各类技术技能人才。③

3. 中等专业学校

中等专业学校简称"中专"，是新中国成立初期按苏联模式引进的、实施中等技术教育的全日制学校，学制为3—4年，目前是我国在九年义务教育基础上实施中等职业教育的全日制学校（机构）之一。④ 传统的培养目标主要是中级技术人员、管理人员和小学教师。改革开放以来，特别是近年来，培养目标已扩大到各类技能型人才。⑤

二 德育

谈德育之前，首先看道德的概念。道德是调整人与人、人与社会、人与国家之间关系的一种特殊的意识形态和行为规范。虽然不论是在中文里还是在西文里，"伦理"与"道德"都是两个不同的词汇，但值得指出的是，西方从近代开始"伦理"与"道德"及"道德哲学"一直都是同义词，基本上代表着同一个概念。哈贝马斯从某种意义上讲已经被看作是继康德之后德国最有影响的伦理学家，但他认为伦理理性所要解决的是"善"的问题，而道德理性要解决的则是"公正"的问题。这与我们通常对伦理（以对公正、合宜的探讨为核心）与道德（以对善的探讨为核心）

---

① 石伟平：《职业技术教育学专业术语及其解释》，教师课件。
② 百度百科："中职生"。http：//baike. baidu. com/view/2066074. htm。
③ 百度百科："中职生"。http：//baike. baidu. com/view/2066074. htm。
④ 石伟平：《职业技术教育学专业术语及其解释》，教师课件。
⑤ 同上。

的理解正好相反。① 这里不准备对这个问题进行研究，因为本书的主题是
道德教育，就教育的角度来讲，善和公正都是必须涵盖的内容。因此，本
书沿袭许多人通常的做法，即不对伦理与道德这两个词汇作出严格的
界定。

所谓德育，从外延上讲，它有广义和狭义之分，广义的德育是指旨在
形成受教育者一定思想品德的教育，包括道德教育、政治教育、思想教
育，中国一直以来持此观点；狭义的德育则指道德教育或品格教育，是形
成人们一定的道德意识和道德行为的教育，它的任务是提高道德认识、陶
冶道德情感、锻炼道德意志、确立道德信念、培养道德习惯等。② 在西方
的语言系统中，一般指伦理道德教育以及有关的价值观教育。从内涵上
讲，德育就是把一定的思想观点、政治准则和道德规范转化为受教育者个
体的思想品德的社会实践活动。③

从学术上讲，道德教育、政治教育和思想教育是不同的概念，但从学
校实际出发，往往把政治教育、思想教育和道德教育三大板块的内容合称
为德育。其原因是，学校生活中不存在绝对独立的道德教育，它必然与其
他两种教育产生千丝万缕的关系。本书由于讨论的是中等职业学校的德
育，因此，仍然沿袭这一传统比较合理，但其中以讨论道德教育为主。

三 职业道德与职业道德教育

所谓职业道德，是指从职人员在职业活动中应当遵循的道德，在职业
生活中形成和发展，以调节职业活动中的特殊道德关系和利益矛盾。它同
社会公德的关系是：一般社会道德在职业活动中的体现或者在职业道德中
提炼出相关原则作为社会公德。社会主义社会的职业道德是在共产主义道
德的指导下形成的，它的基本要求是向社会负责、忠于职守、全心全意为
人民服务等。各行各业都有各自不同的职业道德，如医务道德、教师道
德、商业道德、律师道德等。研究各种职业道德的学科称为职业伦理

① 甘绍平：《伦理智慧》，中国发展出版社 2000 年版，第 1—2 页。
② 顾明远主编：《教育大辞典》，上海教育出版社 1998 年版，第 236 页。
③ 胡守棻主编：《德育原理》，北京师范大学出版社 1995 年版，第 3 页。

学。① 职业道德在国外的文献中常常被称为专业伦理。

所谓职业道德教育，是指对在职人员和将就职人员进行一定职业的行为规范的教育，旨在使受教育者形成一定职业的道德意识和养成相应的职业道德行为习惯。

四 技术伦理与技术伦理教育

一般来说，对技术伦理的界定大致上分为三种观点：一是将技术伦理等同于技术探索活动中的伦理道德；二是认为技术本身负载着价值；三是主张将伦理关系延伸到人与自然的关系当中。比较通用的技术伦理是指通过对技术行为进行伦理导向，使技术主体（包括技术设计者、技术生产和销售者、技术消费者）在技术活动过程中不仅考虑技术的可能性，而且还要考虑其活动的目的、手段以及后果的正当性，通过对技术行为过程的伦理调节，协调技术发展与人、社会以及自然之间紧张的伦理关系。

所谓技术伦理教育，就是对正在从事技术活动的人员或将从事技术活动的人员所进行的关于该领域技术活动的目的、手段及后果的正当性的伦理教育。

---

① 《辞海》，上海辞书出版社 1989 年版，第 2049 页。

第二章

困境:中职德育现状的调查分析

中职德育效果不佳、存在问题，这是一个不争的事实，理论界和实践界都认可。但是究竟问题何在，核心症结何在，已经有不少研究探讨过，正如文献综述所言，但这些研究并没有达成一个共识，很多描述的是现象。为了达到"对症下药"的目的，课题组觉得有必要对中职德育现阶段的情况作一摸底和有针对性的调研。

为了避免调研过于宽泛，课题组设计了一个从面到点逐步深入的调研方案，整个调研遵循了制订方案—实施调研—补充调研—修正方案—再次实施调研—补充调研的路径。

总体上，可分为三个阶段：第一阶段为中职德育总体情况的摸底调研；第二阶段和第三阶段分别聚焦于课程教学及德育实施情况的调研与中职生问题行为的调研。可以说，第二、三阶段是在第一阶段基础上有聚焦地深入和延续。第三阶段的调研是在第二阶段调研的意外发现中调整和确定的。整个调研过程如图2—1所示：

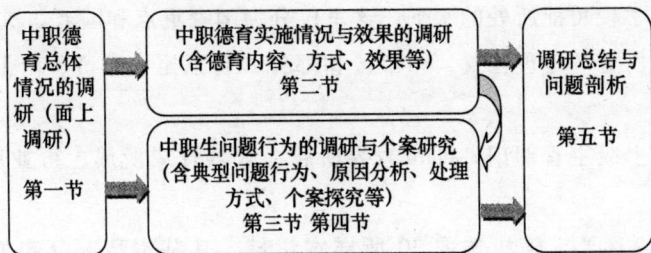

图2—1　课题调研过程示意图

第一节　中职德育总体情况的调研

为了更真实地了解中职德育的现状，课题组决定先从面上的总体情况入手，核心目的是全面且深入了解中等职业教育当前的德育工作情况。该调研是所有调查研究的铺垫，是了解事实（做了什么？什么还没有做？做到什么程度？效果如何?），寻找切入点（哪些是典型的问题？最需要解决的是什么？难点何在?）的根基，也为后续调研奠定了必要的基础。需要说明的是，中职德育课程在全国范围内都使用统一大纲和教材，于是，课题组于2008年11月下旬—2009年2月，选择了调研最为便利的上海市，分别对30所样本学校进行了多方面的德育工作调研，获取了真实和较为全面的信息。

一　调研说明

（一）调研方案

1. 调研对象

本调研选取了上海市30所中等职业学校，样本选取时主要考虑如下几个变量：

（1）该校主干专业所属的产业，即农林业、工业和服务业；

（2）所有制性质，即公办和民办；

（3）学校所属类型，包括中等专业学校（简称"中专"）、职业高中（简称"职高"）、技工学校（简称"技校"）；

（4）学校目前所处的水平，这里仅分为国家重点和国家非重点；

（5）所处的地理位置，即市区和郊县（含嘉定、奉贤、南汇、青浦、崇明等）；

（6）上级主管部门，即市教委所属、区教育局所属、行业所属和高校附属。

根据上述要求随机选取30所样本学校，其基本情况分布如表2—1所示：

表 2—1　　　　　　　　　　调研学校的基本情况汇总　　　　　　（单位：所）

	所属产业			性质		学校类型			学校水平		地理位置		主管部门			
	一产	二产	三产	公办	民办	中专	技校	职高	重点	非重点	市区	郊县	市教委所属	区所属	行业所属	高校附属
	1	15	14	29	1	18	1	11	25	5	21	9	2	12	15	1
总计	30			30		30			30		30		30			

在样本学校中，课题组选定的调研对象包括四类：

一是校长（正职校长和分管德育的副校长）；

二是教师（文化课和专业课教师）；

三是学生（主干专业、不同年级的学生）；

四是对口企业（由学校提供）。

2. 调研方法

本调研中采用了访谈法、座谈法与问卷法。其中访谈和座谈过程中大部分已经对方许可，进行了录音。

（1）访谈法：分别对30所学校的正职校长、分管副校长和对口企业相关人员（3—5人）进行访谈。

（2）座谈法：分别对30所学校中按要求（具体要求见附件）组成的教师小组（8—10人，含文化课和专业课教师）和学生小组（8—10人）进行座谈。

（3）问卷法：每所学校发出专业课教师问卷10—15份，文化课教师问卷10—15份，学生问卷100—110份（具体数量根据各校的实际情况调整）。

需要说明的是，校长访谈和企业访谈部分的调研工具既包括封闭式的问题也包括开放式的问题，均由访谈者来填写。

3. 调研工具

本调研采用了如下调研工具：《上海市中等职业学校德育工作调研问卷》（教师卷、学生卷），《上海市中等职业学校德育工作访谈提纲》（教师卷、学生卷）以及《上海市中等职业学校德育工作访谈提纲》（校长卷、企业卷）。

4. 调研内容

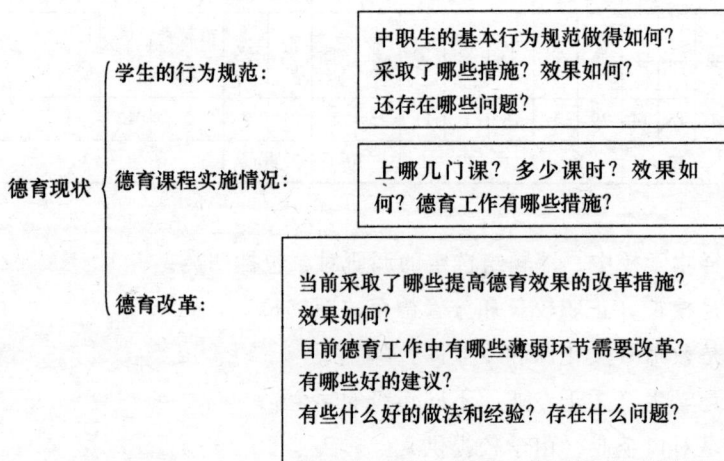

5. 调研进度

2008 年 11 月 30 日—12 月 6 日：制订调研方案，成立调研小组；

2008 年 12 月 7 日—12 月 12 日：初步拟定调研问卷和访谈提纲，并小试；

2007 年 12 月 13 日—12 月 21 日：修改并印刷；

2008 年 12 月 22 日—1 月 10 日：分组实施调研；

2008 年 1 月 11 日—1 月 15 日：利用 SPSS 统计原始数据；

2008 年 1 月 16 日—2 月 10 日：分析数据，并撰写调研报告初稿；

2008 年 2 月 11 日—2 月 28 日：修改并成稿。

6. 调研报告提纲（略）

（二）调研的技术报告

1. 问卷（包括访谈部分）回收情况（如表 2—2 所示）

表 2—2　　　　　　　　　问卷回收情况　　　　　　（单位：份，%）

序号	校长卷	学生卷	文化课教师卷	专业课教师卷	企业卷
1	2	99	7	10	3
2	2	100	7	12	4
3	2	100	8	10	5

序号	校长卷	学生卷	文化课教师卷	专业课教师卷	企业卷
4	2	100	8	9	5
5	1	100	10	5	5
6	2	100	8	10	3
7	2	100	10	10	5
8	2	97	9	10	5
9	2	99	9	10	5
10	2	100	9	10	5
11	2	72	9	10	5
12	2	98	10	8	5
13	2	100	10	9	5
14	2	100	10	10	5
15	2	100	13	16	5
16	2	97	10	10	5
17	2	109	10	16	5
18	1	100	10	10	5
19	2	100	10	9	5
20	2	100	10	10	5
21	2	99	10	10	5
22	2	96	10	10	5
23	2	100	10	8	4
24	2	100	9	10	5
25	2	100	8	10	5
26	2	100	10	10	5
27	2	100	10	9	4
28	2	100	10	10	5
29	2	98	10	10	5
30	2	100	9	10	5
回收总计	58	2964	283	301	143
发出总计	60	3009	303	314	150
回收率	96.7	98.5	93.4	95.9	95.3

2. 座谈情况（如表2—3所示）

表2—3　　　　　　　　　　座谈情况汇总　　　　　　（单位：人）

序号	教师		学生		
	文化课	专业课	一年级	二年级	三年级
1	4	6	4	4	4
2	3	7	3	5	5
3	3	6	6	6	0
4	2	7	3	7	0
5	1	7	7	5	0
6	1	9	5	0	7
7	2	8	3	4	4
8	3	6	5	5	0
9	5	5	4	8	0
10	2	6	0	7	5
11	4	6	4	6	2
12	3	7	3	8	0
13	2	9	0	7	4
14	1	8	3	5	4
15	4	5	6	5	0
16	2	9	4	5	0
17	4	7	8	3	0
18	1	9	0	7	5
19	1	10	0	6	6
20	4	4	0	8	4
21	3	8	5	6	0
22	2	7	7	5	0
23	3	8	0	6	5
24	2	9	4	8	0
25	4	6	0	4	7
26	3	8	5	6	0
27	2	8	6	4	0

续表

序号	教师		学生		
	文化课	专业课	一年级	二年级	三年级
28	2	7	0	12	0
29	3	8	11	0	0
30	4	6	4	7	0
总计	80	216	110	169	62

3. 统计情况

需要说明的是:首先,在回收计数时已经除去了废卷;其次,由表2—2可见,问卷的回收率较高,因此样本数据可视为有效;最后,全部数据均采用 SPSS 13.0 和 EXCEL 软件处理,主要采用的统计方法是百分比统计法和相关系数统计法。

二 调研结果与分析

根据调研方案,课题组主要从三个方面对德育进行调研,即学生的基本行为规范、德育课程及其效果和德育的改革措施。从调研的结果看,校长、教师和学生对德育现状的认识和体会比较一致,概括地说,就是"重点强调、常抓不懈、效果稳定,但仍存在新老问题交织的局面"。具体而言,表现如下:

(一) 中职生的基本行为规范普遍受到重视,且效果持续稳定

调研结果显示,目前各校普遍非常重视学生的行为规范,通过多层面、多维度地教育、管理和监督,包括学校的宣传鼓动、营造氛围,班主任和德育教师的常抓不懈,学生会干部的协助监督,任课教师的积极参与和学生自身的自我约束,取得了一定的成效。各校都制定了详细、具体、严格的学生行为规范制度和学生道德操行评定手册等并认真执行。

总体来看,校长和教师对学生行为规范比较认可。校长们认为虽然目前中职生的生源质量在下降,但由于学校一直以来加强德育,学生的行为规范表现持续稳定。从教师的反映来看(见图2—2和图2—3),有64%的文化课教师和58%的专业课教师认为学生的行为规范做得"非常好"或"很好";认为学生基本行为规范做得"一般"以上的文化课和专业课

教师分别达到 96% 和 91%；没有教师认为学生基本行为规范做得很差。

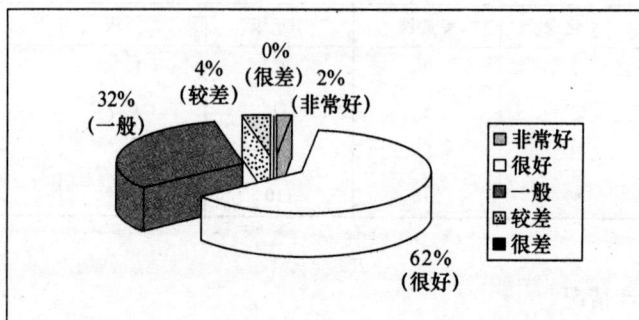

图 2—2　文化课教师对学生基本行为规范的评价

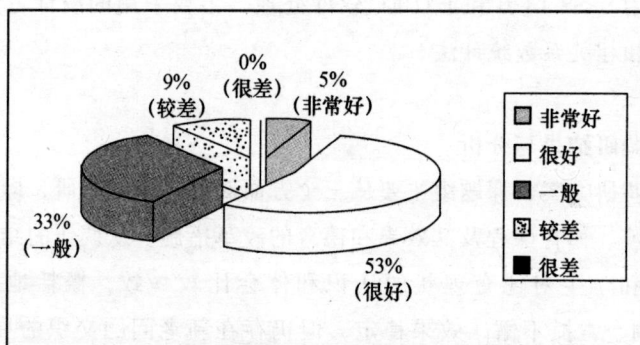

图 2—3　专业课教师对学生基本行为规范的评价

　　跟为数不多的企业接触后发现，企业对中职毕业生道德素养的看法与校方有比较大的差异。他们认为中职毕业生的道德品行优劣不一，有两极分化的趋势。他们认为有素养非常高、非常优秀的学生，但也必须承认有些中职生的道德品行、劳动态度和自律能力很有问题，企业很难招聘他们为员工，否则就是自找麻烦。

　　从主观上来看，学生也认为学校对行为规范要求严格，"能够对学生起到约束和规范的作用"。从统计的结果来看，有 20% 的学生认为自己学校的行为规范做得"非常好"，52% 的学生认为做得"很好"，认为做得"一般"的学生占 23%，仅 5% 的学生认为做得"较差"或"很差"（见图 2—4）。

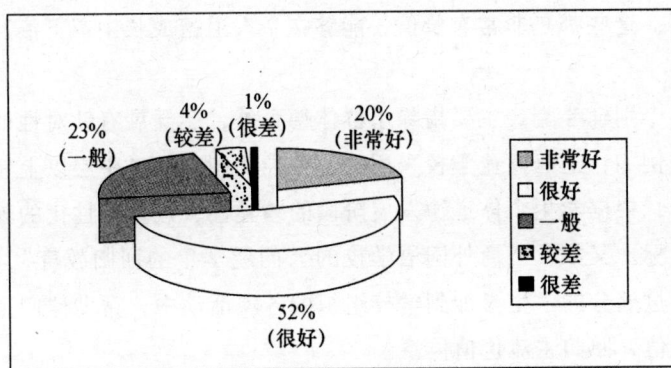

图 2—4　学生对自己学校行为规范的评价

当然，在访谈和座谈中，我们也了解到，尽管目前的行为规范总体做得不错，但仍存在一些久治不愈的难题，典型的如学生的抽烟问题、打架问题、不当恋爱行为等，成为中职校园文明的顽疾。

（二）"大德育"观念深入人心，各校积极采取多样化的德育措施

根据调研情况，我们可以认为"大德育"观念已经深入人心。各校都通过各种方式把心理教育、法制教育、政治教育、礼仪教育、思想教育、职业生涯教育、美育等整合到"大德育"框架内，依托德育课程、主题班会、德育主题月、校内外活动等平台对学生施加积极的德育影响。各校为了加强德育效果，除常规德育外还采取了多样化的德育措施，可谓"八仙过海，百花齐放"。归纳起来，具有典型性和代表性的有如下几类：

一是职业道德教育引领类。主要是通过行业职业道德的要求来规范学生日常行为和工作行为。例如，上海商贸旅游学校根据行业要求进行礼仪规范教育，上海医药学校根据行业规范开展医药职业道德教育。

二是活动影响类。调研中，不少学校开展了各类德育活动，以期通过活动的影响力使得学生的道德水平得以提升。例如，上海信息技术学校的"生命历程"德育活动，通过参观、讲座等活动形式，带领学生体验整个生命历程，从产房开始，到各个行业工作现场，到老人院结束，展现不同的生命轨迹，每次活动结束后要求学生写下感受和体会，这个活动对学生的影响非常大，引导学生仔细去观察每个生命的不同轨迹，从先进人物的人生到劳教人员的人生，全方位立体呈现了"生命历程"，引导学生去思

考、去选择、去把握。又如，上海工商外国语学校帮助自闭症儿童的志愿者活动等。这些都是非常有价值，能够在个人道德成长中留下痕迹的德育活动。

三是个别辅导类。主要指除了群体德育外，还开展有针对性的个体德育辅导。例如，上海商业学校采用的德育导师制。通过中层以上领导与学生结对子，根据学生个体道德发展阶段的差异性，进行个性化的辅导，实现德育目标。又如，工商外国语学校的"问题学生的回归教育"，针对性地选择受过处分的学生参加到学校组织的各项活动中，帮助他们重新寻找自己的价值，回归主流价值体系。

四是行为训练类。主要是通过各种方面规范学生的道德行为。例如，上海大众工业学校的封闭式管理、上海物资学校和上海经济管理学校的半军事化管理，主要借助武警官兵的力量，训练学生良好的行为习惯。又如，上海信息技术学校提倡的"德育工作行为化"，首创了德育学分制，通过设计活动性的相关课程，使学生了解、把握德育的益处，积极参加德育活动。

五是渗透感化类。主要通过其他活动进行道德渗透和道德熏陶。例如，震旦中等专业学校、民航上海中等专业学校、逸夫职业技术学校等将德育工作渗透在兴趣小组、艺术竞赛、心理建设等活动中，把德育融入美育、体育、心育等，以情动人，以德育德，以心育心。

六是自主管理类。主要指通过培养学生自律的方式提升其道德水准。例如，上海医药学校开展的自主德育创新模式探索，通过学生自主探索行业职业道德规范、社会行为规范，自主管理班级，自我监督和自我约束的方式，实现自身道德修养的提升。

七是创设条件类。主要通过创造优良环境的方式避免学生与具有负面影响的环境接触。例如，上海物资学校通过向学生免费开放电子阅览室来杜绝学生到网吧的非良性上网现象。

八是整合作用类。主要是通过教育合力以及整合各个方面的德育资源协同进行道德教育。例如，上海交通大学附属卫生学校的"一体化"育人模式，即"学校—实习医院—社区—家庭"四结合的育人模式，为学生的成长营造全方位的良好环境。

上述的列举并不能穷尽所有学校的德育改革措施，但这些都是符合学校实际、学生实际,且取得了实效的德育措施,值得进一步实践和推广。

(三)传统的德育课程政治化、知识化倾向严重,效果令人担忧

在调研中,我们发现,各校所开设的德育课程结构是:传统德育课程加上校本德育课程,每周课时数平均为2节,有些学校只有1节,有些拥有校本课程的学校则增加为3节,且贯穿整个学程。传统德育课程包括《法律基础》、《政治和经济》、《哲学》、《职业生涯教育》、《职业道德》,在所调研的样本学校中,开设传统德育课程的科目不完全一致,但基本都包括前三门课程;从内容上而言,教学内容基本依据教材内容,有些学校进行了校本化的改造。校本德育课程根据学校需求开设,并非所有学校都有。有些学校特色明显、效果良好,典型的如上海行政管理学校的《青春心事》,上海南湖职业技术学校的《两纲教育》,上海交通大学医学院附属卫生学校开设的《人生与价值》、《护理心理学》、《人际沟通》,上海经济管理学校的"幸福课程"等。

从座谈和访谈的结果来看,几乎所有的教师和学生都对现有的传统德育课程效果提出了质疑,且认为"现有的教学内容过时和教学方法单一导致低效是必然的"。其主要问题在于:课程脱离学生生活、脱离职业实际,过于政治化、知识化和理论化,典型的如《哲学》和《政治和经济》,学生表示特别枯燥乏味、晦涩难懂,且"并不能让我们获得如何做人的道理",是"既没用又无聊的课程"。在学生座谈中,当请学生描述最不喜欢的课程时,调研者多次发现学生选择了《哲学》课程。教师和学生均提出了急需改革德育课程,包括教学内容、教学形式和考核方式等,建议注重道德践行。由此可见,传统的德育课程受到了严重的挑战,德育课堂教学到了非改不可的地步。

与此同时,令调研者欣慰的是,有些学校早就意识到这个问题,已经或正在着手改造传统的德育课程和教材。较为成功的案例如A校对《哲学》课程的改造,由资深教师牵头改编为校本教材《中职简明哲学读本》,其特点是通过富有哲理的小故事引入,融合行业特点,以发生在本校的事件为素材进行改编,由于其来自学生生活,贴近行业需求,深受学生欢迎。又如B校开设的《人生与价值》课程,结合社会、学生、医院实际,通过深入浅出地讲解并辅以其他教学活动,促使学生明白奉献的人生才是有价值的人生,有价值的人生才是精彩的人生,德育效果显著,值

得推崇。

（四）外来生源的文化不适应引发的道德失范行为

在调研中，我们了解到，由于上海市近年来高中阶段处于人口低峰，中职学校的上海生源不足，于是开始向外地开放教育资源，招收外地学生。由此带来了新的德育问题，即外来生源因地域差异引起的文化不适应导致的校园道德失范现象和德育的新难点。正如某中职校的校长所言："主要是云南的学生，很难与其沟通，他们与教师和其他同学的沟通很差。自己群体内部也不团结，打架现象多。有较强的自我保护意识，集体打架，和学校有距离。学习和工作都比较懒散，在企业实习也不太守纪律。"实际上，地域文化的差异导致文化不适应现象本来是完全可以得到理解的。问题在于，中等职业学校如何正视这一事实，如何帮助这些外来生源尽快地适应上海文化，尽快地融入校园文化，尽快地遵守学校道德规范，如何建立一套柔性的转化机制是摆在各校面前的德育新问题。

（五）小结

1. 取得的成绩

综上所述，德育已经成为中等职业学校普遍关注的重点工作之一，尽管存在校际差异，但各所学校在维持校园文明、规范学生日常行为方面采取了积极有效的措施，保证了日常教学的开展，改善了学生的精神面貌。可以说，这是中职学校长期努力、常抓不懈的结果。

2. 存在的问题

但与此同时，德育仍然存在新老问题交织、难点亟待突破的局面。归纳起来，主要存在如下几个比较突出的问题。

第一，"5 + 2 ≤ 0"现象普遍存在。即学校5天的道德教育对学生的正面道德影响被周末2天的家庭、社会对学生的不良道德影响所严重削弱，甚至完全抵消。校长和教师都反复提到学校德育效果的有限性问题，由于目前的中职生及其家庭是处于社会的边缘群体，所接触到的不良环境和本身判断能力的缺乏导致中职学校德育的效果被吞噬。学校、家庭、社区并没有形成一个有效的联动机制，没有为学生营造一个良好的成长环境。

第二，"非德育性"的传统德育课程备受争议。在调研中，传统德育课程的德育性受到众多校长和中职师生的质疑：理论性的道德知识传授对个体的道德发展究竟能起到多大的作用？灌输式的道德教育方法是否符合道德教育的规律？说教的道德手段是否在道德上可以接受？道德课程的成绩是否能够说明个体的道德水平差异？显然，当前的德育课程成为不受教师推崇、不受学生欢迎、欠缺道德价值的"累赘式"课程，它既不能提升学生的职业能力，又无关学生道德素养的形成。由此，如何提高德育的有效性，特别是改革传统德育课程，让其真正发挥道德教育的作用，是当前德育工作亟待改革的重点。

第三，校园文明的顽疾难以攻克。在调研中，我们一方面欣喜地听到学校介绍各种德育措施并取得实效，但也听到一些普遍存在的校园不文明行为令学校无可奈何，例如抽烟、不当恋爱行为、打架等。再加上，外地生源的文化不适应，使得这些顽疾更加难以克服。如何有效杜绝违法乱纪和校园不文明行为，营造和谐健康的校园文化，是各校需要攻克的难点。

第四，重管制，轻自律。目前中职校进行德育或行为规范管理时所采用的多是"管制"、"约束"的方式，强调外部制度对学生的约束，强调学生的服从。但是这种服从仍然是"被动服从"，还没有转变成"自觉遵守"。这样的道德教育仍然处于"他律"阶段，学生的自我管理能力和道德自律能力相对较弱。这已经开始引起部分学校校长和教师的关注，学校也开始进行学生"自我管理"、"自主德育"的探索，但仍属凤毛麟角。

第五，没有完成从"附加性"德育向"整体性"德育的转变。从调研结果来看，目前普遍把德育看成教学之外的附加工作，成为保证教学正常开展的"管理"性工作。然而，德育本身不仅具有维持秩序的功能，而且更重要的在于感染学生，提升学生的道德素养，使其成为"全面的人"、"有精神的人"。因此，如何使德育不仅仅局限于管理，使教学也成为道德的事业，使德育成为整个中职教育教学的底色，是德育工作需要长期努力的目标。

就德育的总体情况来看，各变量（主干专业所属产业、所有制性质、学校类型等）对其影响并不大，没有呈现出显著性差异。

三 调研反思

本次调研历时 2 个多月，课题组收获颇丰。我们从实践中看到了教师的智慧和烦恼，获得了很丰富的案例，它们都是如此鲜活，给我们后续的研究带来了非常大的动力。也是后期开展理论反思和建构的基础性工作。但遗憾的是，本次调研的时间正值学期交接，因此，在学校逗留的时间非常有限，和教师、学生深入的交谈没有能够实现，调研所挖掘的问题并不深刻，只是普遍现象。更进一步的问题调研和背后原因的挖掘将成为接下来调研的重点。

从这次不够深入但比较全面的调研来看，课题组认为有两点非常值得提出和改进：

第一，"打造底色"，引导学校建立整体性、自主性德育框架和创新德育模式。

加强全面、整合的德育建设，"以德促学"。使德育地位从"边缘"走向"中心"，从"附加的部分"走向"不可或缺的底色"；使德育重心从"知识传授"转变为"道德体验"；使德育方式从"外部管理"转变为"自觉自律"；使德育的落脚点从"找茬"转变为挖掘学生身上的"闪光点"。鼓励各校开展多层次、多维度的德育活动，设计多样化的创新德育模式。

第二，"搭建平台"，帮助学校、家庭、社会携手共育，形成校际交流互勉的积极德育态势。

有必要搭建以学校为纽带，联结家庭、社会的共同德育平台，形成德育合力，协同促进学生的道德水平提升。与此同时，可由市教委中职德育研究会牵头，形成校际德育的分享交流机制，众人一心，形成积极的德育改革态势。

第二节 中职德育实施情况与效果的调研

有了最初的面上调研之后，课题组转向更为具体、更为丰富的中职德育实施情况及效果的深入了解。因此，第二次调研缩小了内容范围、调研对象,转而增加了与每一位调研对象的交流时间,以期获得更为详尽的信息。课题组于 2009 年 5—6 月开展了此次调研。

一 调研说明

(一) 调研方案

1. 调研对象

本调研选取了上海市和江苏省的 5 所中等职业学校。调研对象包括教师(专业课教师、德育课教师、文化课教师)和学生。

2. 调研方法

本调研中采用了访谈法与问卷法。其中访谈和座谈过程中大部分已经对方许可,进行了录音。

(1) 访谈法:分别对 5 所学校的教师(区分不同授课类型)和学生进行访谈。

(2) 问卷法:每所学校发出教师问卷 8—10 份,学生问卷 40 份(具体数量根据各校的实际情况调整)。

访谈部分的调研工具即包括封闭式的问题也包括开放式的问题,均由访谈者来填写。

3. 调研工具

本调研采用了如下调研工具:《上海市中等职业学校德育实施情况调研问卷》(教师卷、学生卷),《上海市中等职业学校德育实施情况访谈提纲》(教师、学生)。

4. 调研内容

本次问卷调查和访谈调查的目的是为了了解中职德育实施的现状,获取对现有毕业生道德素养及学校德育模式和成效的看法。因此,调查设计了五个维度:

(1) 对所学专业所涉及的职业道德的了解程度;

(2) 毕业生道德素养对其未来发展的影响;

(3) 中职德育的内容及其评价;

(4) 中职德育的方式及其评价;

(5) 中职德育的成效及建议。

5. 调研进度

2009 年 4 月 26 日——5 月 7 日：制订调研方案，成立调研小组，初步拟定调研问卷和访谈提纲；

2009 年 5 月 8 日——5 月 16 日：修改并印刷；

2009 年 5 月 17 日——6 月 10 日：分组实施调研；

2009 年 6 月 10 日——6 月 15 日：利用 SPSS 统计原始数据；

2009 年 6 月 16 日——6 月 28 日：撰写调研报告，修改并成稿。

6. 调研报告提纲（略）

（二）调研的技术报告

本调查问卷采用由访员当面发放，自填后再由访员回收的方法。调查共发放学生问卷 200 份，回收 183 份，回收率为 91.5%，有效问卷为 165份，有效率为 82.5%；教师问卷 40 份，全部回收，均为有效问卷。本次教师问卷发放的对象是任意抽取的，其基本情况如下：在 40 名教师中，有 10 位是辅导员，有 23 位是专业课教师，其余 7 位是文化课教师，其中4 名为德育课教师。

调查数据采用 SPSS 13.0 软件包进行统计分析，对开放式问题进行定性分析，最后将定量与定性分析结合得出结论。

本次调查还进行了小范围的访谈，共访谈 18 人，其中学生 13 人，教师 5 人。在调研期间，正好遇到企业到学校洽谈招聘业务，因此，课题组也与企业人员进行了非正式的交谈，其内容将一并贯穿于"调研结果与分析"中。

二 调研结果与分析

本调研结果按照调研的五个内容维度的顺序展开阐述和分析。

（一）对本专业所涉及的职业道德的了解程度

1. 主观的自我评估

当问及学生和教师"对本专业/职业/行业所涉及的职业道德的了解程度"时，给出的选项为：A. 非常了解；B. 很了解；C. 有些了解；D. 很少了解；E. 几乎不了解。这道题实际上是测试学生和教师的主观判断，即自我评估。统计结果如图 2—5、图 2—6 所示。

由图 2—5 和图 2—6 中可知，一半以上的学生（54%）认为自己

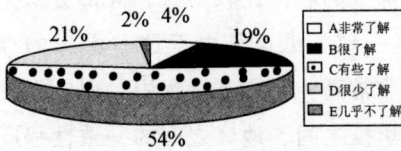

| 图2—5 学生对所学专业的职业 | 图2—6 教师对所在专业的职业 |
| 道德的了解程度 | 道德的了解程度 |

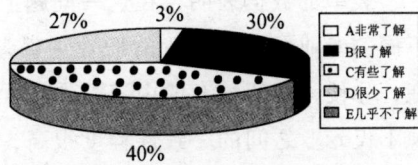

"有些了解",21%的学生觉得"很少了解",2%的学生"几乎不了解",认为自己"非常了解"的学生有4%,而"很了解"的学生占19%。而教师则比学生更为自信,没有人认为自己不了解,"非常了解"的占3%,"很了解"的占30%,"有些了解"的占40%,"很少了解"的占27%。

尽管从师生的主观判断来看,他们对所在专业的职业道德了解程度是不错的,至少大部分师生都表示"有些了解"和"很了解"。但这种主观的自我评估并不代表事实,于是,课题组又设计了以下几题,以便从客观上来判断他们的了解程度。

2. 客观的了解程度

为了准确地了解中职师生对职业道德的了解程度,课题组设计了多处呼应的问题:问卷的第2、3、4题,是封闭式选择题,开放式问题的第1题,以及访谈问题中都涉及了这一点。首先来看封闭式选择题的结果。当问及"所从事的专业/职业/行业中的职业道德和其他专业/职业/行业的一致性程度"时,师生给出了如下答案(见表2—4)。

表2—4 中职师生对于所从事专业和其他专业的职业道德
一致性问题的认识 (单位:%)

	完全一致	基本一致	部分一致	很少一致	几乎不一致
学生	13	66	17	3	1
教师	15	65	15	3	2

　　表中的数据表明，在这一问题上，师生的看法比较一致，大部分认为不同的专业/职业/行业的职业道德基本一致。也正是由于这一看法的存在，才使得中职德育的内容一致性程度非常高。在调查过程中，课题组发现不仅专业之间的一致性程度很高，且学校之间、地区之间的一致性程度也非常高，选用同样的教材，只是有些学校在实施过程中压缩了课时，也有些学校同专业课放在一起上而已。

　　这种认为各行各业都具有基本一致的职业道德，在很大程度上就是否认了职业道德的存在。因为，从下文所列举的职业道德的内容来看，绝大部分都是公德的内容，并没有实实在在地体现职业的要求。因此，中职师生把公德的部分内容认为是职业道德，所以造成了高度一致性的现象。

　　当问及"所能列举的/遵守的职业道德的数量"时，情况就发生了很大变化。我们的选项是：A. 3 种以下，B. 3—10 种，C. 10—20 种，D. 20—30 种，E. 30 种以上。统计结果如图 2—7 至图 2—10 所示。

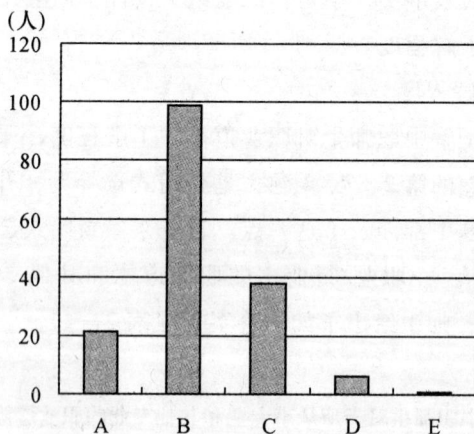

图 2—7　学生所能列举的职业道德的数量

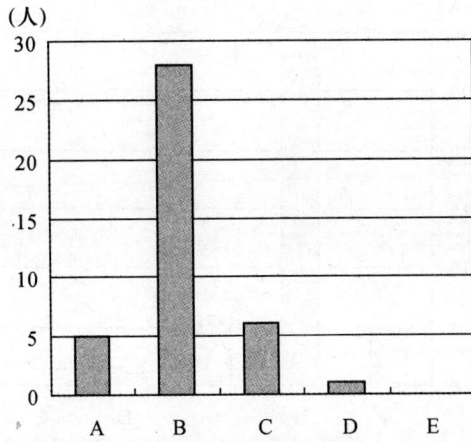

图2—8　教师所能列举的职业道德的数量

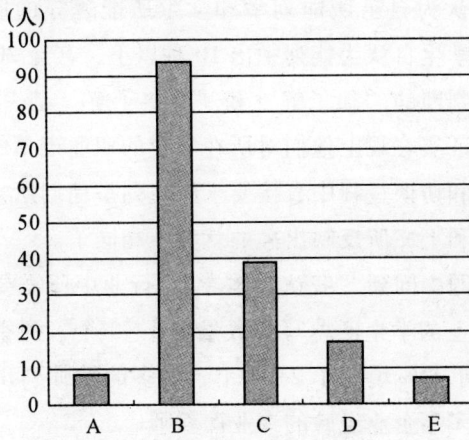

图2—9　学生所能遵守的职业道德的数量

（人）

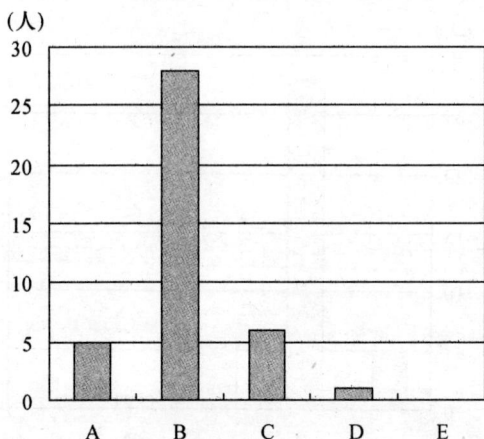

图2—10 教师认为学生所能遵守的职业道德的数量

从上面四个图中我们可以看到，中职师生对于这两个问题的回答也比较一致，大半都认为自己所能列举和学生所能遵守的职业道德为3—10种，当然，还有学生自认为能列举出10种以上，甚至30种以上的。这个结果和上面主观判断的"很了解"和"有些了解"是一致的。

为了进一步证实客观上他们对所在专业的职业道德的认识程度，课题组在开放式问题和访谈过程中直接要求师生列举他们所知道的本专业的职业道德，其结果和上文所反映出来的就大不相同了。

在开放式问题中问到"我认为本专业/行业中所需要的职业道德有哪些"时，97%以上的学生所填写的数量为1—3个，列举最多的学生写了6个；教师中也有92%填写了2—3个，最多的教师列出了8个，且这位教师是一名具有多年企业经验的专业课教师。

从内容上看，频率最高的是诚实、守信和技术保密（这一点在问卷的最后一道封闭式选择题可以获得提示）。总体上可以把问卷中所填写的职业道德内容分为三类：第一类属于公德，如独立自主，踏实，诚实，守信，责任感，不违法，为他人着想，待人真诚，实事求是，尊重，团结，诚信，各尽其责、不马虎，刻苦，敬业，认真等；第二类是泛泛而谈的职业道德，如不破坏公司形象，有职业操守，热爱本职业，作好岗位工作，按要求完成任务，一切以人为本等；第三类是真正的职业道德，如尊重隐私权,技术保密,不抄袭他人,不用不正当的手段竞争,按时工作,遵守安全条例,不剽窃等。其中第一类中涉及的内容是频率最高的,其次是第二类,最后一类涉及的极少。

当然,在调查中,我们发现也有好的例子,有位应用艺术设计专业的学生所写的内容最符合题意,数量最多,他认为该专业的职业道德包括:不把自己公司的内容告诉同一行业的人,不抄袭别人的东西,不去破坏别人的东西,不用不正当的手段去竞争,不盗版别人的创意,尊重别人的版权等。但是,这种回答是凤毛麟角的,是本次调查中唯一的一份。绝大多数的回答如上文所描述,甚至还有学生在问卷和访谈中表示:"了解很少"、"记不得了"、"从来没想过"、"现在还是学生,不用考虑"等。

访谈的结果也进一步佐证了上述结果,即中职师生对所从事专业的职业道德并不像他们想象中的那么了解。在谈到原因时,有位教师坦言:其实我们虽然是德育课老师,但对各个专业的情况不是很了解的,对于它们的职业道德就更不清楚了,说不出几个的,所以只能教一些泛泛而谈的东西,因此,学生这么回答也是情有可原的。

从上述调查情况来看,虽然师生们对自身的职业道德素养比较自信,但事实上他们对专业职业道德的了解并不像他们想象中的那么多,甚至可以说是匮乏的。

(二) 毕业生道德素养对未来发展的影响

本调查想从学生和教师的角度来了解他们心目中道德素养的重要性程度,从回答上看,意见是不同的。

当学生被问及"在校所学的职业道德对求职的影响"和"道德素养对职业生涯发展的影响"时,所得到的结果如图2—11、图2—12所示。

从图2—11、图2—12中可以看出,学生认为道德对个体求职和职业发展有较大的影响,约37%和40%的学生在两道题中选择了"影响非常大"。但165名学生中仍有10—11个人认为"影响很小"或"几乎没有影响"。

对于这个问题,教师给予了肯定的说法。在调查的教师中,100%都选择了"影响很大"或"影响非常大",从访谈中我们也得到了进一步证实,有教师认为"做人是第一步的,然后才谈得上做事,所以道德素养

（人）

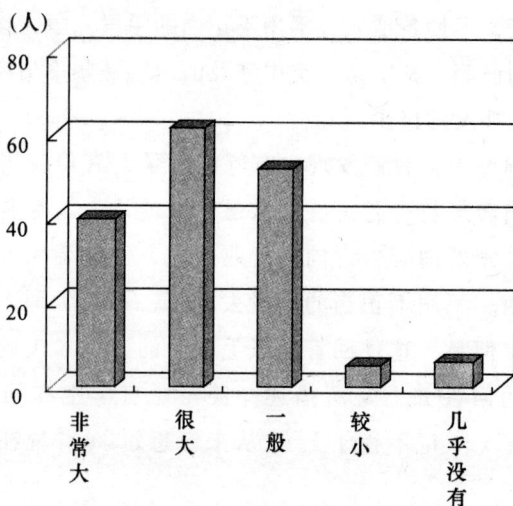

图2—11 职业道德对求职的影响

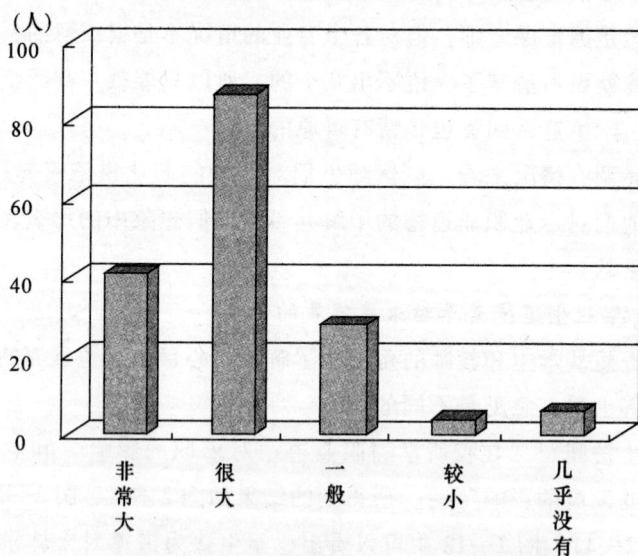

图2—12 道德素养对职业生涯发展的影响

是第一位的，有了好的人品，才能有好的发展前途"。

从企业角度来看，它的重要性更是凸显无疑。我们要求对中职毕业生的如下素质进行排序：学习成绩、个人能力、所学专业、技能证书、家庭背景、道德水平、学历层次、学校声誉、应聘技巧、工作经历。很多企业把道德水平放在了首位,可见,道德水平对企业员工的重要性。此外,在另一个问题中也印证了这一点,即"企业认为学校应该改进的方面",许多企业选择了培养学生的道德素质。可见,企业对中职毕业生的道德素质是非常看重的,从另一个侧面来说,企业认为目前中职学校在道德教育方面做得还很不够。在同企业代表的非正式访谈中,他们也提到,有些毕业生确实有能力、有灵气,但就是基本素质太差,当我们追问"基本素质"之所指时,他们说,不是指理解、计算、沟通等基本素质,而是做人的基本素质,即道德素质。有企业代表还坦言:如果毕业生的道德素养跟不上去,基本的做人道理都不懂,经常做不利于企业的事情,那么他们宁愿选择农民工,宁愿先出钱培训,而不要中职毕业生。可见,中职生道德素养的提高已经到了迫在眉睫的地步了。

由此可见,中职学生、教师和企业三方都认为道德素养很重要,无论是对于求职还是未来的职业生涯发展都至关重要。但是对它重要程度的看法是有所不同的,中职学生们看得略淡一些,教师和企业方都非常看重,特别是企业方面,甚至认为这是他们愿不愿意招收这些学生的决定性因素。

(三) 对中职德育内容的认识及评价

对于中职德育内容的调查我们是通过三方面来进行的:一是要求学生写出德育课程所使用的教材,因为教材是德育内容的载体。调查要求选择所使用的是统一教材、校本教材、教师自选教材或其他,以便我们收集教材,了解教学内容。二是要求学生指出职业道德在全部德育内容中所占的比例,了解德育内容结构的安排。三是挑选了相关德育内容直接请学生作出判断,挑选的内容主要是道德两难问题。

首先来看德育课程的内容,在教材选用上,98%的学生选择了统一教材,还有2%的学生选择其他(注明不清楚)或没有作出选择。绝大部分教师也都选择了统一教材,只有1位德育课教师选择了"教师自选教材",当被问及是什么教材时,该教师表示,按照学校的要求应当用统一教材,但他个人觉得还需要让学生了解相关的行业规范,于是自行找了一些个案,包括雇主与员工的纠纷、由于员工渎职给企业造成损失或相关职业中出现的重大事故等。可见,各中职学校所使用的德育课教材具有高度的一致性。课题组为了进一步了解教材的内容,专门购买了这些教材。在调查过程中，我们还取得了教学计划，从教学计划来看，中职德育的主体课程是教育部规定的政治课，主要进行政治教育，这一点在对教师的访谈中也得到了证实。

其次，当问及"我们学校德育中职业道德教育占所有德育内容包括公德教育（如不得随地吐痰等）、私德教育（如要孝敬父母等）和职业道德（如要保守企业技术秘密等）的比例"时，学生和教师作出的回答如图2—13、图2—14所示。

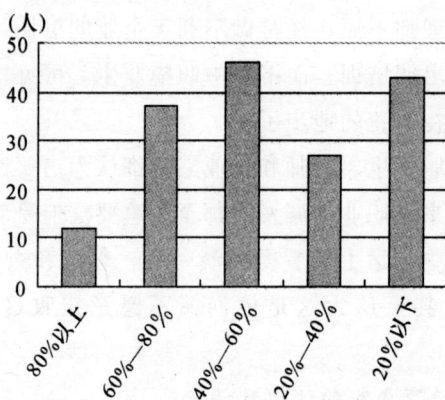

图2—13 学校德育中职业道德的比例（学生）

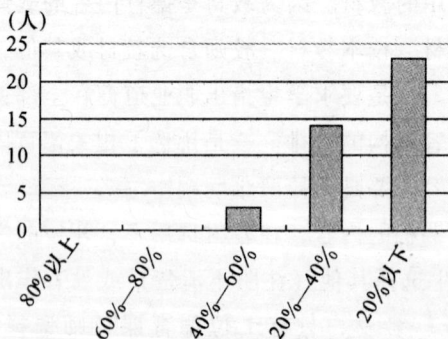

图2—14 学校德育中职业道德的比例（教师）

由图2—13、图2—14中我们可以看到，中职师生对该问题的看法是不同的：德育内容中职业道德教育的比例在不同的学生中有不同的理解，在165人中，认为占20%以下、40%—60%和60%—80%的人数相当。

而事实上，就如上文所谈到的，课程教学的内容具有高度的一致性，那么学生的选择怎么会有那么大的区别呢？我们通过访谈得到了答案，在访谈中，同样是"诚实"这个道德规范，有些学生认为是公德的范畴，有些则认为是职业道德的范畴，所以这样的差异就可以理解了。就教师来看，大部分教师认为职业道德教育所占的比例是较低的，在教学计划和教案中，我们也证实了这一点，在各中职学校所开设的德育课程与道德教育直接相关的是《职业道德与法律基础》，在《职业道德与法律基础》这门课程中，真正谈到职业道德的内容只占总学时18节课的2节课，可见，其比例是非常低的。

再次，我们为了进一步证实职业道德内容的丰富性和完整性，我们选择了在职业场合常见的"道德冲突"，以此为主题设计了两个问题。当被问及"认为未来工作中出现道德冲突的可能性"时，学生的回答状况如图2—15所示。

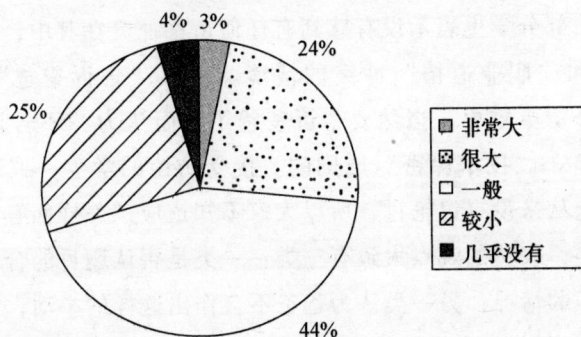

图2—15 学生认为未来工作中出现道德冲突的可能性

显然，学生对未来工作中可能出现的道德冲突没有作好充分的准备，只有3%的学生认为可能性非常大，认为可能性一般和较小的占69%，还有4%的学生认为几乎没有冲突。我们在等待学生答卷的过程中，发现有位学生在答此题时看了1分钟后才选择，问卷答完后，课题组特意问了那个犹豫的学生，她告诉课题组犹豫的原因是她以往没有听说过"道德冲突"这个词，所以后来就选择了"一般"。可见，在学校现有的德育课程中，对于职业情境中的"道德冲突"没有让学生得到充分的认识。

在封闭式选择题的最后一题,我们专门设计了一个道德两难的情境,请学生作出判断。这个两难问题是:我爸爸是开公司的,他的公司和我所在公司是同一行业,他正好需要我们公司的一些技术参数,而我正是技术人员,可能获得这些技术参数,爸爸希望我能把自己公司的技术参数透露给他,在这样的情况,我会(　　　　)?中职生回答这个问题的结果如表2—5所示。

表2—5　　　　　　　　　一则道德两难问题的数据分析　　　　　　(单位:%)

	A. 告诉爸爸	B. 不告诉爸爸	C. 觉得很矛盾	D. 告诉一部分	E. 其他
比例	9	40	41	9	1

从调查结果看出,毫不犹豫的学生约占50%,产生了心理冲突的占50%,显然,在看待这个问题的时候,感觉到这其中有道德冲突的学生占了一半。为了进一步了解那些毫不犹豫的学生的想法,我们对该问题进行了访谈,绝大部分学生表示没有感到有任何道德冲突在其中,没有认为这是"私德"和"职业道德"冲突的情境。回答"告诉爸爸"的学生认为,爸爸比公司更重要,当然要告诉爸爸了;而认为"不告诉爸爸"的学生则属于坚守"技术保密"原则的。接受访谈的学生一致表示这类问题在德育课上从来没有讨论过,所以大家不知道应该怎样回答。在其他部分作答的学生,表达的观点大有三类:一类是否认题目的合理性,认为不可能有这样的情况;另一类认为爸爸不会作出这样的举动;还有一类认为"从来没考虑过"、"不知道怎么办"。可见,学生对道德两难问题接触得不够,也没有机会让他们讨论该如何处理以及让他们了解不同的见解和背后的理由。

当然这些回答还只是假设的情景,是学生主观的推测,如果让学生真实遇到这样的情况,其结果可能还会有些出入。

在问卷的开放式问题中,课题组设计了"我认为我们学校德育存在的问题有(　)"这样的题目,学生的回答有些谈到了德育内容方面的不足,如"不全面"、"不普遍"、"缺乏实践上的考虑"、"不够深入"、"不切实际"、"太虚伪"、"只是形式教育"、"无实践性"、"内容无创新"、"无说服力"、"不具体"、"不关心学生生活"等。

然而,对于德育内容,用人单位有自己的看法,企业普遍对现有的德育内容表示不满意,企业表示"中职毕业生有两个方面的不足,一是基本做人的道理不太懂,如不顾及自己的身份,作为员工,他说的任何话都代表公司,不忠诚;二是太娇气,不愿意吃苦,不愿意服从领导的命令"。

(四) 对中职德育方式的认识及评价

对于中职德育的方式,我们通过以下两题进行问卷调查:

1. 我们学校进行德育的方式有:【请按时间比例排序】

____ > ____ > ____ > ____ > ____ > ____ > ____ > ____

A. 德育课　　B. 政治课　　C. 班会　　　D. 班主任个别谈话

E. 其他任课教师个别谈话　　　　　F. 德育课/政治课教师个别谈话

G. 爱国主义教育　H. 节日活动　I. 其他_____

2. 我们学校进行德育的方式有:【请按实际的重要程度排序】

____ > ____ > ____ > ____ > ____ > ____ > ____ > ____

A. 德育课　　B. 政治课　　C. 班会　　　D. 班主任个别谈话

E. 其他任课教师个别谈话　　　　　F. 德育课/政治课教师个别谈话

G. 爱国主义教育　H. 节日活动　I. 其他_____

从统计结果来看,各种德育方式中占时间最多的是班会和政治课,把这两项放在最前面的学生占86%,其中把政治课放在第一位置的比例比班会略多7%;其次是班主任个别谈话;最后是德育课;后几个选项几乎没有被排在前四位的,有些同学甚至没有把这些选项填入空格;此外,在这两题中没有学生在开放式"其他"一栏填任何内容。与此同时,按实际的重要程度排序时,有82%的学生把政治课放在第一位,即使在前一题中把班会放第一位的学生大多作了调整,放在了第三,甚至第四的位置;除此之外,学生们还对德育课和班主任个别谈话进行了调整,把德育课的位置提前,紧接着的是辅导员谈话,在小部分问卷中(约占8%),学生把班主任谈话放在第一位;后几项虽然没有特定的规律,但基本没有调整。

由此可见,在学生心目中,所谓的德育大部分就是班会、政治课,因为它们占据了大多数时间。至于重要的德育方式,学生认为能取得学分的课程,包括政治课和德育课,是德育的重要方式。

　　在基本了解了中职德育方式的基础上，课题组对学生就该问题进行了访谈，访谈的结果却同上面的结论有所出入。有些学生认为对自己帮助最大的不是政治课和德育课，而是班主任的个别谈话，对自己促动很大，端正了学习态度，懂得该怎样做人；有学生认为节日活动能够渲染气氛，在这样的氛围下，所有人都会受到感染，具有较大的教育意义；还有学生提到自己的专业课教师，认为他们的话语更能够说服自己，而且专业课老师跟企业接触多，讲的东西很实际，而政治课和德育课老师讲的内容是挺好的，但同以后的工作相关性不大。显然，访谈结果和问卷调查的结果是有出入的，在访谈中，学生会举例说明自己的观点，在某种程度上说，访谈的结果更贴近学生内心的真实体会。

　　在了解了中职德育的若干方式之后，课题组又要求学生对现有的德育进行评价，当问及"我认为我们老师在进行道德教育时（　　　）"，选择如下：A. 非常生动、深入人心；B. 较生动、较能打动人；C. 一般；D. 不太生动、很少打动我；E. 不生动、我一点也没感觉。学生们对此所作出的回答如图2—16所示。

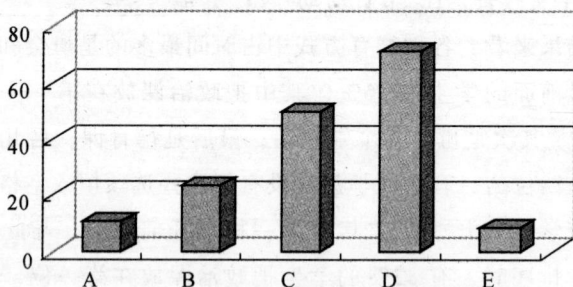

图2—16　学生眼中学校的道德教育情况（单位：人）

　　从学生对学校道德教育的看法中，大部分学生认为学校德育课效果一般或很少打动他们。在问卷的开放式问题中，课题组为了进一步了解当前中职德育存在的问题，就设计了"我认为我们学校德育存在的问题有（　　）"这样的题目，学生的回答大多是针对德育方式的，如"太机械化"，"活动死板"，"太理论化"，"不生动"，"沉闷"，"重书面而无行动"，"没有大型德育活动"，"上课人数太多"，"不太生活化"，"方法不当、效果不佳"，"时间少"等。可见，学生们对于德育方式有比较大的意见，对现有的德育方式感到不满。在访谈中，有学生称"德育课上，就是他们放松的时间，可以发发短消息，睡睡觉，考试之前老师会划重点的，平时不听也无所谓"。还有学生认为"应当在实际中找到现实的妥协方式，而不是纸上谈兵，毫无意义"。显然，目前的德育教学无法吸引学生。于是，课题组在紧接着的问题中要求学生填写"我喜欢的德育方式"，学生写下的内容相当丰富，整理起来有如下这些：课堂教学，随性而育，以身作则，言传身教，贴近生活，多实践，理论联系实际，组织活动，让全校人参与而不仅限于干部等人，实际案例法，公告，广播，自己领悟，个别教育，在实践中传授，辅导员宣传，录像，班会上辅导员教育及全体讨论，多与社会专业联系，讲座，生动，学习中体会，个性化，讨论，谈话教育，看电影，就事论事，节日活动，自学，晓之以理、动之以情，海报，资料分析，丰富的教学方式，影视作品，有意义的德育活动，用事实讲述，师生互动，细心开导，在生活中逐渐明白，以实践活动变相教育，故事，游戏，自我认知，面对面交谈等。这么多建议，归纳起来有以下几大类：多元的教学方式、贴近生活/实践、身教、活动教学、互动教学、个别面谈、自己体悟。

除此之外，学生们还提出了其他一些德育问题，主要分为两类：一类是认为重视不够，如"力度不够大"、"不重视"、"宣传力度不够"等；另一类是抱怨学校现有的环境，如"学校存在不良行为"、"校内有一部分黑势力活动"、"教师无法为人师表"、"考试作弊现象到处有"、"德育工作不完善"等。这两类问题在教师中反映较多，特别是前者，在访谈中，有教师称：我们搞德育的人最苦了，尽管学校一直喊着叫着说重视，但时间、资源又不给我们，在真正评价学生和教师的时候，还是专业成绩最重要。我们没办法，我们特别希望校领导能够重视起来。显然，这两类情况普遍存在于中职校园中。

（五）对德育成效的认识及评价

中职德育的成效问题是课题组非常关心的主题，主要从直接和间接两个角度去了解相关情况。

首先，问卷直截了当地问学生："认为我们学校德育的成效如何"，他们的回答情况如图 2—17 所示。

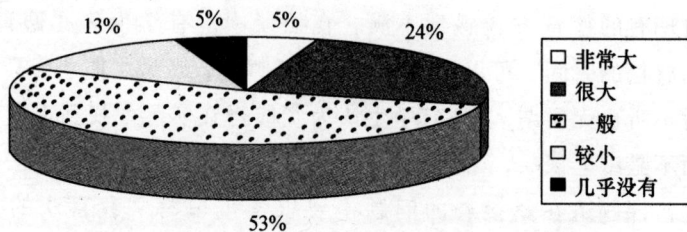

图2—17 学生对自己学校德育实施成效的评价

从学生作答的情况来看，认为"成效一般"的学生占了半数以上，在剩余一半左右的学生中，半数以上认为成效是肯定的，半数不到的人认为成效较小。在教师问卷中，课题组发现认为学校德育成效很大或非常大的仅占16%，认为一般或较小的占79%，也就是说，教师们对现有的德育成效持不满意的态度。

接着，我们又间接地了解了学校德育的成效，问卷提出了三个问题。第一个问题是：我因为我们学校的德育而改变自身道德认识的程度是（   ）。学生的答案见图 2—18。

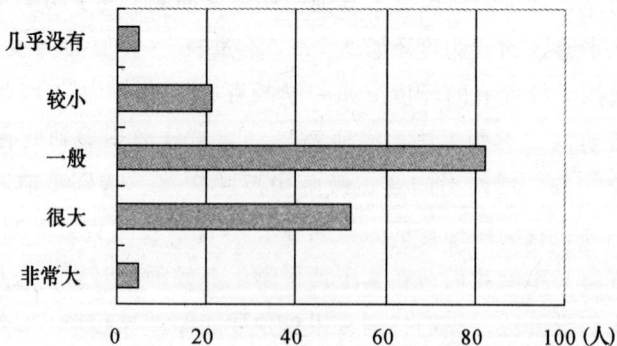

图2—18 学生认为学校德育改变自身道德认识的程度

第二个问题是：我因为我们学校的德育而改变自身有些做法的程度为（   ）。结果如图 2—19 所示。

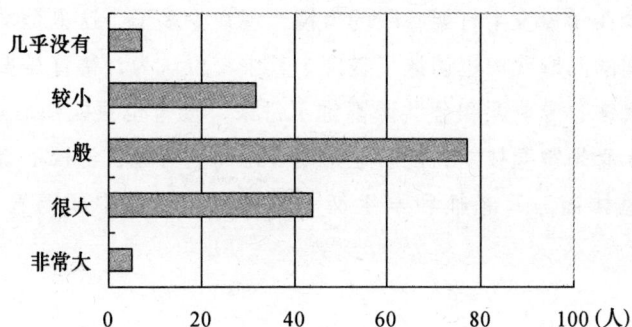

图2—19　学生认为学校德育改变自身道德行为的程度

第三个问题是：我平时经常思考学习、生活或未来工作中出现的道德问题（　　）。回答情况如图2—20所示。

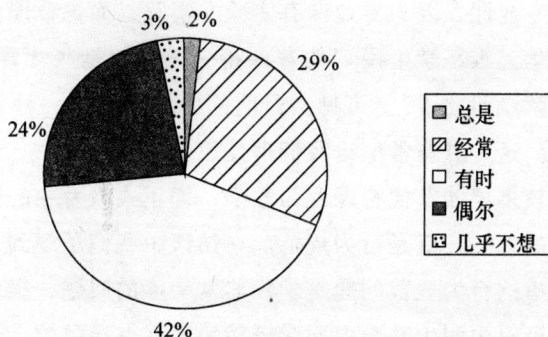

图2—20　学生平时对道德问题的反思

从这三道题的回答来看，中职德育对学生道德水平的改变是不大的，52%和50%的学生都认为学校德育对自身道德认知、道德行为的影响"一般"，目前所起到的作用并不大；66%的学生"有时"或"偶尔"会思考道德问题，显然，学生对道德问题的反思也是不多的。因此，可以说，目前中职德育的成效平平。这一点和直接提问的结果是一致的。

在访谈学生的过程中，13名学生中的12名觉得学校德育是不成功的，其中有学生认为：我们学校把德育工作当作走过场而已，没有期望能收到什么效果，从上到下都没有得到应有的重视，我们学生也就不会重视了，不重视就不会有什么成效。还有1名学生认为学校德育还是有一点效果的，至少在学校发生打架斗殴的事情，现在少多了，这也是学校德育的效果。同样的问题我们也访谈了教师，其中一位认为，德育是重要的，要做的事情太多，专业课和公共课都排不过来，德育也只能往后退一退了，因为毕业生必须掌握技能，能就业是第一位的。可见，学校不重视也是出于无奈。总体而言，老师和学生都一致认为，当前中职德育成效是不佳的。

三 调研反思

在本次调研中，样本的减少使得调研更为深入，内容更为聚焦。在调查过程中，课题组深刻感觉到德育在中等职业学校中处于想重视又重视不起来的尴尬地位，有许多为难之处。一个印象深刻的现象是，中职德育犹如智育，以专业课程的方式来教授，着重知识的获得和复制，但在某种意义上，还不如专业课，因为专业课有实验、实践，而德育课就是以讲授法为主的课堂教学。难怪学生说"德育课嘛，无非就是些背背记记的东西，考前突击一下就没问题了"。可见，目前的中职德育是一种只有知识而没有实践的教育。这一点非常值得我们理性思考。

本次调研较多地涉及德育课程与教学，即正式教育中的德育，但是遗漏了一个重要的地方，就是行为规范。在访谈中我们了解到，教师们认为中职生在校园里的行为规范问题是学校非常头疼的问题，很多问题行为的出现是社会舆论对中职生甚至中职学校持负面观点导致的，也正是企业的不满意之处，而这些内容在本次调研方案设计之初并没有涉及，但这些确确实实是中职德育需要开展和显出实效的地方。在接下来的调研中，将进一步弥补这方面的缺憾。

第三节 中职生问题行为的调研

为了弥补前一次调研的缺憾，课题组再次走进中职校园，目的是深入了解当前中职生问题行为的表现、问题行为的影响因素、教师对问题行为的处理方式。为此，课题组采取质性研究和定量研究相结合的研究方法，中职生问题行为的调研从 2010 年 6 月开始，共持续了 3 个月。在调研期间,走访了上海市 12 所中等职业学校,先后与德育处老师、班主任老师和学生进行了访谈,对中职生问题行为现状有了较为深入的了解,为研究深入分析中职生问题行为提供了一手资料。

一 调研说明

(一) 调研方案

1. 调研对象

在上海全市范围内选取中职学校进行调研,为了保证样本的代表性,学校的选取兼顾中专和职校,兼顾制造业、现代服务业等不同的专业。

调研对象包括:

- 中职学校德育处、政教处或学生处的老师;
- 中职学校班主任或处理学生问题行为的教师;
- 出现问题行为的学生。

2. 调研方法

为了保证调研结果的准确性、客观性和完整性,调研将采取问卷调查和访谈相结合的方式进行。调研分为前期和后期两个阶段,前期调研包括两个部分:一般性访谈和问卷调查,通过与中职学校德育主任、班主任教师的访谈了解当前普遍问题行为的表现,进而设计问卷,聚焦最具普遍性的问题行为;后期调研只包括深度访谈,根据问卷调查的结果在中职学校收集具有代表性的问题行为个案,与个案相关的教师、学生访谈,从而形成研究案例。后期调研是整个调研最为重要的部分,是研究的重点,而前期的问卷调查和访谈是后期调研的基础和依据。

调研共分为三步进行,其中一般性访谈和问卷调查属于前期调研,深度访谈属于后期调研,是调研中最为重要的一部分。

(1) 一般性访谈

一般性访谈是为了了解中职生问题行为的类型、表现形式、教师一般的处理方式,为调查问卷的设计搜集一手资料,对中职学校学生问题行为的处理方式有初步了解。

(2) 问卷调查

问卷调查是在一般性访谈的基础上进行,主要用于了解当前中职学校当中哪些行为是教师和学生眼中最为普遍的问题行为,为深入访谈寻找个

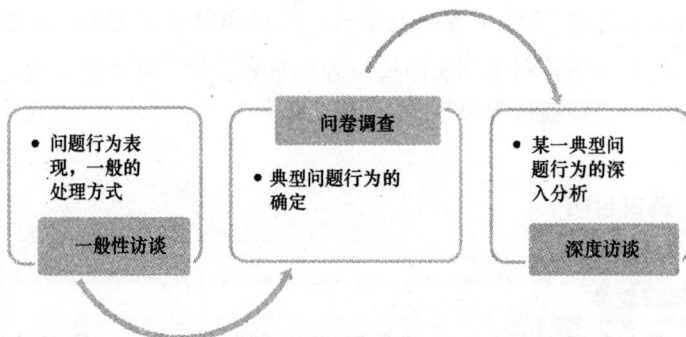

图 2—21 调研步骤

案提供依据。

（3）深度访谈

深度访谈是根据问卷调查统计结果，针对最具有普遍性的几个问题行为，从产生的原因、教师的处理方式、判断标准、处理效果，以及对学生的影响几个方面进行。深度访谈的材料将形成本书的案例（将在第四节呈现）。

3. 调研工具

根据调研内容、方法和对象，编制了若干问卷和访谈提纲，具体内容如表 2—6 所示。

表 2—6　　　　　调研工具与内容、方法和对象的对应表

调研阶段	调研方法	调研内容	调研对象	调研工具
前期调研	问卷法	●典型问题行为确定	班主任、非班主任老师	教师问卷
			学生	学生问卷
	访谈法（一）：一般性访谈（面上了解）	●问题行为主要表现 ●典型问题行为确定 ●教师对问题行为的处理方式	德育处主任（政教处主任、学生处主任）及老师	德育处主任访谈提纲
			班主任	班主任访谈提纲

续表

调研阶段	调研方法	调研内容	调研对象	调研工具
后期调研	访谈法（二）：深度访谈（深度探索）	• 问题行为产生原因 • 教师对问题行为的处理方式 • 教师对问题行为处理的效果	典型案例中对问题行为进行处理的教师	教师访谈提纲
		• 学生对教师处理方式的看法	问题行为学生	学生访谈提纲

4. 调研内容

根据调研目的，调研内容主要分为以下几个方面：

（1）中职生问题行为的主要表现：了解当前中职生存在哪些问题行为。

（2）典型问题行为的确定：了解当前在中职生的问题行为表现中，哪些行为具有普遍性和代表性。

（3）问题行为产生的原因：从教师和学生两个视角探究学生出现问题行为的原因。

（4）教师对问题行为的处理方式：了解教师对问题行为采取了哪些处理方式。

（5）教师对问题行为处理的效果：了解教师处理之后，学生是否还出现同样或类似的问题行为。

（6）学生对教师处理方式的看法：了解学生是否认可教师的处理方式。

5. 调研进度

2010 年 5 月 20 日——6 月 5 日：制定调研方案，成立调研小组，初步拟定调研问卷和访谈提纲；

2010 年 6 月 6 日——6 月 10 日：修改并印刷；

2010 年 6 月 11 日——6 月 30 日：实施调研；

2010 年 7 月 1 日——8 月 30 日：利用 SPSS 统计原始数据；

2010 年 9 月 1 日——9 月 15 日：补充调研；

2010 年 9 月 16 日——9 月 30 日：撰写调研报告，修改并成稿。

6. 调研报告提纲（略）

（二）调研的技术报告

1. 访谈情况

访谈共分为两个阶段进行，前期访谈主要选择了德育处主任、德育处老师和班主任，他们长期工作在中职学校德育的第一线，对中职生问题行为的情况有深入了解。通过与他们的访谈，了解了教师一般的处理方式、中职生普遍的问题行为等。此外，还与学生进行了访谈，这些学生包括一般的学生和班干部，主要是了解学生眼中普遍的问题行为表现、他们对教师处理问题行为的看法、对某一问题行为的处理对他们产生的影响等。后期访谈主要围绕着典型问题行为案例进行，与处理问题行为的教师、出现问题行为的学生进行了访谈，搜集具体的问题行为个案资料。

表 2—7　　　　　　　　　　　访谈对象情况说明

学校类型		教师		学生	
中专	职校	德育处老师	班主任老师	班干部学生	非班干部学生
9 所	3 所	13 人	15 人	3 人	9 人
共 12 所		共 28 人		共 12 人	

2. 问卷调查情况

在向德育处老师、班主任老师和学生了解了中职生问题行为表现的基础上，结合一些学校《中职生行为规范条例》的相关内容，课题组制作了《中职生问题行为研究教师问卷》和《中职生问题行为研究学生问卷》，问卷共包含 22 个选项（参见表 2—8），学生卷和教师卷的选项一致。

问卷调查在上海市 5 所中职学校中进行，其中中专学校 2 所，职业学校 3 所。教师问卷的发放对象除了班主任老师、德育处老师外，还有一些专业课老师，以全面反映学生情况。学生问卷以班级为单位发放，由于不同专业男女生比例不同，而性别的不同出现的问题行为也不太一样，因此调研通过对专业的选择来降低性别因素对结果的影响,因此调研的班级分属会计、计算机应用、烹饪、汽车维修、机电、建筑装饰等不同的专业(参见表2—9)。

表2—8   **问卷选项列表**

1	经常迟到	9	说脏话	17	偷窃他人财物
2	染发、烫发,男生留长发	10	顶撞老师	18	与社会不良青年来往
3	佩戴首饰,着装不符合身份	11	彻底不归	19	早恋
4	逃学	12	参与赌博	20	敲诈勒索
5	无故旷课	13	抽烟	21	破坏学校公共物品
6	上课睡觉、说话、玩手机	14	喝酒	22	借钱不还
7	抄袭他人作业	15	打架		
8	考试作弊	16	浏览不健康网站,看不健康的书籍和影视作品		

表2—9   **问卷调查情况说明**

学校类型		教师情况		学生情况
中专	职校	班主任老师	非班主任老师	所学专业:计算机应用、电子信息、建筑装饰、空乘文秘、旅游服务、烹饪、地铁驾驶、室内设计、汽车维修、旅游日语、会计、机电
2 所	3 所	53 人	47 人	
共 5 所		共 100 人		共回收 537 份问卷

本次问卷调查共发放教师问卷100份,回收97份,有效问卷为86份,有效率为88.7%;学生卷共发放610份,回收537份,有效问卷为442份,有效率为82.3%(问卷发放和回收的具体情况参见表2—10、表2—11)。

表 2—10 教师问卷发放与回收情况 （单位：份,%）

学校	问卷发放	问卷回收	有效问卷	有效率
第一所	20	19	16	84.2
第二所	20	20	18	90.0
第三所	20	20	17	85.0
第四所	20	18	17	94.4
第五所	20	20	18	90.0
总计	100	97	86	88.7

表 2—11 学生问卷发放与回收情况 （单位：份,%）

学校	问卷发放	问卷回收	有效问卷	有效率
第一所	120	102	75	73.5
第二所	150	142	116	81.7
第三所	100	78	65	83.3
第四所	100	75	73	97.3
第五所	140	140	113	80.7
总计	610	537	442	82.3

3. 统计情况

需要说明的是：由表 2—10、表 2—11 可见，问卷的回收率较高，因此样本数据可视为有效；最后，全部数据均采用 SPSS 11.5 和 Excel 软件处理。

二 调研结果与分析

本次调研为课题组展现了较为真实的中职生问题行为情况，为从中分析中职教师处理问题行为存在的原因打下了坚实的基础。由于本调研采用质性研究的方法，因此一手资料大都是访谈录音转录的文本资料，为了让调研结果能够清晰地展现出来，将根据调研内容来呈现调研结果。

（一）中职生问题行为的主要表现

通过前期的访谈，课题组了解到在中职教师眼中，学生一般会有以下的问题行为表现：不穿校服、不戴胸卡、旷课、染发、频繁借钱、考试作弊、打架、彻底不归、早恋、偷窃、离家出走、逃学、赌博、与老师发生冲突、借钱不还、与社会上的不良人员交往等。值得一提的是,有许多老师反映其学生有明显的心理问题,有些学生存在较为严重的心理问题,为老师教育工作的开展带来了困扰和难题。访谈中一位长年在德育处工作的资深教师向课题组提出了自己的观点,他认为当前学生问题行为可以划归为三种类型:违反校纪校规问题、行为习惯问题和心理问题。且不论这位老师的划分是否科学,应该看到的是老师能够注意到学生群体发生的变化,注意到学生的心理问题,并将其单独作为一个类型,说明老师已经认识到心理问题和道德问题存在区别,能够将两者区分开来。

（二）典型问题行为的确定

课题组在对两份问卷进行整体统计的基础上,根据填写对象的不同进行了细化,将教师问卷结果细分为班主任和非班主任老师两个群体的结果,学生问卷细分为男生和女生两个群体的结果。在采用 SPSS 11.5 和 Excel 对问卷原始数据进行统计、分析的基础上,得出了问卷结果,具体情况如图 2—22 至图 2—27 所示。

1. 全体教师

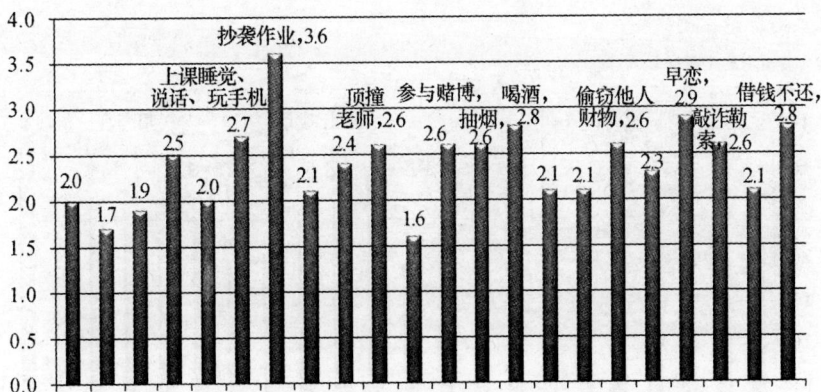

图 2—22　中职生问题行为普遍性分布情况（全体教师）（单位：分）

教师问卷的整体结果反映出来,得分最高的几项是:抄袭作业（3.6 分）;早恋（2.9 分）;借钱不还、喝酒（2.8 分）;上课睡觉、说话、玩手机（2.7 分）;顶撞老师、参与赌博、抽烟、偷窃他人财物、敲诈勒索

（2.6分）。

　　2. 班主任老师

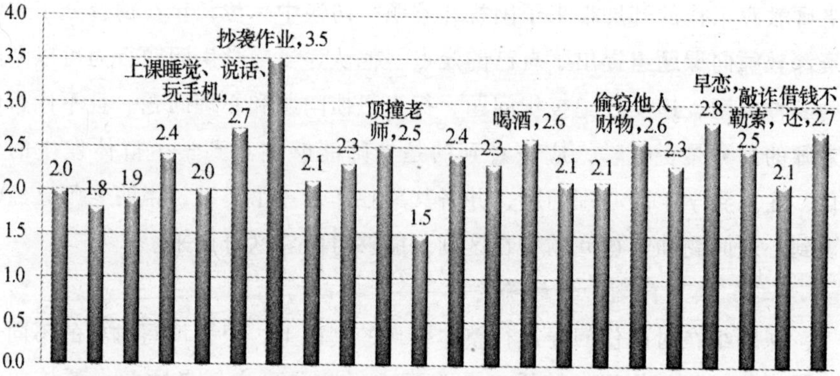

图 2—23　中职生问题行为普遍性分布情况（班主任）（单位：分）

　　图中反映出来，班主任认为出现得最多的问题行为是：抄袭作业（3.5分）；早恋（2.8分）；借钱不还，上课睡觉、说话、玩手机（2.7分）；喝酒、偷窃他人财物（2.6分）；顶撞老师、敲诈勒索（2.5分）。

　　3. 非班主任老师

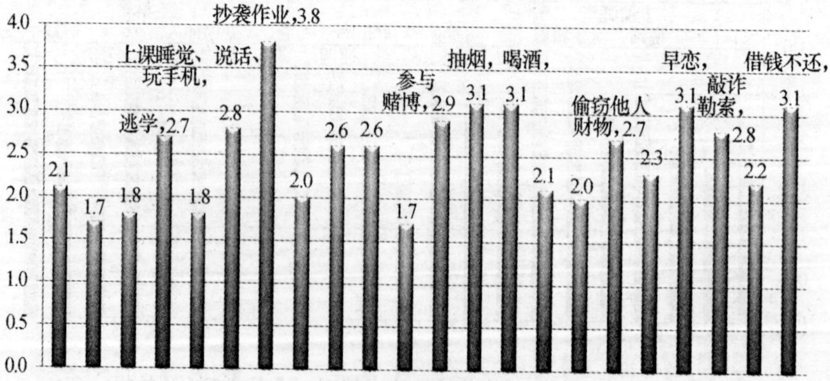

图 2—24　中职生问题行为普遍性分布情况（非班主任老师）（单位：分）

　　非班主任老师认为出现得最多的问题行为是：抄袭作业（3.8分）；早恋、借钱不还、抽烟、喝酒（3.1分）；参与赌博（2.9分）；上课睡觉、说话、玩手机,敲诈勒索 (2.8 分);逃学、偷窃他人财物 (2.7 分)。

4. 全体学生

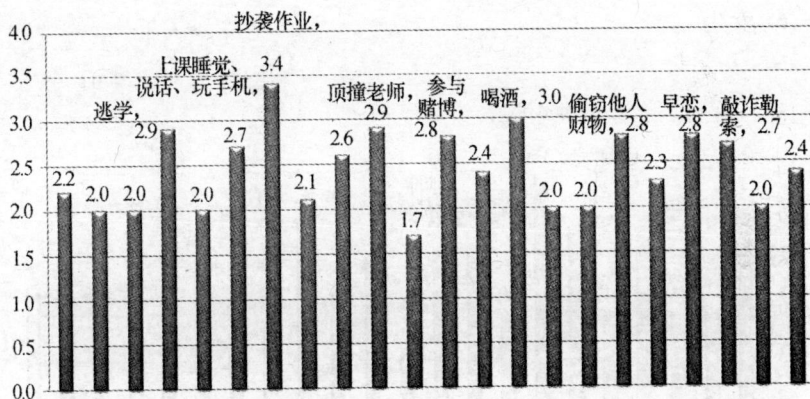

图 2—25 中职生问题行为普遍性分布情况 (全体学生) (单位:分)

在学生问卷中,得分最高的几项是:抄袭作业 (3.4 分);喝酒 (3.0 分);顶撞老师、逃学 (2.9 分);早恋、偷窃他人财物 (2.8 分);上课睡觉、说话、玩手机,敲诈勒索 (2.7 分)。

5. 男生

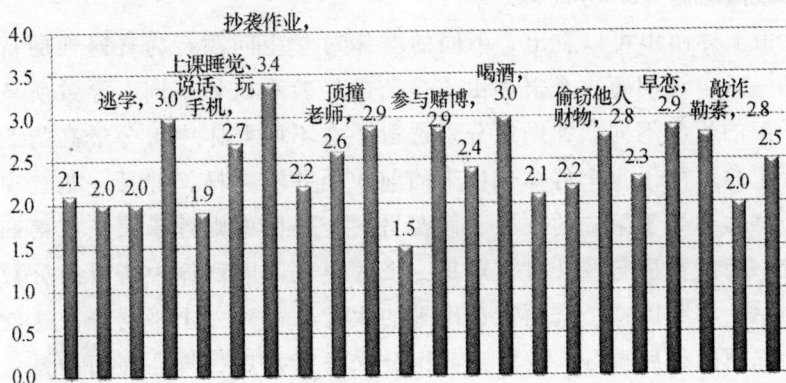

图 2—26 中职生问题行为普遍性分布情况 (男生) (单位:分)

男生认为出现得最多的问题行为是：抄袭作业（3.4分）；逃学、喝酒（3.0分）；早恋、顶撞老师、参与赌博（2.9分）；偷窃他人财物、敲诈勒索（2.8分）；上课睡觉、说话、玩手机（2.7分）。

6. 女生

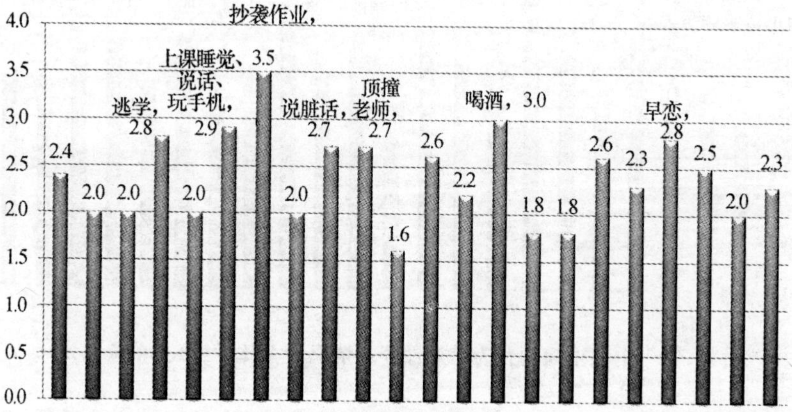

图2—27 中职生问题行为普遍性分布情况（女生）（单位：分）

女生认为出现得最多的问题行为是：抄袭作业（3.5分）；喝酒（3.0分）；上课睡觉、说话、玩手机（2.9分）；逃学、早恋（2.8分）；说脏话、顶撞老师（2.7分）。

由上述图中可以看出，不同的群体对学生问题行为普遍性的认识并不一致，说明每一个群体由于自己的经验和认识不同，导致所认识和了解的情况不同。课题组分别选取了在不同群体中得分最高的5项进行汇总。由于每个群体选出来的前5项并不一样，并且一些选项在某个群体中处于第二的位置、而在另一个群体中则处于第三或第四的位置，因此在进行统计时，对每一个选项在不同群体中所得的分数进行加总，再除以这个选项被选出来的次数，得到一个平均分，这就是不同选项的最后得分。按照最后得分来进行排序，排在前面的是：抄袭作业（3.53分），喝酒（2.92分），早恋（2.88分），借钱不还（2.86分），抽烟（2.85分），逃学（2.85分），赌博（2.8分），上课睡觉、说话、玩手机（2.76分），顶撞老师（2.72分），说脏话（2.7分），浏览不健康的网站（2.7分），敲诈勒索（2.68分）。典型问题行为的个案收集主要就围绕着上述这些行为进行。

（三）问题行为产生的原因

对问题行为产生的原因，教师和学生的归因不太一样，教师认为中职生产生问题行为的原因在于：（1）学生缺乏法律等相关知识；（2）家庭对学生造成了不良影响；（3）社会负面信息对学生产生影响；（4）学生性格、心理等因素的影响；（5）学生缺乏学习兴趣导致其产生问题行为。在上述因素中，教师特别强调家庭对学生产生的影响，他们认为家庭的影响最大、最为深刻。学生认为出现问题行为的原因主要是受到周围朋友的影响，尤其是抽烟的情况，几乎所有出现抽烟行为的被访学生都反映自己是受朋友的影响才出现该行为。相对于学生，教师对问题行为产生的原因分析得较为全面，能够看到诸多因素对学生产生的影响。但是对这些原因进行归纳，不难看出教师提出的原因可分为两类：学生本人和学生周围环境，教师并没有考虑到自己的态度和所采用的处理方式对问题行为产生的影响。

（四）教师对问题行为的处理方式

在调研中反映出来，目前大多数学校都形成了学生问题行为处理的较为固定的程序，当学生出现问题行为后，根据问题行为情节、结果的严重程度，影响的恶劣程度，分别在班主任、系部和德育处（或学生处）这三个不同层面上进行处理，处理的方法包括教师与学生进行谈话教育、行政处分、请家长到校协助教育。从中职学校的实际情况看，除了一些原则性的、较为严重的问题之外，教师们大都采用的是师生谈话的方式来对学生进行教育，且师生谈话是贯穿于整个问题行为的处理过程，并且延续到后面的教育工作中。

（五）教师对问题行为的处理效果

调研结果表明，中职教师对学生问题行为处理的效果不能仅用"好或不好"来评价，原因在于处理效果的好坏涉及以下几个因素：（1）处理问题行为的教师和学生之间的关系。若该教师平常得到学生的认可，那么他处理问题行为受到的阻力较小，较容易得到学生的认可。（2）教师处理问题行为的方法。上文提到中职生问题行为的复杂性，往往几个问题行为会交织在一起，因此教师的处理方法非常重要，若教师能够充分注意到问题行为的各个方面，注意到相关的影响因素，采取恰当的方式，那么处理效果会比较好。（3）问题行为对学生的影响大小。若问题行为影响较为严重，通过教师的处理和教育让学生认识到这一严重性，那么教师的处理就能够产生较好的效果。可以看到，处理效果并不仅仅受到处理方式的影响，它涉及多方面的因素，因此在评价某个问题行为处理效果"好或不好"的时候应当深入分析产生这种效果的原因，才能够得到正确的结论。

上述对问题行为的处理效果只是围绕着出现问题行为的学生而言，对于班级里的其他同学来说实际的影响并不大。在访谈中同学表示教师对问题行为的处理最多对他们产生警示作用，并不会对他们的行事方式产生影响。课题组以为产生这种现象的原因在于大多数同学对发生在周围的事情采取漠然态度，他们很少去关心事情的经过和教师的处理，被访学生表示，教师对某种问题行为进行处理对他们只是稍有提醒作用，他们还是会按照自己的想法来选择自己的行为。

被访学生反映出来的这一状况值得关注，这表明教师对问题行为的处理产生的群体效果并不明显。由此可以看到，问题行为是个体性较强的行为，不同的学生会出现不同的问题行为，而同样的问题行为出现在不同学生身上也是由于不同的原因，这就要求教师必须对问题行为进行透彻的分析，才能够提升处理效果。

（六）学生对教师处理方式的看法

调研中反映出了一个矛盾的现象，出现问题行为的学生往往认为教师的处理方式没有效果、不公正，他们难以接受。但是当问及"对教师的处理方式是否有看法"时，大多数学生并没有明确提出自己的看法，只是表示了自己既不赞同也不反对的态度。而当问及"若角色对换，学生作为教师，在面对同样的问题会采取怎样的方式"时，大多数学生表示就算老师的方式效果不明显，他们采取的处理方式也会和自己的老师一样。

第四节　中职生问题行为的个案研究

通过前期的调研，课题组确定了中职生典型问题行为，了解了问题行为产生的一般原因、教师对问题行为一般采取的处理方式。

　　在后期的调研中，课题组将重点放在问题行为案例的收集上。由于研究者身份的限制，不能在问题行为出现的第一时间获得研究的一手资料，因此研究采用了目的取样与便利取样相结合的方法，围绕典型问题行为对德育处老师和班主任进行访谈，从他们口述的案例中寻找符合研究条件的案例，并对相关学生和教师进行深入访谈，从而形成完整的个案。通过这种"顺藤摸瓜"式的方法，课题组共收集了7个问题行为案例。考虑到研究样本的代表性和完整性，课题组对案例进行了筛选，最终选择其中3个呈现在本书中，作为个案分析的对象。

　　在这里需要说明的是，通过后期的访谈调研，课题组了解到问卷调查结果反映出来的典型问题行为并不一定能够成为研究的案例。以抄袭作业和喝酒为例，尽管抄袭作业是调研中共同反映出来的最为典型的问题行为，但是很多学校为此采取了相应的解决措施，如采取集体做作业的形式，在学校完成作业，这样抄袭作业的案例就会相应减少，而另一些学校由于本身作业就不多，同时也将抄袭作业作为学校行为规范的重点，因此案例较少；而学生喝酒及类似的行为在学校里基本上不会出现，一般是在课余时间、假期在校外的时候出现，在这种情况下教师无法监控，因此无法收集到有代表性的案例。因此个案的收集并不能够完全围绕着排名最为靠前的问题行为进行。此外，在调研中也反映了这样一个现实，不同的学校由于生源不同，典型问题行为出现的频率也不同，因此对不同问题行为的关注度不同，也就是说某一个问题行为在某个学校中是关注的重点，但是在另一个学校中却不是。由于无法穷尽上海市所有的中职学校，因此个案的收集不免受到上述因素的影响。

表 2—12   案例情况汇总表

序号	案例	受访对象	是否采用	采用/不采用的原因
1	打架	出现问题行为的学生	否	案例相关情况不符合个案选择的条件;不具有代表性。
		班主任		
		所在班级的班长		
2	与社会不良青年来往	出现问题行为的学生	否	问题行为对学生的心理和生活产生了重大影响,访谈中学生回避提到问题行为,无法深入了解学生的想法;与社会不良青年交往不属于典型问题行为范畴。
		班主任		
3	抽烟	出现问题行为的学生	否	未能全面收集案例资料;受到访谈地点的影响,资料的真实性不足。
		德育处老师		
4	抽烟	出现问题行为的学生	是	本案例信息收集全面;教师的处理方式和学生的反映具有一定的代表性。
		班主任		
5	借钱不还	德育处主任	否	问题行为学生在教师的要求下归还欠款,教师并未进行处理。
6	打架	出现问题行为的学生	是	出现问题行为的原因多样,反映了问题行为的复杂性;教师的处理具有代表性。
		班主任		
		德育处主任		
7	早恋	出现问题行为的学生	是	中职生最为普遍的问题行为之一;道德教育和心理教育均要涉及。
		班主任		

本研究分两条线进行:对中职生问题行为的关注,探究问题行为的各种影响因素;对中职教师处理问题行为的关注,探究教师对问题行为处理存在的问题,因此个案的分析和解读将以此为主线开展,并由此明确了分析的 5 个维度,即中职生问题行为影响因素、教师对问题行为的处理方式、问题行为处理效果、教师的态度、教师对问题行为的判断。对每个研究案例的分析自成一体,从教师和学生两个不同的视角,围绕着分析维度进行(个案分析维度见图 2—28)。

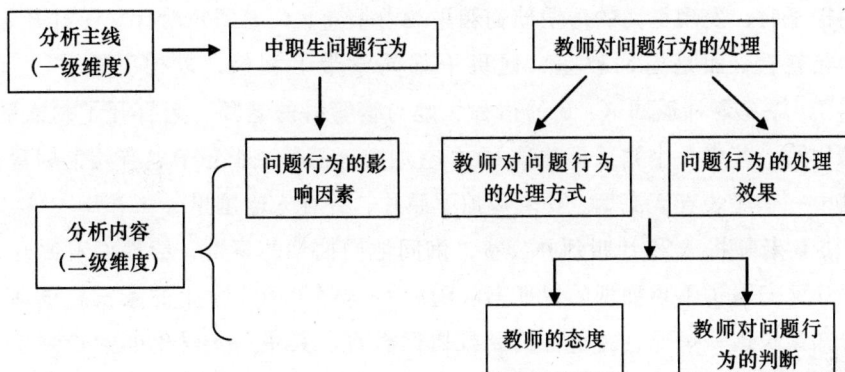

图2—28 问题行为个案分析维度关系图

一 案例一: 屡禁不止的抽烟问题

在调研中,当问及学生有哪些问题行为表现时,抽烟是教师不假思索便会给出的答案,一位学生处的老师坦言:"在我们的工作中,抽烟一直是令我们感到比较头疼和棘手的问题,学生抽烟的现象屡禁不止。学校老一辈的学生工作老师,包括到现在我们这些年轻的学生工作老师,都一直在探索能够让学生不抽烟的方法。"教师们尝试了各种不同的方法,禁烟的效果却不明显,原因在哪里? 或许从这个案例中能得到答案。

(一) 个案背景描述

禁烟是中职学校德育的重要内容之一,学校采用正面宣传教育和严厉的处罚措施来禁止学生抽烟,班主任 C 老师也常常利用各种机会向同学说明抽烟的害处,还曾严厉处分了一名抽烟的同学,以起到警示作用。在这样严格管理的环境下,案例中的主人翁 A 和 B 两位同学依然我行我素。在这一次抽烟事件之前,C 老师已经怀疑两人有一段时间了,并且还曾经提醒过两人,他们已受到老师的关注,不要再出现抽烟行为,但两人似乎没有听进去。这一次老师拿到了他们抽烟的证据,他们受到了班主任的处罚和教育。

(二) 事件呈现

这一天清晨,C 老师进行学生宿舍的例行检查时,在 A、B 宿舍的床下发现了烟头。由于宿舍是 4 人间,C 老师不能断定抽烟的是哪一位同学,便请来宿管科的老师对宿舍进行全面检查,寻找证据。当打开 A、B

的柜子时，发现里面的透明储物箱里放着烟盒。C老师并没有立即打开储物箱查看，而是返回教室，请班干部同学带上相机，以拍下这些"证据"。待C老师返回A、B的宿舍，她与宿管科的老师一起打开了两人的储物箱，其中一个箱子里放着10个空烟盒，而另一个箱子里有几个烟盒，其中一个还装着2支烟。C老师拍下照片，并存入电脑里。

C老师将A和B叫到办公室，询问他们抽烟的事情，给他们看照片，并让他们写了不再抽烟的保证书。随后C老师给两个学生的家长打电话，告知家长这一情况，并请他们到校协助教育。其中一个学生的家长到了，C老师给家长看了照片，和宿管科的老师一起向家长说明了学校的规章制度，请家长回去后配合老师教育学生不要抽烟。对于没有到校的学生家长，C老师再次进行了电话联系，详细说明了情况，同样要求家长配合教育。

（三）教师对问题行为的处理

1. 教师的态度

　　学生就像自己的子女一样，空余的时间还是要跟他们聊聊，沟通沟通……其实他们可能什么都不懂，很茫然的……

刚开始访谈，C老师便以"学生就像自己的子女一样……其实他们可能什么都不懂"表明了自己对学生的态度和学生的看法。可见，在C老师的心中，学生就是未长大的孩子，他们会因为缺乏相应的知识作出一些错误的举动，老师要像爱护自己的孩子一样爱护学生，包容他们的缺点和错误。C老师更多地站在长辈的立场来看待学生，认为自己是学生的长辈，这一认识使得C老师在教育学生时多是像长辈似的"苦口婆心"，这一点从下面教师的处理方式中可以看出。

　　有时候我就跟他们像开玩笑一样（跟他们谈抽烟的事），有时只能跟他们开玩笑，不能跟他们一本正经，一本正经他们会反感的，这些小孩子都有逆反心理的。有时候就要跟他们聊天，我站在他们同样的角度上去跟他们聊……有时候就问他们你们为什么抽烟，有时候他们就跟你讲老实话：帅啊、酷啊，其实他们是真的不懂，还是不懂。

C 老师很多时候都采用聊天的方式来教育学生,在聊天时向学生说明抽烟的危害,要求学生不要抽烟。在聊天的时候"我站在他们同样的角度上去跟他们聊",C 老师放下自己教师和长辈的身份,像一个朋友一样与学生相处,目的在于取得学生的信任,让学生能够听进老师的教育。

C 老师认为学生出现问题行为的根本原因在于他们"不懂",这里的"不懂"是指学生不明白什么是自己应该做的,什么是自己不应该做的,不明白其中的利害关系,因此 C 老师更多的责任是要让学生"懂",就是让他们明白自己应该做什么,向他们分析其中的利害关系。

> 我平常经常在督促他们,特别是住宿的同学……也跟他们讲这个利害关系,商学院一场火灾大家不是都知道吗?我就把火灾的情况、死亡的人数告诉大家,都跟这个班级的学生讲了。然后严禁他们在学校里,包括寝室里抽烟,包括热得快等电器之类的禁止使用。我说不是你一个人的安全,整个寝室,甚至整个学校寝室都有这种可能。因此严禁。

尽管 C 老师明白要包容学生,但是她却相信很多事情必须要学生从中得到教训才能够让学生以后不会再犯。在访谈中,C 老师还向课题组提到了另一个抽烟的案例,这个案例中的学生已经被 C 老师取消住宿资格,他每天早上必须 5 点多起床乘车到校上课。孩子的母亲曾希望老师允许该学生继续住宿,C 老师说:"在学校违反了学校的规章制度,就必须直接付出代价,特别是天冷,要让他记住,为什么走读有这么大的困难,就是要让他尝一下,你不给他尝,他永远记不住。我也知道你心疼孩子,我也心疼自己的孩子,但是每个做父母的都心疼,但是必须要让他得到教训,你不给他一点教训,他记不住的。"从这段话中可以看到,C 老师在教育学生的时候采取的是长辈教育晚辈的方式,在该温和的时候温和、该严厉的时候严厉,用长辈的教育方式取代了教师的教育方式。

2. 教师对问题行为的处理方式

正因为 C 老师对待学生"温和而不失严厉"的态度,使得她在处理学生问题行为时既严厉又为学生留有一定余地。

毕竟我们没有当场抓住他抽，就是给他一个机会，叫他写了一份检查、一份保证，如果以后检查再发现抽烟，你怎么处理？他自己讲以后再抽烟，就永久退宿。检查在我这里，我给他保留着，就给他一个机会，让他继续住下去。

我不对他们在全班同学面前点名批评，因为毕竟小孩子都是要面子的，每个人都是有面子的，给他们保留点自尊，我也跟他们提醒了，特别是现在第一次抓到的。我说第一次我不会在班级点名批评，我给你们在全班同学面前留点自尊，如果批评了有些同学会嘲笑你，希望你能够改掉。如果有同学在班级里点名批评的话，他会逆反的，反正现在全班同学都知道，你不给我留面子，我就这样。给他留自尊，给他退路。我说我不怕你犯错误，怕的就是你不改。每个人都会有错误，我们做孩子的时候也会有错误，毕竟你现在也是孩子。等到你们在长大了之后回想起来也会觉得好笑，我当时怎么会犯这种低级错误。犯错误不怕，怕就怕不改，只要你们改了，就是好学生。不要把错误的现象扩大，扩大反而不好。所以就叫他们写保证，但是保证书不会在班里读出来，就是留在我这里，你如果以后再犯错误，我就要提醒你，我利用这个可以时常地去提醒他。

有一个学生家长过来了。过来以后我就把电脑里的照片给他看，说没有事实我是不会叫你过来的。……（我说）这孩子这样子是不行的，他一旦发生事情，检查、受处分是小事，一旦引起火灾怎么办。希望你（家长）跟我们学校一起做好孩子的工作。我就把他带到宿管科，宿管科老师也讲了学校的规章制度，以及宿管科的制度……还有一个家长没来，我就给他家长打电话。其实之前跟家长打过电话，说孩子可能抽烟，要家长注意。这次我又给家长打电话，说孩子在学校里抽烟，在他的箱子里还有一包未抽完的烟，请家长一定要做孩子的工作，要不然孩子现在已经二年级了，要是受处分了不太好。然后就把学生上课的情况跟家长说了。

C老师抓到学生抽烟的证据之后，采取了写保证书和请家长协助教育的方式来进行处理，这是中职教师在处理学生问题行为时常用的两种方式。尽管是常用的处理方式，但是 C 老师在采用时也经过了一番考虑。要学生写检查和保证书，一方面是想借助学生的"保证"来约束自己的行为，从而实现学生自我进行管理；另一方面是考虑到学生的"面子"问题，不伤及学生的自尊心，并给学生留有改过自新的机会。而请家长协助教育，一方面是希望家长了解学生的情况；另一方面也是因为家庭教育对学生的影响更为深远，家长的言行对学生的影响较大，如果家长和教师保持一致立场的话，会更加有利于对学生进行教育。

C 老师在处理这两个学生抽烟的问题上煞费苦心，拿到了足够的证据才处理，并经过考虑后选择了两种 C 老师认为比较有效的处理方式。C 老师认为学生是"不懂"才抽烟，然而这两个学生是否真的因为不懂才出现抽烟的行为这一点 C 老师并没有认真的探究，因此在处理方式的选择上缺乏针对性。

3. 问题行为处理的效果

（研究者：老师对自己的处理方式满意吗？）应该说还可以。这批学生没有自觉性，一定要压制，你稍微松懈一下，他们就放纵自己，他们对自己不自觉，什么都不自觉。所以我觉得带这一届的学生很累，真的很累。

可以看出，C 老师对自己的处理还是比较满意的，他认为学生的不自觉需要教师时常提醒他们，而他也一直在提醒学生，教育学生，在这个案例中他尽到了老师的责任。但是这种提醒和教育却不一定有效，"带这一届的学生很累，真的很累"表明这种不断的提醒耗费了教师大量的时间和精力，同时也表明他所带班级的学生出现问题行为的次数多，这从另一个侧面反映出教师教育的效果并不理想。

下面学生的话也表明了教师处理效果的不理想。

不可能老师说戒就戒，是虚心接受屡教不改。老师说着我听着，然后该怎么做怎么做（研究者：那现在我们班同学都这样吗？）全体都这样。（研究者：抽烟的人多吗？）多。（研究者：被抓到过吗？）有些被抓到过，有些没被抓到过。（研究者：那被抓到还会抽吗？）

会，一样的没有改变。

这段话表明班级大多数学生都出现了抽烟的行为，教师的处理并没有对出现问题行为的学生和其他学生起到警示和教育的效果，学生依然我行我素。

老师的处理我们接受也得接受，不接受也得接受。是（我们）技术不到家呗，技术到家的话就不会被抓了。
不希望（老师管我们），不管最好。
老师烦死了。总是打爸妈电话。老师老打爸妈电话，自己被管着。我觉得打爸妈电话没意思。

学生的话语中流露出了一种无所谓和反感的态度。他们对因自己抽烟的行为受到处分的事情感到无所谓，这对于他们并没有产生影响。而他们反感教师的处理方式，一方面他们不希望教师教育他们，一个"管"字表明学生将教师对他们的教育看成是一种约束，他们不喜欢这种约束。另一方面他们也不喜欢教师将自己的情况告知家长，这让他们更有一种被束缚的感觉。

显然，C 老师对问题行为的处理效果并不好，不仅仅对出现问题行为的学生没有作用，对其他学生也没有产生影响。课题组认为原因在于：其一，C 老师并没有分析案例中两位学生出现问题行为的原因，而是将他所了解到的普遍的学生抽烟的原因来解释两个学生抽烟的行为，并采取了惯常采用的处理方式，使得这种方式没有针对性；其二，学生反感教师的教育。从上述的描述与分析中体现出，C 老师很多时候采用的是一种长辈教育晚辈的方式来教育学生，这种方式的很大特点便是不断地提醒，这让学生感到了束缚。对于他们这种急于挣脱家长和教师束缚的群体来说，无疑引起了他们的反感，导致学生无视教师的处理，依旧我行我素。

事实上，在这个案例当中反映了一对矛盾关系。这对矛盾关系表面上看是学生渴望自由的心理和教师对学生管教的矛盾，实际上这是教师和学生身份的矛盾。C 老师出于教师的身份必须对学生进行教育，而学生不希望自己处于被教育的地位，便产生了矛盾。由于这种矛盾关系，学生将教师置于与他们对立的位置,认为教师不会为他们着想,使得学生反感教师的教育。同时当学生真正面对教师时,他们不会流露自己真正的想法,而是表现出"听话"的假象,表现出教师希望出现的样子,从而能够"少被教师教育"。

4. 教师对问题行为的判断

C 老师认为学生抽烟问题是"行为不端"问题,也是"品质不端"问题,属于学生行为规范的范畴。

> 这一个应该划分在行为规范里面的,他这是行为不端。行为不端就是行为不端正,比如老师上课,叫起立,你站起来不好好站着,手撑着,而是趴在桌子上,这也是行为不端。行为不端包括很多方面,抽烟肯定要用手夹,放在嘴里抽。也可以说品质不端正,好的学生不可能去抽烟,就是因为思想出问题,才抽烟……一个是行为上的不端正,一个是品质的不端正。因为你往邪念上去了,这就是邪念的起步啊,不是说一定说你犯了大错误了,才说你思想不端正、品质不端正、行为不端正,你这是品质上的一点呀,你怎么样从思想根源上去认识抽烟的危害,你自己去想想,到底该不该抽。

可以看出,C 老师将抽烟问题看作行为规范问题,但是随后又进一步将这一行为看成是"品质问题"、"思想问题"。这就表明 C 老师将行为规范问题划归为道德问题的范畴,而将道德问题和思想问题等同起来了。

(四) 问题行为的影响因素

> (研究者:为什么你们会抽烟呢?)被带出来的,一起玩的人抽烟了,教你怎么抽,学会了就开始慢慢抽,然后就慢慢有瘾了,戒不掉了。慢慢就学会了。(研究者:那你们朋友在一起抽烟的多吗?)很多。跟朋友在一起的时候朋友会发烟给你,不抽不好意思。

A 和 B 用了一个"很"这个程度副词,这表明在他们周围形成了一个圈子,抽烟在这个圈子中是普遍现象。事实上这里也暗含了社会这个大环境,这个环境没有为青少年禁烟提供良好的氛围。

　　　我们是*虚心接受屡教不改*，他们也是*虚心接受屡教不改*。（研究
者：他们是谁？）老师，老师们嘴巴上说说而已。（研究者：你希望
老师怎么做你能接受？）我无所谓。老师他们不改，无所谓。像上次
有个宿管科的老师，给学生做榜样，老师自己都在那里抽烟。

　　两位同学的这段话充分地证明了"教师是学生的榜样"这一观点，
只不过在案例中宿管科的老师为学生树立了负面榜样，这个负面榜样甚至
抵消了 C 老师的教育，对学生产生了巨大影响，成为学生抽烟的"绝佳
借口"。

　　（五）小结

　　本案例中教师对问题行为的处理存在的问题：

　　1. 缺乏对学生真实心理的把握

　　在整个教育过程中，C 老师更多地扮演着长辈的角色，这一角色使得
C 老师对学生行为的解读更多的是从长辈的角度进行，对学生的教育也更
多地偏向于将自己认可的观念传递给学生，让学生接受自己的观点，因此
对学生心理的把握就无从谈起。此外"长辈"身份和"教师"身份存在
差别，教师要清楚学生的心理变化，对学生的教育要借助这种变化进行。
然而长辈的身份使得 C 老师对学生的教育更多的是从外在的因素如安全、
经济等方面来进行，缺乏对学生心理的了解和把握，并没有发现影响他们
抽烟的因素，因此对症下药便无从谈起。

　　2. 与学生沟通中角色转换的不彻底

　　尽管 C 老师注意到在与学生交往中从"教师"转换为"朋友"，但是
由于转换的目的不在于了解学生真实的心理，而在于能够让学生更多地接
受他的教育，这种转换并不彻底。反而使学生察觉到在看似"朋友"的
关系之下教师希望教育自己的心理，导致了学生的反感与不耐烦。这不仅
导致沟通没有起到原先的效果，更使得学生抵触与教师的交流，使教师失
去了一条与学生有效沟通、掌握学生心理的途径。

　　3. 不能灵活变换处理方式

　　在访谈中，C 老师谈到了两个抽烟的案例，两次都采用了大致相同的
处理方式。第一次采用这种方式处理效果并不太理想，而在本案例中 C

老师还继续沿用这种方式,可见 C 老师对问题行为的处理方式缺乏变通,不会根据处理效果是否显著和不同的学生而发生变化,导致在本案例中 C 老师的处理几乎没有对学生产生影响,这是本案例中教师处理存在的最大问题。

此外,对此案例的一些思考:

1. 师生沟通不畅:谁之过错?

在整个访谈过程中,很多学生都表达了与 A、B 两位同学同样的想法:学生与老师是对立的,学生和老师之间不可能有沟通。问及原因,学生认为老师根本就不理解他们,而老师则认为现在的学生难教,不接受教师的教育。师生双方把责任推给了对方而不认为自己应该反思、寻找自身的原因。课题组以为,出现这一问题的原因在于当前学生追赶潮流,对教师所持的传统观念嗤之以鼻,认为教师没有跟上学生发展的步伐。教师认为学生的观念过于潮流,不能接受。观念的冲突带来了师生交流的障碍,导致师生沟通不畅。

2. 抽烟究竟是行为规范问题还是一种普遍行为?

抽烟在学校和社会中都是一种普遍的行为,然而这种行为在学校中被视为行为规范问题,学校采用各种方法严厉禁止,而在社会上这是一种常见行为。尽管学校是社会的一个机构,应该传递社会共同的价值和观念,但是在学校和社会这两个环境中抽烟显然得到了两种截然不同的待遇,这种区别导致学校的禁烟教育收效甚微,学校教育显得苍白无力。那么究竟应该将抽烟划归为什么问题?是行为规范还是常见行为?这就不仅仅是学校道德教育的问题了,需要整个社会环境的配合与支持。

3. 思想问题和品质问题是一回事吗?

思想关乎一个人对某种事物的看法,而品质关乎一个人的道德,两者是一回事吗?案例中的 C 老师将两者放在一起。这种观点在一定程度上能够代表当前教师对思想问题和道德问题的认识。然而思想问题和品质问题是不是表达一个意思?两者的混淆给中职学校德育带来了哪些问题?值得探讨。

二 案例二：恋爱引起的打架事件

在课题组收集到的众多案例中，因恋爱引起的打架事件很有代表性。其一，它反映了中职生问题行为并不是单一的，这些问题行为会交织在一起；其二，这是唯一一个处理效果好的案例，然而效果好的原因并不在于教师的教育；其三，案例中的 W 老师很能代表当前部分中职教师，这类老师深受学生欢迎，他们的教育容易为学生所接受，但是他们的教育与真正的道德教育存在差距。正是由于上述原因，课题组将这一案例作为分析个案，希望能从中得到问题行为分析与处理的启示。

（一）个案背景描述

D 是在课题组与 W 老师访谈快要结束的时候进入办公室的，他看起来很文静内敛，不像是会冲动打架的学生，但是他的眼神却有些许出卖他。那是一双很灵活、清澈的眼睛，好像能从里面看到一种与文静内敛不符的东西。在打架事件之前，由于其他原因他曾受到学校处分，至今尚未撤销。而这次打架差一点让他离开学校，提前结束自己的学业，这一点对他影响很大。

（二）事件呈现

D 的女朋友从实习单位下班回到学校后便拿着手机充电器到教师办公室充电。当她来到办公室时，有几个男同学正和班主任在一起聊天、说笑。女孩觉得这些男生肯定因为自己的时尚打扮笑话自己，因此充好电之后她便找到了 D，告诉 D 办公室里有男生因为穿着笑话她。D 晚饭时正好喝了酒，听到女孩的这番话便立即来到办公室，趁班主任老师出去的空当问里面的同学是否笑话自己的女友，那两位同学不承认，然而 D 不相信，于是挥起了拳头。

被打的同学当时没有反抗，但随后他们叫了七八个同班同学，来到寝室找 D "报仇"，双方 20 多人在寝室门口打了起来。尽管人多，但是同学只是动手，没有拿器械，并没有造成严重的伤人后果。学生科的老师闻讯立即赶往现场进行处理，并请派出所的民警来给学生上法制教育课，让他们了解事情的性质以及可能造成的严重后果。在经过慎重考虑之后，学校给予 D 留校察看的处分并在全校通报批评。W 老师并没有直接处理 D 的事情，而是在 D 受到处分之后对他进行不断的教育。

（三）教师对问题行为的处理

1. 教师的态度

提起 D 的事情，W 老师就先说了这样一句话："我们凭自己的经验或者学校的规章制度，能帮的尽量帮，毕竟小孩子嘛……"

在 W 老师的话中隐含了这样两层意思：其一，对于教师来说学生不只是学生，更是"小孩子"，因此他们有"小孩子"的可爱之处，老师要看到，他们会犯错误，老师要明白他们处在不断的成长过程中。其二，教师不仅要教育学生，更要关心帮助学生。在本案例中 W 老师的"帮助"便是积极与学生科 L 老师、校领导沟通，争取从轻处分 D，同时给他提供快乐的成长环境和中肯的建议。W 老师将学生看作一个不断成长的个体，而教师的职责就在于"帮助"学生成长。

W 老师并没有表现出自己班级学生出问题时班主任老师惯有的无奈与不快情绪，相反他是带着一种快乐的情绪提到他的学生，"我估计在这个学校里面，骂小孩最多的就是我。我骂得也厉害，现在骂得已经脸皮厚了，脸皮厚的不得了，我们也要快乐，他们更要快乐，我们怎么从快乐的中间去学一点东西，说实话社会很艰难，你要认真一点做一点事真的很难很艰苦，你现在没有这种精神，你拿什么踏上社会，这是最起码的精神"。

"快乐"在 W 老师的工作中占据重要的地位，一方面他要自己"快乐工作"，因此当面对 D 的事情时，他以乐观的情绪代替了班主任惯有的负面情绪，使得他能够正面、积极地面对 D 的打架事件，而不是一味地教育 D。另一方面他要学生"快乐成长"，让学生学会以乐观的态度来面对生活中的艰难困苦，而这种乐观的态度必须在平常的教育中一点一滴的培养，更要从艰难的环境中来培养，因此他在教育的过程中不会给学生施压，主张从放松的氛围和生活中学习。

不开心的事早点忘掉，我们还是走自己的路，脑袋清楚一点，因为我们犯过错，我一直这个原则，小孩可以犯错，我们还在犯错呢，就是同样的错不犯。

他天天到我这里来打球，我看蛮好，不是说打球好，是因为打球能接触不同的学生。我平时一直叫他们到我办公室里来，我这个办公室全国各地的小孩都有，我看他们聊天、吹牛，聊天吹牛一样锻炼。人家内蒙古的同学说内蒙古，长知识，那些小孩平时不说话的，一段时间后就说话了，再一段时间就开开玩笑了。这就叫快乐的成长。我就是把你们安全、快乐地带过这一个阶段，你们顺顺利利、快快乐乐地拿到毕业证书，叫老师没有白带。就这么简单。

在对 D 的教育中，W 老师很好地贯彻了自己快乐生活的理念，他并不会像其他老师一样教育 D，而是借助聊天的方式让 D 增长知识，从受处分的阴影中走出来，开始新的生活。可以说，"帮助"和"快乐"是 W 老师在处理 D 问题行为中最为关键的两个理念和两种教育形式。

2. 教师对学生问题行为的处理方式

W 老师并没有直接处理 D 的问题行为，他主要是对 D 进行教育。W 老师的教育并不是每次都抓住打架不放，他认为 D 从处分中受到的教训已经足够了，因此他的教育重点就放在恋爱和学会规划自己的生活两方面。

我跟他说，你没有到恋爱的时候恋爱了，可以，现在那么普遍，但是大家有好感，放在心里，等到毕业了以后再去追求，或者跟女孩说清楚。你现在没收入，我说我不是女孩，我是女孩的话我不会跟你在一起，你最起码有房、有车、有什么，女孩可以嫁给你，这叫求婚，这叫谈恋爱。你们现在直接变成像夫妻一样了。而且女孩子有半点不开心也好，半点受气也好，这时候你是男子汉了，你从来不想想这件事可不可以做。

W 老师指出 D 在恋爱方面所犯的两个错误："没有到恋爱的时候恋爱"、"从来不想想这件事可不可以做"。这两个错误其实是一个错误，根本问题在于 D 做事情不会经过认真的思考和分析，只是按照自己的想法进行，因此带来了一些难以承受的后果。

说谈朋友什么的，我从来没有大惊小怪的，我从来不认为。他们好像认为旁边走的是女朋友啊，我是从来没有什么大惊小怪，因为我也没办法,改变不了这个现状。

这段话反映了 W 老师对学生恋爱所持的态度:不惊讶但是也不会采取行动去改变。实际上 W 老师能够意识到作为一名教师他有责任教育学生正确看待恋爱,引导学生不出现恋爱的行为,但是由于在恋爱问题上教师教育效果并不好,且现在恋爱是一种普遍现象,因此他放弃了自己的这种责任,采取了一种放任和消极的态度,不会去过问 D 谈恋爱的原因,也没有将恋爱问题作为自己教育的重点。同时由于 D 是外地学生,恋爱可以让 D 在生活方面得到一些照顾,而 D 的家庭也认可这段恋爱,因此 W 老师不得不对 D 恋爱采取较为放任的态度。

相较于恋爱问题,W 老师教育的侧重点放在了让 D 学会控制自己冲动的性格和把握前途方面。

我跟小孩说,关键不是我们帮你,学校给你一次机会,你要把握好。你现在跟我说错了,你明天万一脑袋晕晕的(又出)什么事,他说 W 老师我绝对不会,我拿不到这个毕业证书,我从今以后不来见你。我说你不来见我可以,但是你以后的路怎么走,你可以跟老师和学校开玩笑,这次(老师)又帮了一把,哪一天又惹事了,一个红头文件下来,你永远可以不进这个学校,不受我的教育。但是你以后的路你想一想。

针对 D 的冲动和遇事不思考的性格,W 老师将教育的重点放在了引导 D 思考自己的人生这一方面。W 老师并没有给 D 指出"你应该做什么不应该做什么",而是借助处分的影响逼着 D 学会思考自己的行为,帮助 D 改变冲动的个性。可以看出,W 老师在教育的过程中是善假于物的。

……我们中职校的文凭很尴尬,现在他们去应聘,想要的工作都要求大专以上,不想要做的工作,仓库里面,谁要去,问题就在这里。所以我平时也不断地灌输他,天生我材必有用。别以为人家大学大专的出来找不到工作,我们中专的更找不到工作。因为我们没有要求,我们只要管饭就可以了,只要自己养得活自己。人家大学生去说没有 3000 块我不来，当然人家学到东西手上有东西，有资源，但是我们现在手上没有资源啊，但是我身体好，我肯吃苦、我努力，一样的。我说你们千万别自己看不起自己，自己看不起自己完蛋了。我有时候碰到什么好的（实习单位），我就把他介绍出去。他有时候说 W 老师我要去搞业务了，我说你自己想好了，业务多了，搞什么业务，这么一直盯着，他说 W 老师我想上班，我想做生意，我说行，你自己目标定好了，一个跟自己父母亲商量一下，平时我们多聊聊，做什么生意，从哪里开始做。

可以看到，W 老师借助找工作这一事情帮助 D 学会从正反两个方面来看待问题，教给 D 分析问题的方法，同时还教育 D 要培养吃苦耐劳的精神。而当 D 告诉 W 老师自己的下一步打算是"做业务"时，W 老师则帮助他分析做业务需要从哪个方面下手、该怎么着手进行。也正是通过这种方式，W 老师不仅教育 D 学会分析思考问题，还让 D 学会对自己的前途进行规划。

尽管 W 老师对 D 的教育是针对 D 性格中不好的方面进行，但是从整个教育过程来看，道德教育是缺失的。事实上打架事件带给 D 很大影响，W 老师应该借助这一事件的影响对 D 进行爱情伦理方面的教育，帮助他了解爱情、婚姻、家庭的责任和义务，W 老师显然在这一方面是缺失的。

3. 问题行为的处理效果

在对 W 老师访谈前，课题组访谈了学生科 L 老师，这位老师全程参与了对 D 打架事件的处理。L 老师向课题组反映，在这件事情之后，D 在学校变得非常老实，像换了个人一样。课题组以为 D 性格的转变是教师处理效果的反映，这一转变表明处理效果较好。然而这种较好的效果是由教师的教育而产生还是由学生的认识而产生，才是评判处理效果的标准。

因为打架的事情，我觉得我在学校里表现不好，毕竟影响不好。我打架的时候什么都没想，呆呆地就冲上去了。我当时喝了酒，很冲动，其实当时就后悔了，只是后来人太多了，不知道怎么做了只好打下去。打完架我心里挺害怕的，怕把家长叫过来，也怕被开除。一个星期我都害怕，都没怎么睡着觉。包括刚才 L 老师找我的时候，我都觉得挺害怕的,我在想老师找我什么事,会不会要我回家了。

　　我以后不会再打架了,现在做事情的时候也会想想后果,再决定怎么做,学会考虑事情了,成熟了。这些事给了我深刻的教训。

　　(研究者:那你以后还会出现打架这样的事情吗?)不会了,一次就改了。

　　D 的回答表明打架事件给了他一个非常深刻的教训,甚至对他的心理产生了非常大的影响,从而导致了 D 性格的转变。

　　(研究者:W 老师跟你聊天吗?)聊啊。(研究者:聊什么啊?)以后想干什么,出去工作想做什么呀,对自己有什么想法啊,就这些。(研究者:会不会跟你讲一些道理之类的?)因为 W 老师这个人,人挺好的,这个老师比别的班主任都好。有时候在你那个,出现事情的时候,他会尽全力帮你,他会给你做思想工作,讲讲道理,这样。(研究者:他怎么做思想工作的呀?)他说这件事不该做,你自己要想清楚。(研究者:告诉你什么该做什么不该做,然后跟你讲大道理?)大道理讲的,讲的太多了,忘了。(研究者:都没有记在心里吗?)有啊,讲的都忘了。(研究者:那以后在做事情的时候会不会想起王老师说的话?)会啊。(研究者:你很喜欢这办公室的老师?)每天我来办公室的时候,感觉挺好,因为这人多,人多挺好,每次下去打打球,开开心心挺好。比打架好,打架之后心里害怕,在这打打球开开心心的挺好。⋯⋯其实我们这个办公室在学校比哪个办公室都好,其他办公室的老师都不搭理你,在这里老师跟你打打球,老师也开心,你也开心,这多好啊。(研究者:那这个办公室的老师说你你听吗?)听。(研究者:其他办公室的老师呢?)有时候听有时候不听。(研究者:那什么时候听,什么时候不听?)心情好的时候听,心情不好的时候不听。这个办公室的老师挺好。

　　在这段话中,D 将 W 老师、W 老师所在办公室的老师和其他老师进行了比较,他明显地偏爱 W 老师及其所在办公室的老师。因为这里的老师带给学生的是轻松的感觉,更重要的是这里的老师不会对学生进行说教，是以一种平等的身份来与学生相处的。这就让学生感受到了老师对他们的尊重和关爱，他们能够理解教师是真心为他们好，从而更好地接受教师的教育。

以上表明处理效果较好的主要原因在于事件本身给学生带来了巨大的冲击，让学生产生了一种畏惧感，加深了他对事件负面影响的认识。尽管W老师的教育也产生作用，只有他的话D才能够认可并接受，却不是促使D性格发生转变的主要原因。这一点也从W老师的话语中得到了证明。

（研究者：这件事情学校的处罚力度挺大的，同时也在全校进行教育，在经历这件事情之后，学生们，包括C和班上的其他同学，会不会再出现同样或类似的行为？）说不准。因为他毕竟是这个年龄段，可能是这个事他会考虑过，这件事以前犯过了，不能再犯了，别的事呢？应该来说像他这样是一错再错，才会留校察看，留校察看已经是没有退路了，对不对。他还能做这个事。

W老师指出学校对D的处理在其他同学中间并没有产生很大的影响，因为学生的年龄阶段决定了他们行事冲动、不计后果。这也从另一个侧面反映了，只有当学生自己在认识深刻的时候，他们才会发生行为上的转变。

可以看到，学生的认识程度和师生关系影响了教师对问题行为的处理效果，其中学生的认识程度是主要方面。学生的认识是学生心理变化的反应，因此学生心理的转变是问题行为的处理取得较好效果的关键因素。然而在这一案例中，学生心理的变化并不是由于教师的教育引起的，因此从这个意义上说，本案例中教师的教育也不尽成功。

4. 教师对问题行为的判断

（研究者：如果我们把学生各种各样的问题行为分为很多类的话，老师您把学生这个问题是归为哪一类呢？）归在学校管理。……职业学校职业学校，我的意思过来学门技能、学门技术完了，要什么学分制，把身体锻炼好，把基本礼貌学学好，出去就干活。……我们所做的只有这一点，我管你脑袋，管你身体，管你那张嘴，我可以把你身体锻炼好,把脑袋锻炼得活一点,把那张嘴锻炼得口才好一点。还有礼貌礼仪。……我估计在这个学校里面,骂小孩最多的就是我。我骂得也厉害,现在骂得已经脸皮厚了,脸皮厚的不得了,我们也要快乐,他们更要快乐,我们怎么从快乐的中间去学一点东西,说实话社会很艰难,你要认真一点做一点事真的很难很艰苦,你现在没有这种精神,你拿什么踏上社会,这是最起码的精神。你打球打不动了,趴在那里,趴着也要打,这就是精神,这就是意志品质。有这种意志品质,不说大事业,你不怕干不好事,你不认真什么东西都免谈。认真努力你怕什么事做不出来。还有一个脑袋要活,关键脑袋要活。

　　W 老师对问题行为的判断极大地出乎课题组的意料,因为他将问题行为归结为学校管理问题,认为是由于学校的管理问题导致了学生问题行为的产生。在 W 老师眼中,职业学校应该让学生在快乐的氛围中获得强健的身体、灵活的头脑、过硬的技术和坚韧、认真的品质,然而学校教育显然偏离了这一点。W 老师没有把学生的问题行为划分到道德、思想等相关领域,而是划分到没有直接关系的学校管理问题中,虽然这种划分不免带有 W 老师的主观看法,但是课题组认为这一划分却提示了问题行为与学校管理的相关性,究竟在中职学校中哪些行为应该被定义为问题行为,哪些不是,需要更清晰的界定。

　　W 老师直接表达了他与学校理念的不同想法,课题组认为这种直率也是 W 老师赢得学生喜爱的原因,也是他的教育能够被学生所接受的原因。

(四) 问题行为的影响因素

　　　我觉得自己挺多心的,心里面想的事情挺多的,但是打架的时候却想都不想就会冲上去。我脾气不好,很不好,脾气很急,有些事情可能明明知道自己错了,却感觉还不是自己的事,自己没有错。
　　　上初中的时候跟人打架,其实那时什么也不想,那时毕竟还小嘛,什么也不管,也不怕打怎样了。后来家里为我花了好几万,那时读初一。

D 将打架的原因归结为自己冲动、急躁的性格。尽管初一时的打架事件影响很大，但是并没有对他造成影响，也没有从中受到教育，因此在成长的过程中他逐步形成了冲动的性格，以至于在遇到事情时还是会冲动。

从他的表述中，课题组认为 D 似乎是一个矛盾的集合体，平常会考虑很多问题，而遇到事情时便会冲动。也正是因为他会考虑很多，才促使他在这次打架事件出现后认真地思考后果，发生性格上的转变。

可以看出，性格的因素对其影响非常大，是 D 出现冲动行为、发生转变的最为重要的原因，因此教师在分析时应该考虑到这一因素。

（五）小结

本案例中教师对问题行为的处理存在的问题：

1. 缺乏道德方面的引导

W 老师对 D 的教育，更多的是通过对社会现实的分析帮助他掌握分析问题的方法，反思自己的行为，但是在整个教育过程中，我们并没有看到 W 老师对 D 在道德方面的引导，老师并没有借助问题行为让 D 懂得自己的责任、学会判断什么是道德的行为什么不是。

2. 缺乏对问题行为的分析

W 老师在对 D 进行教育之前、在教育的过程中都没有对问题行为进行分析，W 老师不了解学生以往的经历、他的朋友圈子、他的喜好、他内心对这件事情的恐惧等，正是由于缺乏对这些信息的掌握，使得 W 老师选择了最为常见的师生谈话和常用的教育方法来对 D 进行教育，没有针对 D 的性格优化自己的教育方式，从而使 W 老师的处理能够对 D 产生更大的影响，从而能够真正成为问题行为取得较好处理效果的主要因素。

本案例带来的一些思考：

访谈中 W 老师曾经说过这样一段话："打完了以后，我很生气，我不是说打架很生气，人家一个班级 20 多个人打，我们班级一个人，那么第一个我说我班级不团结，小孩嘛，你真的说小孩义气嘛，你说为什么我们班级一个人在打，人家班级 20 多个人，我生气就生气在这里。法不责众嘛。"这段话令课题组感到惊讶，W 老师不是因为打架，而是班级同学没有帮助 D 而生气。这些话似乎不应该是教师所说的，但课题组以为正是因为这样的话，会让学生对这位教师"另眼相看"，认为这位老师与学生是处于同一战线的，因此学生不会将教师放在与自己对立的位置。

事实上，在中职学校中有很多类似 W 老师这样的老师，他们身上都有这样的共性：深受学生喜爱，与学生像朋友一样相处，与学生有着相似的说话方式，对学生热情、直率等。教师表现出来的这些特质拉近了师生之间的距离，让学生能够接受教师的教育，感受到教师为学生着想的心理，使得师生之间的沟通不仅仅是顺畅的，更是贴近学生心灵的，让教师掌握学生真实的心理。师生之间这种贴近心灵的沟通是教师处理好问题行为的基础，也是当前教师在问题行为处理中的薄弱环节，W 老师显然在这方面做得较好，但 W 老师在道德教育上的缺位也是显而易见的，这实际上反映了这样一个问题：在教育学生的过程中，教师如何把握好"教师"和"朋友"两个不同角色的比重。从中职学校德育实践来看，在这个问题上走向了两种极端：一种是仅仅以"教师"的身份出现，学生将教师置于对立面，师生沟通不畅；另一种是教师更多地是以"朋友"的身份出现，师生沟通顺畅，但是在这一过程中"教师"身份不仅仅是被隐藏了，而是缺位的。如何将"教师"的身份放在正确的位置，出现在恰当的时间，非常值得思考。

三 案例三：频繁换男友事件

恋爱这一选项在教师问卷和学生问卷的结果中无疑都是位居前列的，教师和学生在这一项上达成了共识——恋爱是当前中职生中出现的普遍现象。在这些 90 后中职生的眼中，相互喜欢就应该在一起，如果彼此之间出现了矛盾，那么就应该及早分开重新开始，这种"快餐爱情"的观念与老师们的观念格格不入，他们恋爱的年纪和更换对象的速度令老师惊叹，也不能接受。恋爱还是校园中不允许出现的现象，作为教师自然要阻止这一现象在校园中出现。观念、身份的不同，师生在恋爱问题上究竟产生了怎样的碰撞，值得深入探讨。

（一）个案背景描述

案例中的主人翁 E 是 X 老师班级里一名普通的学生，是全班唯一化妆来上学的女生。她在班级中成绩一般，然而由于之前学过画画和舞蹈，班级板报的插画是她来画的，唱歌、跳舞她都能来上一段，性格开朗活泼，在班级人缘不错。现在是二年级的 E，尽管年纪不大，但已经交往过四五个"男友"了，对此班主任 X 老师感到无奈和不解，对于频繁地更换男友以及现在的恋爱问题，X老师多次与E谈话。在课题组访谈的那天中午，X老师就因为现在的恋爱问题与E进行了谈话，但效果不佳。

（二）事件呈现

仅仅与前男友分开一个暑假后，E与本校同年级不同专业的一位男生又开始了一段新的恋爱。这段时间男孩成绩下滑，对于家教甚严，希望送孩子出国的男孩父母来说这显然是个大问题。在与男孩谈话后，男孩家长认定是由于恋爱影响了儿子的学习，因此希望男孩与E断绝恋爱关系。为此男孩家长向班主任反映了情况，并找到X老师，希望能够阻止两人在一起。男孩班主任向X老师反映在这段恋爱关系中，是E主动向男孩靠近，目前男孩已向家长保证不再与E恋爱，把心思放在读书上，而E还会作出等男孩放学之类的举动。E的做法让男孩的班主任和家长感觉E在纠缠男孩。男孩的班主任告诉X老师，如果E继续与男孩联系，男孩的家长再到学校里来找老师解决的话，那么就直接请他们来找X老师，由X老师来解决问题。为了让E结束这段感情，X老师找E谈话，但E并没有当场表明她是否会放弃，谈话并没有取得好的效果。

（三）教师对问题行为的处理

1. 教师的态度

我觉得怎么说，本来男女产生（感情）这种是正常的，对她们来说不是那种偶尔之间有了感觉就是顺其自然，但是这个女孩子就是交男朋友是一种需要，我这个断了就必须有下一个来补充，到了这种地步知道吧。

带这种班，我的班级谈朋友，我也不是一定要制止怎么怎么样，但是希望有一种引导，男女生这种跨越友谊的交往并不是一定要反对的，但是有一些原则性的东西是要把握的。……我们每次发现班级谈朋友的时候我会有态度的表明，但是完全制止我倒没有。

这两段话表明了X老师在学生恋爱问题上的不同态度，对于大多数同学来说，她理解这种"跨越友谊的交往"，因为这是学生在成长过程中必经的阶段，然而在E恋爱的问题上，X老师不理解并有些反感，她强烈反对E与现在的男友在一起。X老师对E的反对态度并没有受到她自己一贯的理解态度的影响。

　　然而 X 老师的理解和不反对并不是无限制的，她向学生提出了自己的两个原则:"绝对不能影响成绩……不该过早接触性这方面，尤其是女生。"这两条原则代表了 X 老师在面对学生恋爱问题时的底线。从原则的内容看，一条关于学习，一条则涉及学生可能出现的问题。把学习放在第一条说明在 X 老师心中学生的学习成绩显然占据最重要的位置，比其他的问题都要重要，学生的恋爱问题也要以学习成绩为准则来衡量。而第二条涉及性的内容，实际上这一条的提出并不是 X 老师希望给予学生在性教育方面的引导，而是希望学生不要因为恋爱而引出其他后果更为严重的问题。这两条原则看似给出了教师在学生恋爱问题上的准则，但实际上这两条与恋爱本身的关系并不密切，对引导学生正确面对成长过程中的恋爱问题并没有起作用。

　　尽管 X 老师对 E 频繁更换男友表现出了一种不赞同和不理解的态度，但显然 X 老师反对 E 恋爱的主要原因在于 E 违反了第一条原则，因此 E 的恋爱问题遭到了 X 老师的强烈反对。

　　2. 教师对问题行为的处理方式

　　　　我跟她这方面的只能通过私下里的谈话、聊天这种。……没有采用过写保证书之类的措施，这方面我从来不作为班级日常管理扣分或惩罚的手段，因为这个事情我是作为学生的隐私来处理的，不可能在全班来说这个事情，都是私下作为隐私来说。不可能说你交男朋友了，我跟你扣德育分，这是不会的。

　　对于恋爱问题，X 老师常用的处理方式是私下的师生谈话，她考虑到了学生的自尊问题，同时也认为是学生的隐私。在处理方式的选择上，X 老师顾及到学生的感受。

　　　　聊这个东西是要从朋友的角度，要聊天的方式而不是谈话的形式，所以说每次怎么开场都是很随意随机的，我看他什么样的心情，什么样的气氛什么的。

而在进行聊天的时候，X 老师注意到了身份的转换问题，希望给学生营造一种轻松的氛围，从而让学生能够对教师说出真实的心理想法。

尽管 X 老师做出了自己的努力，但是 E 却不这么看，她有自己的想法。

我觉得老师听别人讲了就跟我说，问我是不是这样。老师用聊天的方式跟我说会比较好。（研究者：现在不也是聊天的方式吗？）但是现在我一进去她就开始跟我讲，她说我和那个男孩在一起，其实有一次被她碰到了，她正好生气，就让我回教室了。

看似聊天的方式，但是实际上却更像是一场"师生问话"，教师向学生明确表达了自己的意思，希望学生能够照做。在谈话中，X 老师并没有像自己所说的那样营造出一种轻松的氛围，让学生说出自己心里的真实想法，并且还把自己的情绪带到了谈话中，这使得 E 更加封闭自己的内心，对 X 老师的教育采取一种抵触的态度。

（研究者：班主任跟你谈这些内容，叫你不要谈，有没有说谈恋爱不好的地方？）没有。（研究者：班主任跟你聊什么？）她就把我叫去，就说男生家里已经知道了，不可能我跟他，说我会耽误他，说男生要出国，以后不会在国内有什么发展，意思就是让我放弃，说如果没有办法的话，家长就会找到我，不行的话班主任会联系家长。（研究者：那你觉得你自己明白应该怎么做吗？）就是断掉。（研究者：你觉得是外力断掉还是发自内心地想断？）是班主任让我断，我不想。

而从谈话内容看，X 老师直接告诉 E 自己的看法，希望 E 照做，她既没有给 E 分析恋爱可能会给她带来的责任与义务、美好与伤害，也没有请 E 谈谈整件事情的过程和 E 对事情的看法。也就是说 X 老师并没有对 E 进行恋爱方面的教育，引导她正确认识和处理这种感情，同时也不了解学生内心的真实想法，从片面之词就对整件事情作出了结论。这两方面使得 X 老师的处理存在偏颇：一方面对 E 来说显得不够公平，另一方面在爱情伦理教育方面也是缺失的。这种处理还让 E 感觉到了老师对自己的不信任,从而使得 E 对 X 老师封闭自己的内心,更不利于问题行为的处理。

3. 问题行为的处理效果

> 蛮舍不得的,但没办法,只能分开。他以后要是有别的发展的,他妈妈知道这件事了,如果这样子在一起的话,他父母还要干涉。

> 是班主任让我断,我不想。班主任跟我讲,男生妈妈说那个男生讲过了,说要断掉,但是我同学正好听到,就去问了男生,男生就说他不知道这件事,现在我不知道我信什么。我感觉有些事情是班主任想让我跟他断掉才这样做。班主任没有什么预兆就直接把我叫过去。

从表面看,X 老师要 E 放弃这段感情的愿望得以实现,达到 X 老师满意的效果。但是 E 并不是自愿放弃这段感情的,而是迫于男孩家长和 X 老师的双重压力。并且在这里 E 直接表达了她对 X 老师的怀疑,"我感觉有些事情是班主任想让我跟他断掉才这样做。"这句话表明 E 怀疑班主任采用一些手段从而达到让她放弃的目的。这种怀疑加深了 E 对 X 老师的不信任感,并会长久地影响师生关系,让 E 今后更加反感 X 老师的教育。

> 那个男生,包括他们班主任都说我挺主动,都没有听过我的想法,就说我主动,但是并不是这样的,但是她就拽我来说什么她是听别人说的,她在听别人说法的时候就把我定成这个样子了。事实上不是老师说的那样。

X 老师之所以没有听 E 的看法便对整件事情下了结论,原因在于 X 老师认定 E 并不像其他学生一样恋爱,而是"出于一种需要"而恋爱,这种想法让 X 老师对 E 产生了极其不好的印象,因此她认为自己不用听取 E 的说法便能够对事件作出正确的判断,可见 X 老师也丧失了对 E 的信任。在师生双方彼此不信任的前提下,X 老师和 E 都作出了让对方反感的举动,影响了问题行为的处理效果。

我现在能做的，我刚才说过这些东西与家庭有很大关系，也不能单纯依赖学校，从小到大女孩子你应该怎样，我现在说这些已经晚了，我能扭转她这个道德认识已经不太可能了，我现在能做的就是不断的提醒，能够让她不要犯错误吧。我只能做到这一点，不要让她过早地出现少女妈妈啦或者之类的。我现在能做的就是避免这些事情的发生，但是道德上完全地扭转好像做不到。

由于受到对 E 不好印象的影响，加之 X 老师认为恋爱方面的教育应该由家庭来承担，因此她几乎放弃了对 E 的教育，尽管她还是经常找 E "聊天"，却是迫于自己班主任的身份来进行，不希望自己所带班级的学生出问题。谈话内容也仅仅围绕放弃现在的感情，把握住交往的尺度进行。X 老师的教育变成了消极的应付，她不会主动去了解 E 的内心世界，从而也不会对 E 的恋爱问题作出更为有效的处理。

4. 教师对问题行为的判断

（研究者：如果要您对学生的行为问题进行归类，您把 E 这个问题归为什么类？）应该是交叉的，因为这方面跟道德、价值观也是有关系的，这方面我觉得妈妈的教育蛮重要的，从小到大妈妈给她的一种作为女孩子的一种自尊自爱这方面，如果她在这方面、这类的道德上面之前有过较好的教育的话，她应该会觉得这么做不好。……就我来说，我会觉得交这么多男朋友，我会觉得我是一个不好的女孩。（研究者：老师您觉得这是道德方面的问题吗？）应该也有吧，我觉得她的道德是非啊什么的，我觉得还是有偏差的。

显然，X 老师将 E 的恋爱问题归结为道德问题，认为这属于道德的范畴，而家庭应该承担这方面教育的大部分责任，教师没有很大发挥作用的空间。尽管 E 的恋爱问题以及频繁更换男友与爱情伦理密切相关，但是就此判断恋爱问题属于道德问题不免有些牵强。同时在恋爱方面尽管家庭有责任，但是教师更应该对学生进行恋爱方面的教育，引导他们正确看待，显然 X 老师在这方面的教育是缺失的。

（四）影响问题行为的因素

　　（研究者：谈恋爱在你的生活当中占据什么位置?）谈恋爱很重要，重要到有它不会有什么影响，但是没有它很难受，没有基本生活。（研究者：你从恋爱中想获得什么?）是想找个人陪，因为一个人蛮孤单的，有人关心也很好。就是有人关心，我们现在谈恋爱也不现实，我想获得心理上的东西，有个人想我，关心我，我也有事情做。现在也有人关心我，但是少，都是同学，好朋友。一方面想得到关心，一方面是要填补空白的时间。

　　在这段话中，"有人关心"被 E 反复提到，说明 E 内心极其渴望得到别人的关注和关怀，并且这种渴望形成了一种需求。同时也说明在 E 平常的生活中，她觉得自己得到的关怀很少，因此她需要这方面的补偿。可以看出，这种渴望关心的心理需要是她沉迷在恋爱中不能自拔的原因，然而这一点 X 老师却无从得知。

　　我妈不喜欢我，我们家四个孩子我妈不喜欢我，因为我妈喜欢很勤快的女生，我在家里有时候不想做，就想坐着，我妈就会讲我。如果我跟妈妈不吵架（家庭生活）还可以吧（开心、幸福）。因为以前也跟我妈讲（谈恋爱的事），讲多了（妈妈会）一直说这件事情，后来我就不想跟她讲了。讲了觉得没什么意思。现在也不跟我妈交流。我爸工作忙，交流少。

　　E 从父母和家庭生活中并没有得到她想要的关怀，并且母亲还会用这件事情来对她不停的说教，使她反感母亲的教育，让她更加不能感受到家庭的温暖。而 X 老师并不会主动去探究她的内心世界，只是一味要求她放弃，在家庭和学校得不到关心的时候，她更加倾向于从恋爱中寻找想要的关心。然而恋爱也并不是只有美好的一面，也会有摩擦和争吵，因此她就频繁地更换男友，希望能够一直享受到恋爱初期对方对她的关怀。

（五）小结

本案例中教师对问题行为的处理存在的问题：

1. 缺乏对事件情况的全面了解

一般来说班主任在处理学生问题行为之前，必先要向学生本人和相关的人员询问事件的情况，力求全面、客观地了解事实。然而 X 老师却只是听取了相关人员的叙述便对事情作出了结论，采取了相应的处理办法，并没有听取当事人 E 的意见。从这一点来看，X 老师缺乏对事件的全面了解，因此所采取的处理方式也是不恰当的。

2. 缺乏对学生心理的把握

正因为 X 老师没有听取 E 的意见，因此她也就失去了从 E 的描述中了解、探究 E 心理世界的机会，使得 X 老师缺乏对 E 真实心理的把握。此外 X 老师形成了对 E 的固定看法，这种看法导致她认为 E 就是自己所认识的那样，使得她不会主动去了解 E 的内心世界，因此 X 老师缺乏对 E 内心世界的把握。

3. 迫于班主任的身份开展工作

不支持与不理解的态度让 X 老师放弃了对 E 在恋爱方面的教育，就算她会继续与 E 谈话，对她进行引导，但也只是出于一种班主任老师的义务，以及担心班级学生出现严重行为后果的心理，并不是出于教师发自内心对学生的关怀。从这一点看，X 老师已经放弃在恋爱方面教育、引导 E 的主动权，转而变为了消极地阻止 E 不出现恋爱行为，失去了教师应有的责任和爱心，也导致了师生之间的隔阂，使得问题行为的处理效果不理想。

本案例折射出两个问题：其一，恋爱问题是否属于问题行为。恋爱问题在中职学校中是普遍现象，也是中职生在他们所处的年龄阶段所要面对的一种情感，从学生个体发展的角度看，这是一种正常现象，然而在校园中恋爱却是不允许出现的行为，这种矛盾带来了教师教育上的困难。其二，与案例一不同，本案例中师生冲突的产生是由于双方观念的差异造成的。因观念差异导致师生沟通不畅的现象在中职学校也比较普遍，那么对于中职教师来说，在面对 90 后的中职生时，应该如何看待自身观念和学生观念的差异，在差异中寻找到教育学生的最佳着力点，是教师需要认真思考的问题。

四 个案分析与小结

尽管上述三节呈现了三个不同的典型问题行为个案,但是我们却能够从中寻找出一些共性的东西,指出中职教师在处理学生行为时存在的问题。

表2—13　　　　　　　　　典型问题行为个案情况汇总表

案例	影响问题行为的关键因素	教师的处理方式	处理效果	处理效果好/不好的原因
抽烟事件	心理因素:不接受教师的处理 环境因素:周围朋友抽烟 其他:学校教师抽烟	主要方式:写保证书 请家长协助教育 辅助方式:在聊天中委婉地提出教师的要求	不理想:"虚心接受、屡教不改"——学生依然继续抽烟	其他教师抽烟造成的"负面榜样"; 教师对学生真实想法不了解; 学生对教师教育的反感。
因恋爱引起的打架事件	心理因素:冲动的性格	行政处分 师生谈话	较理想:学生没有出现同样的行为	师生关系融洽; 学生对事件后果的畏惧感; 学生认识深刻。
频繁换男友事件	心理因素:希望得到他人关心 环境因素:周围大部分朋友同样存在频繁更换对象的现象	师生谈话	不理想:学生迫于教师和男生家长的压力决定分开	教师不了解学生的心理; 教师迫于自己班主任的身份开展教育。

《典型问题行为个案情况汇总表》清晰地反映了问题行为个案中一些相似的地方:

一是从影响问题行为的关键因素看,心理因素在各种因素中居于重要位置,能够对学生的行为产生很大的影响。

二是从处理方式看,"师生谈话"是多数教师偏爱的一种方式。面对不同的学生和不同的问题行为，教师都会选择谈话的方式作为处理方式之一。

三是从处理效果看，效果不理想的比重较大。尽管在打架事件中处理效果较理想，但是这种效果并不是因为教师的教育而出现，因此要以教师的教育作为处理效果是否理想的判断标准的话，那么这个案例的处理效果也是不理想的。

根据以上几点，我们不难发现教师在处理学生问题行为时存在的问题有以下几点。

（一）信息掌握不全面，缺乏对学生心理的了解

在访谈的过程中，尽管能感受到教师在尽心尽责地教育、引导学生，时常找学生谈话，希望了解学生的内心想法，但是教师没有全面掌握学生信息，尤其缺乏对学生心理的了解。事实上，教师与学生的谈话主要目的在于教育、引导学生，这必然导致教师在谈话的过程中背离了做学生的朋友、了解学生内心真实想法的初衷，教师急于将自己认为"好"的东西告诉学生，希望学生认可并接受。殊不知就是在这个过程中，教师失去了了解学生内心真实想法的机会。越是急于向学生传递自己认为正确的东西，越会让学生封闭自己的内心，师生之间交流便形成了一种恶性循环。事实上，学生的心理状态是教师寻找适当处理方式的切入点，然而大多数教师却不能掌握学生的真实心理，这的确是中职教师处理学生问题行为的一个主要问题。

（二）缺乏对问题行为的分析

了解问题行为的相关情况是中职教师在处理学生问题行为之前必须进行的一项工作，然而教师也往往止步于此，教师对相关情况了解的目的在于确定情节的严重程度、当事人的态度等，以作为确定从轻处理还是从重处理的依据。然而教师并没有对获得的信息进行分析，没有深入研究学生的心理因素、周遭的环境因素、教师自身教育的因素等相关因素在问题行为中发挥的作用，而且没有分析这些因素之间的相互影响。对于问题行为的处理来说，对这些因素的分析能帮助教师找到更有针对性、更合适的处理方式，然而这个环节也是教师在处理学生问题行为时的薄弱环节。

（三）处理方式单一化，缺乏针对性

在上述表格中可以看出，三个性质不同的问题行为，教师都采用了

师生谈话、请家长协助教育的方式进行处理。这两种方式是当前中职教师在处理学生问题行为时的常见方式，就方式本身来看，并不存在问题。然而放到具体的案例中，这样的处理方式便显得有些不足，使教师对问题行为的处理停留在表面，并没有深入进行。也就是说，教师其实只是进行了泛泛的处理，只是看到了问题行为案例与同类案例的相似性，也就是"普遍性"，并没有探究这些案例与同类型案例的不同之处，也就是"特殊性"；只看到"普遍性"而忽略了"特殊性"的处理方式导致处理方式的单一性，使得问题行为案例都用相同的方式来处理，缺乏针对性。

（四）迫于管理的压力进行教育

案例中反映出来，教师对学生的教育很大程度上是出于减少学生问题行为，便于形成有序的管理秩序的需要。在这种思想的引导下，教师的教育便不是发自内心关爱和引导学生的需要，而演变为消极的应付学生的问题行为，教师迫于管理的压力进行教育，失去了教育引导学生发展的本意。

在这种管理的压力下，教师并不会注重引导学生道德方面的发展，而多将关注的焦点放在阻止学生出现问题行为上面，因此教师往往从社会现实、问题行为本身给学生做事件的利弊分析。这种利弊分析远远背离了道德教育的轨道，导致教师在教育过程中道德教育的缺失。

事实上，前三个问题是相互联系、层层递进的，对问题行为的分析要以信息的全面掌握为基础，而有针对性处理方式的提出则要以对问题行为的全面分析为基础，中职教师在这三个环节上都出现了缺失，而迫于管理者身份的教育让教师失去了全面了解学生信息的动力和机会。上述四点相互联系、相互影响，致使教师的处理方式存在问题。

第五节　调研总结与问题剖析

经历了前后三次不同深度和不同侧面的调研，课题组看到了中等职业学校德育的林林总总，看到了许多真相和感人的故事，同时也看到了中职德育的无奈和尴尬处境。对于课题组的调研情况有必要作一个总结，更为重要的是从调研中发现中职德育的主要问题，作为后期理论反思和研究的基础。

一 调研总结

历经分布于两年间的多次调研，课题组基本达成了预期目标，获得了较多一手资料，较全面地了解了中等职业学校德育的现状、问题、困境和教师、学生、管理人员以及企业的观点，对于德育课程、中职生问题行为及效果的调研较为深入，这些都为后面的研究奠定了扎实的基础。调研方案设计较为合理，调研方法使用得当，由此获得的数据和资料具有较强的针对性和真实性。

与此同时，整个调研由于人手、时间和精力的限制，调研的范围还不够大，虽然能够在一定程度上代表中职德育的情况，但由于没有涉及更多的区域，因此无法进行区域间的对比。这是下一阶段继续深入研究可以完善和拓展的方面。

二 中职德育的问题剖析

根据上述三次调研，课题组规整了数据和访谈资料，抛开个性化的学校问题和表面现象，认为中等职业学校道德教育存在的问题可归纳为"五化二性"，即

• 基本定位的累赘化、目标层次的理想化、核心内容的学问化、实施过程的格式化、职业道德教育的普通化；

• 管理方式的外压性、实施平台的单一性。

归纳起来，其中比较突出的问题至少有以下几个：

第一，中职德育的尴尬地位："形同鸡肋"且与中职教育教学整体割裂。

在三次调研中，我们深切感受到德育在中等职业学校的地位并不像政策文本中所描述的那样——"德育首位"。更多的情况是，德育成为口头重要，实际受到忽视，甚至是遭到"嫌弃"的一项工作——认为是占了时间又没有效果的事情。因此，有教师这么调侃：德育就是说起来重要，做起来次要，忙起来可以不要的。这种"形同鸡肋"的地位在中等职业学校非常明显。

无论职业教育经历了多少次大大小小的改革,中职教育教学逐渐显现出行业性和职业性的特点,但极为遗憾的是,德育在中等职业学校中这一地位从来没有因任何一次改革而改变,甚至变得更为严重。渐渐地,德育同中职教育教学的整体开始分离、割裂。课题组认为这是中职德育低效的最关键问题所在。

第二,中职德育的内容与方式:学问化、普通化倾向依然严重。

中等职业学校的道德培养方式同学科的知识培养方式极为类似。这并不是中职德育特有的,而是所有学校德育的情形。把道德当成学问来教授,从专门化的课堂、专门化的教材到专门化的模式和专门化的手段,把德行当成知识灌输给学生,这是目前中等职业学校德育的主流方式。

在整个中等职业学校的德育课程板块中,多为政治课程,虽开设了《职业道德与法律基础》或类似课程,但从课程内容来看,真正涉及职业道德的内容不足1/4,且其中的道德内容几乎都是关于公德的教育。而且,在专业课程的教材中,涉及职业道德和技术伦理的地方少得可怜。在访谈中,我们了解到有些工作经验丰富的资深专业教师认为这方面非常重要,但由于专业知识和技能要求越来越高,课时越来越紧张,这部分不得不砍去。在德育的主题活动版块,中职和普通高中选题趋同,并没有很明显的职业学校特色。因此中职的德育内容具有"普通化"特点。

因此,学问化、普通化的中职德育常常遭遇学生的"反感",一种令人"反感"的教育要能产生好的效果几乎是不可能的。

第三,中职德育的无奈之地:"规而不范"且"屡禁不止"的校园问题行为。

中等职业学校把教育教学以外的很多工作都归入德育,如政治教育、行为规范、礼仪教育、安全教育等,是一个大德育的概念。因此,校园行为规范常常成为检验中职德育效果的平台。然而,中职校园总是存在一些"屡禁不止"、"规而不范",令教师、校长都极为头疼的顽症。这些总是让学校内外的人们,包括教师、企业、社会舆论认为中职生"道德品行差",成为中职德育最为无奈和无力的薄弱点。

第四,中职德育的狭隘路径:主要依托课程教学开展。

从整个调研来看，中职德育依然把主阵地定在德育的课程与教学上。但从效果来看，调研结果显示这并不能切实帮助学生道德成长、影响学生德行发展。既然如此，这种狭隘路径作为中职德育的主阵地的做法是否应当受到质疑？有没有什么更好的路径实施中职德育？这是值得课题组深刻思考的。依托德育课程教学开展德育是中国学校德育一贯的传统，但在具有职业性特点非常明显的中等职业学校是否有必要根据学生的学习倾向、学生的学习内容、发展目标等作适当的调整和改进，切实地促进学生道德成长和发展，是一个非常值得探索的，且在中职学校看来迫切需要改进的方面。

第三章

反思:中职德育困境的成因剖析

中等职业学校德育存在的重重困境,无论是地位、内容、方式还是路径,都直接影响了中职德育的效果。那么,我们是如何一步步走入这些困境的,或许一开始就已经把自己困在一个迷局中了呢?

本章将讨论造成中职德育困境的主要原因,包括我们能够直接体验到的与道德教育本质相背离的种种"扭曲",如功能扭曲——以驯服教育取代德行培养;内容扭曲——道德教育政治化及职业道德教育公德化;过程扭曲——以灌输取代体验,以压制取代说服,以语言取代榜样;环境扭曲——在泛功利主义的环境中培养道德。也包括这些"扭曲"背后更深层次的偏离。

与此同时,21世纪的到来,使得我们步入了一个崭新的时代,如全球化、知识经济、终身教育、网络时代等。除此之外,我国还具有一些代表性的新特征,如我国走向更开放的市场经济,从单一价值观时代走向多元价值观时代,从崇尚集体划一走向独立人格。这些变化对整个中等职业教育提出了新的挑战。在此背景下,中等职业学校德育也必须积极应对,才能培养出数以亿计的符合时代的合格职业人才。

第一节 扭曲:中职德育困境的表层原因分析

从第二章的调查分析中,我们不难看出中职德育确实陷于困境之中,无论是用人单位、教师还是整个社会都对此忧心忡忡。在访谈中,一位老政教主任坦言:

　　我们对德育寄予了厚望，我们也尽力在做，因为它确实在培养人方面非常重要，但是学校的安排使得整个德育得不到重视，在仅有的时间和空间内，我们只能如此，要教那么多内容，但课时又很少，我们除了灌输，除了按知识的教法教没有别的办法，就是在这样的情况下，还出现课时紧张的状况。……课外啊，可能性就更小了。唉，我看我们的德育已经走向一种和它应有之态完全背离的异化。真的！我在这里绝对不是耸人听闻！只可惜我们做这个工作的人也无能为力啊！

　　从这段访谈中，课题组听出了一个德育工作者的无奈，让人听来真的不是滋味。那么这位教师所言的"异化"是真实情况吗？有那么严重吗？课题组在深入的调查、访谈中，得到了一次又一次的证实。如果说按照马克思的说法，"异化"还不见得，那么至少在相当程度上存在"扭曲"。在调查分析的基础上，经过一番思考后，课题组认为中职德育至少存在如下四个方面的扭曲：功能、内容、过程和环境的扭曲。下面就一一展开分析。

一　功能扭曲：以驯服教育取代德行培养

(一) 德育的应有之义：道德是教育的目的

　　古代没有德育概念，也不使用这个名称。"德育"一词是近代出现的新名词，但究竟由谁最早提出已经难以考证。早在18世纪七八十年代，德国哲学家康德（I. Kant）把遵从道德法则培养自由人的教育称为"道德教育"或"实践教育"。而使这一概念传扬开来的人，是英国学者斯宾塞（H. Spencer），他在《教育论》（1860）一书中，把教育明确划分为"智育"（intellectual education）、"德育"（moral education）、"体育"（physical education），从此，"德育"逐渐成为教育世界的一个基本概念。

　　德育的功能从根本上说是"引人向善"，而教育一词本身就属于道德概念，是肯定性评价词和规范词，具有道德含义，是指通过道德上可以接受的方式以有价值的内容影响学生的活动。① 也就是说，所有的教育活动都必须符合道德性，它从不在道德上保持中立。教育乃是"有教育意义的道德事业"②。另外，从"德育"一词的本意来看，道德和实践是不分家的，在教育中，这种实践就是教育实践。道德因素大量地渗透在教育的整个过程之中。从这个角度看，道德在本质上就是整个教育的目的，教育实践在本质上也就是一种道德实践。

（二）学校德育功能的演变

1. 从统一性走向工具化

人类早期的道德教育是产生并存在于社会生产和生活之中的，是为了生活并通过生活而进行的。因为当时人与自然、人与人及人与社会都处于和谐状态：人与自然的关系，在人类社会发展的最初阶段，是一种原始的合一关系，即所谓的"天人合一"；人与人的关系，在最初阶段，正如马克思对人类发展阶段的分类，那时人与人的关系是一种以人的依赖关系为基础的群体本位，个体不具有独立性，而是完全依附于群体，个人奉行的原则是服从于群体；人与社会的关系，即人依附于社会，不存在人与社会的冲突。在这样的和谐状态中，道德顺从自然法则，道德教育融于整个社会的生产和生活之中。

然而，随着科学的发展、技术的运用和近现代工业的兴起，出现了众多不和谐的因素，它反映在人与自然、人与人和人与社会的关系中，表现为种种冲突。此时理性主义崛起，道德教育从统一性走向工具化，道德从目的演变为手段。在中国，道德教育工具化倾向主要可以分为两个方面：一是政治工具；二是经济工具。

首先是政治工具。道德教育的政治化在"文化大革命"期间最为突出。道德教育成为传播政治意识形态和传授"假、大、空"政治口号的工具，远离现实生活的根基和人的本质需求，完全为政治需要服务，甚至被政治教育所取代。受教育者只要在政治上是"红"的，在道德上就一定是善的。在这种社会氛围中，道德教育被严重扭曲，越来越偏离现实生活的方向，走上了"以阶级斗争为纲"的畸形轨道。这种道德教育完全

---

① 黄向阳：《德育原理》，华东师范大学出版社 2005 年版，第 29 页。

② 同上书，第 30 页。

是为政治服务的工具。对中职德育而言，其影响是深远的。即使到今天，这种影响也没有能够完全去除干净。因为在中等职业学校的德育中政治课程所占的比例依然是最高的，中职德育成为学习政治理论、宣扬政治主张的阵地。

其次是经济工具。改革开放以后，我国以经济建设为中心。这无疑是正确的。但同时也出现了片面强调经济增长的倾向，即经济增长成为衡量一切的尺度。所有的社会活动，包括教育活动都要完全为经济增长服务。然而这种一味追求经济指标的发展是一种片面而非全面的发展，是一种不和谐的、短期的发展。因为经济增长乃至整个社会发展的最终目的是为了人能够全面而和谐的发展。如果社会活动包括教育活动迷失了这一方向和目标，一切为经济增长而增长的活动是毫无意义的，甚至会导致社会的倒退和人精神的崩溃，因为当手段一旦成了目的，那么目的本身就丧失了应有的价值。经济增长能满足人的物质需要，但不能满足人的精神需要，包括道德方面的需要。由此，整个社会走入了前所未有的误区，道德教育再一次受到工具理性的强大攻击。这次攻击对中职德育而言，是影响深重的。因为，职业教育一直被视为是与经济联系最为紧密的教育类型，为经济服务就成为理所当然的目标。此时的中职德育逐渐与现实生活脱离，甚至被剥离出整个中职教育的主体板块（主体板块是为经济建设培养具有娴熟技能和技术的人才），成为硬生生与之镶嵌在一起的、无内在联系的孤立教育，成为无根的、无依靠的多余教育，成为技能和技术教育之外的"累赘"。这种"累赘式"的中职德育，成了完全被工具理性所肢解的碎片，一种孤立自足的存在。用鲁洁先生的话来说就是："这种以孤立无援的状态存在并奋斗着的德育以微弱的力量来对付具有整体性的道德问题，其低效和失败是不可避免的。"①

2. 从整体性德育变成专门化德育

从古代到现代，德育一直被视为"教育目的"，如古代教育以伦理为本，是教育"唯一目的"；近代随着对"德、智、体"划分的提出，德育变为"最高目的"；而在现代出现了关于"德育首位说"和"诸育并举

---

① 鲁洁：《道德危机：一个现代化的悖论》，载《中国教育学刊》2001 年第 4 期。

说"的争论，这一争论使得德育逐步沦为教育的"一般目的"。尽管这一"目的"的地位在逐步削弱，但是德育是教育的目的这一基本定位并没有动摇。既然是目的，那么道德的养成就成为一切教育活动的目标。

然而，"德育"一词很特殊，具有双重含义，既代表了目的，又代表了手段。也就是说，德育既是教育目的，也是教育工作。于是，在中等职业学校的实践中，就把德育辟出专门的工作来做，有专人、专门的时间和专门的场所来开展。这当然也没有什么不妥，对于中职学校而言，其现实运作需要这些专门的人员来管理和操作，包括开设专门的德育课程、组织专门的德育活动。

如果仅仅如此并没有问题，问题在于，现实的做法使得许多教育者在观念中出现了德育目的是由专门化的德育工作来实现的，甚至就只是一项工作。从本质上，把德育同学校的各种工作，如行政管理工作、后勤服务工作等并列在一起。

如果持有这种观点的话，实际上，就是大大降低了德育的地位，弱化了德育的功能，把它降格为维持院校运作的日常工作，为智育、体育等教育提供服务的工作。

这些"工作化"的做法更为危险的后果是，既然有带着"德育"标签的那部分工作，也就预示着学校大部分工作是"非德育的"，只有小部分工作是"德育的"。

事实上，德育一词的目的意义和手段意义之间并没有一一对应的关系，德育目的的达成需要专门的德育工作，但不可或缺的还有那些非专门的德育工作。只有共同承担德育的功能，才能真正实现德育的目的。然而，现实中的学校教育，不仅仅是中等职业学校，一直犯着一个杜威早就指出的错误，那就是：

> 在一切有关道德教育的偏见中，最为根深蒂固的也许是这种信念，即它可以作为一部与学校课程中的所有其他学科毫不相关的孤立的教材而被教授。①

---

① ［美］杜威著，王承绪等译：《道德教育原理》，浙江教育出版社2003年版，第1页。

这种德育功能质的转变使得在现实的中职教育实践中，德育常常要为许多更为重要的"工作"和"目的"让路，成为可以被"安排"的任务。德育从核心的、主体的、被围绕的教育退变为周围的、部分的、围绕其他教育的工作。在这种思路下，德育要得到充分重视是有难度的，德育开展得再好也不过是中等职业学校中的一项工作。如果这项工作得不到充分关注的话，其效果不佳也就可想而知了。然而，在职业教育成为经济工具的时代，硬技能才是中职教育的中心，因此，德育靠边站的地位就这样形成了。

（三）驯服的绳索

显然，中职德育经历了上述一系列变化之后，已经沦为中等职业学校的专项工作。在实践中，就必须在专门的德育时间，由专门的德育工作者，完成专门的德育任务。如果说，这些是绝大多数学校德育通病的话，那么中职德育还有自身更为严重的问题——那就是，中职德育逐渐成为驯服学生的绳索，而逐渐远离了培养德行、提升学生精神境界教育的道德教育本质。

为了改变德育"镶嵌式"和"累赘式"教育的地位，近年来，中等职业学校逐渐把德育转变成同培养目标相一致的教育，也就是为用人单位培养一线的符合他们需求的合格技术人才，这些需求中也包括对道德品质的要求。可以说，和前一阶段的分离式德育相比，它是具有进步意义的。它试图把德育纳入中职教育教学的整体板块之中，作为培养合格的毕业生的必要环节，但与此同时，也出现了新的问题。

在调查中，我们不止一次地听到中等职业学校的领导标榜自己学校的德育工作搞得好，说"用人单位反映我们的学生道德品质都很不错，因为我们学院日常学生管理都采取军事化管理，学生很听话的，叫他干什么就干什么"，课题组问"如果有学生不这么干的话呢？""那他就等着吧，我们有一整套惩罚措施的，他们知道的，一般他们都不会轻易尝试的"。显然，这位校领导很自豪，这种"听话"的德育效果和"控制"的德育手段也是他所满意的。在谈到德育效果时，他说道，用人单位很愿意要我们的毕业生，因为他们听话，企业就需要这样的人。为了印证这样的说法，我们也访谈了企业代表，他们确实认同这种说法，而且非常强调地说:这一点很重要,有些学院的毕业生技能还可以,但素质就太差,说了也不听,不知道学校是怎么培养的,道德教育方面太差了,我们要的员工最起码的道德素养是能服从命令。

可见,中等职业学校和用人单位在德育方面的观点是一致的。当然,我们也可以推测,很大程度上,是用人单位的意见左右了中职的实践。他们都奉行中职德育要培养"听话的人"、"服从的人"、"要他干什么就干什么的人"。简言之,中职德育的最大功能就是培养"驯服的人"。

而培养"驯服的人"的手段是"控制"。对用人单位而言,如果员工是可控制的驯服的人,那么就可以像控制机器上的零件一样,任意摆布,为获得更高的利润而高速运转,不会出现"故障"。为了迎合这一需求,中等职业学校就把道德教育的核心定性为培养这种像零件般的"驯服的人",所采取的手段可以说是最简单的操作性条件反射的模式,以规定和惩罚作为约束学生、控制学生的基本方法,来达到培养"有道德"的人的目的。

对于这种现象,课题组认为其中有两个问题必须作进一步的考察与思索:一个问题是"服从"能不能作为道德品质来培养?另一个问题是"服从"如果是道德品行的话,那么如何可以培养出来?

首先来看第一个问题:服从是否能作为道德品质来培养?

课题组认为任何职业环境中都需要符合规范的职业行为来支撑职业活动,因此"服从"职业规范是必须的。很显然,这种品质不属于硬技能,也不属于政治素质和心理品质,应该说可以归为个人的道德品质。

既然服从是道德品质,那么接下来的问题就是如何培养这种品质?

目前,我们中等职业学校采取的主要是"控制",如"全/半军事化的管理"、"要求学生服从教师,并称教师是为了他好",等等。使得学生在压力下不得不服从相关的规范。这种品质是不是可以通过这种方式培养出来?

课题组认为,这里有必要区分两个概念:"被动的服从"和"自觉的服从"。我们知道,道德的本质是人的自律精神,它要靠人的内在道德需求来保证。从古至今的道德理论,无论是性善论者抑或是性恶论者,都认为道德是内发的,而不是外加的。

正如卢梭所提出的,在道德教育过程中遵从自然的道德教育原则,引导儿童内心的自爱情感不断向爱他人方面发展，如果儿童偶尔出现了不良行为也不必训斥惩罚，而应采用自然的方法来惩戒和矫正儿童的不良行为。又如杜威指出学校常用一些刺激学生动机的方法对学生进行道德教育。他举了一个生动的例子：要求学生尊敬爱戴他们的老师是积极的感情，应该给予肯定。但是必须弄清这种感情产生的动力是什么，是外部强迫、刺激的，还是内部自发的。如果是外部强迫、刺激的，那么一旦外部情况变了，这种感情也会遭到破坏。换言之，在外界刺激下学生对教师的感情只是依恋个别特定教师的、具有排他性的、自私性较强的一种感情，而不是从教师职业的总体价值角度形成对教师的爱戴之情。[①] 无论是存在主义道德教育理论所强调的个体"存在"、认知发展道德理论所强调的阶段论和公正群体，还是价值澄清理论所指出的澄清过程论、道德符号理论所运用的道德符号系统，或是逻辑推理价值观教育所推崇的价值推理、社会学习道德教育理论所主推的榜样示范和观察学习等，都反映出要运用不同于压制的方式，让道德内化，然后由个体内部自发形成相应的系列行为和习惯。

因此，道德教育的功能不是培养受控制的、守规矩的、一成不变的驯服的人，而是通过激发个体内部的道德需求，提升其道德水平，是生成性的，是在个体的社会生活实践中不断生成的，可以说是个体自行建构的。从这个意义上看，中职德育试图以一种违背道德本质，或道德上不可接受的方式来培训学生的"德行"，来培养符合他们要求的"道德人"。

如果说用人单位确实需要听话的技能型人才或技术型人才来作为自身运作的人力保障，但他们并没有多加考虑其培养过程"是否在道德上可接受"、"究竟道不道德"的话，那么其要求似乎是可以得到理解的。但是，中等职业学校作为教育机构，就必须从教育人的角度、从道德教育本质的角度来考虑如何达成这一目标，而不是像企业那样，通过生产"产品"的方式，"生产"出具有所需道德品质的毕业生。事实上，这也是不可能的。

德育的核心功能很大程度上是使人导向一种发展方向，如果中职德育

---

① 袁桂林：《当代西方道德教育理论》，福建教育出版社 1995 年版，第 26—27 页。

只是功利性的、为培养驯服的人的话,那么道德教育就不仅仅是工具化了,而是走向了异化,走向了一种不道德或反道德的道德培养,一种道德上难以接受的道德教育,走向了从属于技能与技术教育、服务于技能与技术教育的附属教育,其地位的边缘化和弱势化就会成为必然。

从本质上说,道德教育要培养的是不断去生成新的道德世界,并不断自我超越的生成性的人。① 道德发展是自我架构道德标准和道德模式的过程,是通过各种方式培养德行、锤炼德行的过程。而当前中职德育却在一定程度上成为捆绑个体人格自由发展的绳索,这一绳索要把中职生束缚在"驯服的员工"、"听话的员工"的模子里,不断打磨,生产出划一的"合格"产品。这样的道德教育实际上是一种对道德发展的压迫,其结果虽然形成了一系列人们期望的行为习惯,但这种习惯是脆弱的,是极其容易被击碎的,一旦绳索松开,这种模子就可能面临瓦解崩溃,因为这些"道德"本是由绳索来固定的,去除之后,使得原先想要形成的"道德"非但没有成形,甚至可能出现道德上的倒退。这就是为什么,有些在学校里是乖学生,到了企业就成了破坏公司制度、为所欲为的问题员工。此外,这还在一定程度上导致了我国目前就业巩固率不高(经济合作与发展组织国家有对该项指标专门的统计数据,它是指毕业后三年仍在就业的比率,这项指标在国内目前虽然还没有公开统计,但各学校相关部门有相关情况调查)、就业质量不高等问题。

由此可见,中职德育在学校德育功能不断演变的过程中,逐渐走向"工具化"和"工作化",在中职实践中,又进一步扭曲为从属于技能与技术教育,培养"驯服的人"的教育。由于其功能定位的扭曲,直接导致中职德育地位的边缘化和其他林林总总的问题,同时引起了连锁反应,在一定程度上影响和加剧了中职德育内容、过程和环境的扭曲。

二　内容扭曲:道德教育政治化及职业道德公德化

中等职业教育属于职业教育类型、中等教育层次,其道德教育的内容跟其他层次和类型的教育应该是有区别的,特别要突出其职业性。然而,在调查中,课题组发现,目前的中职德育却出现同普通高中教育一样的道

---

① 鲁洁:《生活·道德·道德教育》,载《教育研究》2006年第10期。

德教育政治化倾向，以及淡化自身属性的职业道德公德化的倾向。下面就一一阐述。

（一）道德教育政治化倾向

在中国的道德教育领域，一直以来，意识形态色彩都是非常浓重的。调查结果显示，各中等职业学校都存在政治课程占道德教育课程比例最高的现象，一般说来，德育板块有 6 门课，其中 4 门课都是政治课程。2009年教育部对中等职业学校德育大纲进行了重新修订，尽管学校有了更大的自由度，但是政治教育的主体地位依然不动摇。

这种现象不是一两年的状况，而是较长时间内一直传承下来的。课题组并不认为德育板块不能有政治课程和政治教育，只是担心一些混淆现象的出现。它也不是仅仅表现在课程领域，从课程外的德育活动中也表现为政治化倾向。在理论表述上，政治教育与思想教育、道德教育共同成为学校德育的工作重点与组成部分；在实践运作中，时事政策的学习、政治路线及方针政策的宣讲，也往往是德育活动常抓不懈的经常性内容。

由此，构成了陈桂生教授所指出的"政治化的'道德教育'与道德化的'政治教育'交错"① 现象。那么，我们不禁要问：政治教育和道德教育之间到底是一种什么样的关系？

第一，政治教育与道德教育有一定的关联。

不得不承认的是，政治教育和道德教育也存在一定的关联。正如柏拉图所说的现实中的人是一种"政治动物"，任何人生活的环境都脱离不了意识形态。没有脱离了政治的道德教育，更宽泛一点说，没有脱离了政治的任何教育。同样，任何统治阶级的政治也不得不符合道德，运用道德上可接受的方式，正如檀传宝先生所言"人与政治信仰与其道德修养之间应该是互为前提、互相贯通的关系"②。道德教育虽然不等同于政治教育，但是从某种程度上来说，起到为政治服务的作用，当然，道德教育的作用不仅于此。

但是，如果把这些关联看成是可以把两种教育等同的理由的话，未免

---

① 陈桂生：《"教育学视界"辨析》，华东师范大学出版社 1997 年版，第 205 页。

② 檀传宝：《信仰教育与道德教育》，教育科学出版社 1999 年版，第 117 页。

不够充分。因为,两者毕竟具有本质上的差异。

第二,政治教育在本质上不等同于道德教育。

虽然,任何时代的任何学校都同时承担政治教育和道德教育的使命,在学校教育中共同实施,但德育和政治教育并不是等同的和重叠的,正如何怀宏先生所指出的:"道德是道德的事情,政治是政治的事情。"①

首先,两者的目标是有区别的。政治教育是有目的地形成人们一定的政治观点、信念和政治信仰的教育,是涉及政治意识的教育;而道德教育则是针对个体道德品质提升的教育,其目标是形成个体的德行和社会公德。尽管两者常常通过相同的活动进行教育,但就最终目的而言,是完全不同的。举个简单的例子来说,民主是政治教育所追求的目标,但是我们不能说,不民主的人就不道德,或在道德上不能接受。同样,一个不能保守技术机密的人也未必不是一个政治上过硬的人。

其次,从两种教育的内容上看是不同的。政治教育的内容包括对民族、国家、政权、政党、政策、法律、政治制度、国家关系等观念的把握,以坚定政治立场、态度,培养政治信仰和政治能力。而道德教育的内容则属于另一个范畴,它包括通过形成个体的道德认知、道德情感和道德行为而培养个人德行、社会公德、职业道德等。与此同时,两者的存在方式也是有差异的,正如蓝维先生所言:"政治的存在方式大多是显性的、成文的,而道德的存在方式既有显性的、成文的,也有隐性的、不成文的","政治和道德与社会经济基础的密切程度也不同,政治比道德与社会经济基础的密切程度高"。② 另外,政治教育的内容是随统治阶级的意志而变化的,道德教育的内容是随时代精神而变化的。由此,何怀宏教授就指出:"我们不能通过政治的权力来强行建立或推广某种道德,也不能通过权力来强制人建立或放弃某种精神信仰——只要这种信仰并不导致违法的行为。"③

最后,两者的作用机制不同。政治教育具有阶级性,代表统治阶级的利益,不同的统治阶级有不同的利益,因此,往往通过说教、灌输等外在

---

① 何怀宏:《伦理学是什么》,北京大学出版社 2002 年版,第 51 页。

② 蓝维:《政治教育与道德教育》,载《教育研究》1998 年第 6 期。

③ 何怀宏:《伦理学是什么》,北京大学出版社 2002 年版,第 51 页。

给予的方式来进行，且授受双方是不平等的关系，没有商量的余地。归根结底，它是"求利"的教育。而道德教育则完全不同，它不可能完全通过外在的方式进行，而必须通过启发、引导、体验、实践等方式进行，授受双方是平等的，对于任何道德都可以讨论。归根结底，它是"求真"的教育。

由此，把两者混合在一起，会造成目标不明、内容不清、机制不顺的后果。然而，在我国的学校德育，也包括中职德育中却普遍存在泛政治化的倾向。其表现为，中职注重用政治思想武装师生的头脑，意识形态的作用不断泛化且日益明显；在教育内容上，表现为政治内容和道德内容的倒挂，政治内容明显多于道德内容；在教育方法上，以传播政治的方法替代熏养德行的方法，以知识灌输为主，最终导致把"求真"的教育异化成了"求利"的教育。

为什么会造成这样的状况呢？课题组认为它不过是社会文化传统在教育领域的表现而已。所谓的社会文化传统主要指我国基于家国一体、家国同构思想，及扎根于维系国家、社会之政治统治秩序之思维定式上的德育，向来以政治化的大德育来主宰一切，德育完全沦为政治的附属或政治教育的替代品。① 虽然历经多次教育改革，但其思想的顽固性使得这一局面没有得到根本性的改观。

道德教育政治化倾向使得政治成为判断道德行为、框定道德教育宗旨的主要依据。这对学校教育也产生了一定的危害。正如杜时忠教授所指出的，"十几年的学校德育实践表明，在相当一部分人眼里，德育之所以值得重视，甚至'有幸'被抬到'首位'，其根本原因就是其担负着培养社会主义接班人的重要政治使命"②。具体而言，其危害表现为：

第一，在道德教育的认知中，其内容受到政治的牵制，随着政治内容的变化，德育也频繁地变化，使其间没有什么逻辑联系。

第二，在道德教育的实践中，用政治的标准衡量道德问题，将道德问题拔高至政治问题从而使道德教育政治化，其结果是恶劣的，正如高德胜

① 唐爱民：《政治教育与道德教育的异趣与关联：一种德育学辩护》，载《思想政治教育》2005 年第 4 期。

② 杜时忠：《德育十论》，黑龙江教育出版社 2003 年版，第 6—7 页。

先生所指出的："伤害了真正意义的道德教育，也伤害了政治教育，使道德与政治，道德教育与政治教育的关系畸形化。"①

第三，道德教育成了制约性教育，正如朱小蔓先生在讨论当代德育问题时所指出的：长期以来，我们主要把德育看成制约性的，似乎其不是源于生命的，有助于生活质量的，有助于人精神、心理成长的一种工作。②除此之外，如上文所述，中职德育的工具化倾向主要是为经济服务，这就使得已经政治化的道德教育还得不到像其他类型学校的那般重视，成为流于形式的教育，或"走过场"、"凑学分"的教育而已，但这种多年来遗留下来的政治化倾向还是十分明显的。

事实上，道德教育政治化的倾向的实质并不是学时的多少、学分的多少、课程内容的加减问题。它是一种根本上的教学观念的转变，有了观念的根本转变，才会带来实际操作上的彻底改变。

（二）职业道德公德化倾向

古代德育和现代德育有较大的不同。古代德育主要是以家庭伦理为主要内容的私人生活的道德规范，而现代德育则更为丰富，更多的涉及公共生活。因此，从道德的内容来划分道德类型，可以分为三类：公德、私德和职业道德。它们也是学校德育的基本内容。

公德是指调节人与人之间在公共生活中的道德，主要指作为国民和社会公民的道德意识和道德行为习惯，如遵守社会公共秩序、讲文明礼貌、讲究公共卫生、爱护公共财物、保护环境、救死扶伤、见义勇为、维护民族尊严和民族团结、维护国家安全等；私德是指调节人与人之间在私人生活中的道德，主要指在恋爱、婚姻、家庭生活中与人交往的道德意识和道德行为习惯，如互相尊重、互相体谅、互相关心、诚实待人、敬老爱幼等；职业道德是指调节人与人之间在职业世界的道德意识和道德行为习惯，主要以职业人为角色特征，如维护本行业声誉、保守技术机密等，从内容上看，就是通过将普遍的道德理论与原则直接应用到具体的社会实践领域中去，从而形成的与不同的职业之独特的任务相对应的特殊的责任、

---

① 高德胜：《知性德育及其超越》，教育科学出版社 2003 年版，第 8 页。

② 朱小蔓：《教育的问题与挑战——思想的回应》，南京师范大学出版社 2000 年版，第 324 页。

义务及行为规范。

三者有交叉，有些在道德原则上是一致的，但在不同领域、作为不同身份角色的具体表现还是各不相同的。例如，诚实守信对于公德而言，可能表现为个人在使用信用卡时的信用程度；对于私德而言，可能表现为对婚姻的忠诚，不背叛；对于职业道德而言，可能表现为恪尽职守、不虚报假报生产数据等。因此，三者的交叉和重叠只是在道德原则层面上，而在道德规范层面上从三个不同角度进行探讨，则具有完全不同的内涵。

当然，在不同类型层次的学校，这三类道德教育有不同的侧重。在中等职业学校，作为职业教育，其侧重点在于职业道德教育，这一观念在教育界已经达成了共识。但观念归观念，在实践中，反映的却大不相同。

从调查结果看，职业道德在整个中职德育中所占的比例非常小。不仅如此，当课题组拿着中职《职业道德与法律基础》的教材时，发现其中的内容通篇讲的几乎都是公德，较少涉及职业道德。而这本书几乎是所有中职都选用的教材。由此，中职德育出现了普遍的职业道德教育公德化倾向。

那么，职业道德教育公德化会产生什么样的影响呢？

首先，角色意识淡化。职业道德和公共道德所指向的生活虽然都是公共生活，但在职业生活领域个体要承担职业人角色，需要对自己的岗位、企业、行业负责，不能做损害企业和行业的事；而在社会生活领域个体则承担社会公民和国民角色，范围更大，只要不伤害公共利益、不伤害他人、不违背民族利益即可。简单地说，一个好公民不代表他就是一个好医生、好教师。当前，社会普遍批评医生医德败坏，教师师德扫地，这些肯定不是就他们的公德而言的，而是就他们的职业道德发表的评论。如果职业道德公德化，那么就会导致个体对自己职业人的角色意识不那么明晰，在职业角色意识不明晰的前提下，何谈高尚的职业道德呢？

其次，行业道德水准下降。职业教育培养的是大量一线的劳动者、管理者，他们在很大程度上代表着企业和行业的形象，如果他们仅仅用做好公民及好国民的要求来从业，追求的是不损害公共利益，而不考虑或不重点考虑行业声誉及形象，那么必然导致整个行业的道德水准下滑。或许，这一现象能够在一定程度上解释目前职业道德下滑的趋势。

最后，个体道德发展不全面。职业道德教育的公德化倾向使得学生很少意识到职业生活中有着比公共生活更具体、更复杂的道德冲突，需要用道德敏感性来感受,用道德信仰来践行。很多时候,职员明明是做了践踏职业道德的事情,自己却还全然不知,丝毫没有羞耻感,不利于个体在生涯发展过程中的整体道德发展。

职业道德教育为何公德化?在中国有跟西方完全不同的国情。西方工业革命后,随着科学技术的广泛应用,企业、行业大力发展,与此同时,行业协会也日渐成熟起来,成为除了政府外,管理、协调行业内部各企业关系,制定行规(包括职业道德规范)的强大组织;而中国走上市场经济发展之路还是现代的事情,现代企业制度还很不健全,因此行业协会和行业制度发展非常不完善,由此导致职业道德发展的不完善和公德化。在西方,企业或行业职业道德(或称专业伦理)是非常发达的,有专门的研究机构,有专门的研究人员,并公开发布,定期修订,成为业内人员职业行为的约束,如下文将提到的受美国国家科学基金会资助的伊利诺斯技术研究所(Illinois Institute of Technology,IIT)的职业/专业伦理研究中心就是一例。它由专业协会、政府、学术研究人员、公司集团的代表共同组成,专门开发专业伦理或职业道德。任何企业或行业职业道德都具有时代性,其发展具有一定的过程,在中国,既没有专门的研究机构、人员,也没有公开一致的行业职业道德,最突出的问题是,当我们随机找到几个职业的职业道德规范,居然发现其中大部分内容几乎是一样的,没有体现职业的特点及特殊要求。

表 3—1 财务人员与护士的职业道德规范对比

某公司财务室张贴的职业道德规范	某医院护士站张贴的职业道德规范
热爱祖国	爱国爱民
热爱本职工作	爱岗敬业
诚实	诚信
守信	救死扶伤
团结互助	奉献社会
无私奉献	服务群众
办事公道	公平待人

从道德原则上,或许各种职业具有较大的一致性,但就具体的道德规

范来说，应当是有不同体现的，因为不同的职业有不同的工作背景和实实在在的具体问题，这些问题是多种多样的，具有明显的职业区分性。正如表3—1所示，财务人员同护士都必须遵守"诚实、守信"这一职业道德规范，但就具体的指向而言，则完全不同，如财务人员可能表现为不得做假账、不得挪用公款等；而护士则可能表现为如实告知病患所用药物及不良反应，不得私自加药、更换药的品种等。

由此可见，道德教育政治化和职业道德公德化使得目前中职德育的重点错位，该培养的没有培养，已经在中学培养过的还在中职继续培养，内容上的重复和缺失严重，这也是导致中职德育困境的重要原因之一。

三 过程扭曲：以灌输取代体验、以压制取代说服、以语言取代榜样

德育过程常常受到内容和功能的牵制。由于中职德育内容的政治化和公德化倾向，再加上驯服教育的需要，使得其道德教育更多地采取了与学科的知识性教学相雷同的模式，即灌输。具体表现为：以知识灌输取代道德实践和体验；以强行压制取代说服教导；以语言表达垄断德育方式。下面就一一展开讨论。

（一）以知识灌输取代道德实践

对于学校德育知识化的批判在业界一直不断，正如孙彩平博士说道：灌输式道德教育在现代性框架内具有其道义上的合法性，因为现代性依然相信存在普适真理与普遍的善，只是不再认为它来源于上帝。灌输式道德教育依然追求理性和确定性，在价值判断领域通过理性对价值的合理性进行论证。[①]

近年来，基础教育开始逐渐尝试改变以知识教授为主体的道德教育，开展贴近生活和生命的道德教育。但在中职领域，目前的状况仍然保留了雷同学科教学的知识化道德教育。德育课就是关于道德、思想、价值观的知识学习。这样的教育就是道德教育，这样的学习就是道德学习吗？早在杜威时代就遭到了否定。那么为什么会以关于道德的观念来取代道德观念，以关于道德的学习取代道德学习呢？其原因和大家耳熟能详的两个命题有关：一是"理论指导实践"；二是"美德即知识"。

---

① 孙彩平：《道德教育的伦理谱系》，人民出版社2005年版，第188页。

1. "理论指导实践"

"理论指导实践"是长期存在于人们脑海深处的重要哲学命题,几乎没有人对它产生过怀疑。而知识总是作为理论的载体和表现方式出现的,因此有了知识就必然导致相应的实践就是这么推理出来的。那么,理论真的能指导实践吗?徐国庆博士在其《实践导向的职业教育课程研究——技术学范式》一书中对"实践"和"理论"的关系作了详细阐述,得出的结论是:从理论知识中不能轻易地产生实践知识,从理解能力也不能轻易地演绎出实践能力。事实上,理论知识与实践并不是直接发生联系的,它们只是一个连续体的两个极端,在其之间还要以许多非常重要的实践作为中介。如图3—1所示,与实践能力直接相连接的知识只能是实践知识,而非理论知识。可见,系统学习道德知识并不能导致相应的道德实践的产生,反而是同实践相疏离。

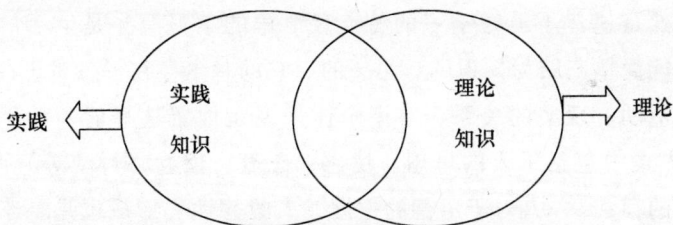

图3—1　实践知识和理论知识的内在联系

2. "美德即知识"

在德育研究中,有一个任何研究都无法绕过、历久弥新的著名命题,就是苏格拉底提出的"美德即知识"。不同时代的学者对它的理解水平、诠释方式都不尽相同。这一命题中的知识和当代所谓的知识实际上是不同的,古希腊时期的这一命题是对"认识你自己"的继承和发扬,当时的人认为"认识你自己"就是要学会节制,学会"不要过分"的道德艺术。用现代的话来说,那个时候的知识其实就是认识,"美德即知识"实质上是指"美德即认识"。① "美德即认识"能充分展示道德的生成性和多面

---

① 龙宝新:《认识论视野中的学校德育转型》,载《宁夏大学学报》(人文社会科学版)2006年第2期。

性品质。相对而言，知识则是符号化了的、凝固的、抽象的，而且常常是从单一视角认识事物的结果。而认识的内容是全面的（如思想认识、事实认识等），认识的方式是生动的，认识既可以指过程，也可以指结果。认识的结果既表现为了解了认识对象，如获得有关对方的事实性认识，又表现为理解了认识对象，即形成了相应的诸如喜好厌恶等态度性认识。显然，中职德育中，认识比知识重要得多。可以说，没有知识，人照样可以通过自己对生活的认识、体验和反思，来获得美德，但没有认识就无法获得美德。也就是说，知识是获得美德的一种途径，而认识是获得美德必不可少的过程。现代人由于对知识认识的窄化，就把美德真的当成现在意义的知识来教授了。

有了上述命题的支撑，道德教育的知识化就顺理成章了。

由于知识教授常用的方法是灌输，于是这种方法在中等职业学校的德育中也司空见惯了。

这显然是违背了道德学习的特点。道德的学习应当是生活的、实践的，而不能简单归结为知识的、思想的。它的基本存在形态对于社会来说是现实的活动、现实的关系，对于个体来说是他所选择的一种生活方式（在生活方式中包括了人的思想、情感、态度、信念、行动等）。它是一种实践性的存在。① 人对于道德的把握、人的德性之形成也是基于道德实践的。当道德教育脱离了现实生活的根基时，它就只能成为没有鲜活内容的虚幻的"空壳"，根本无法与受教育者的生活发生本质上的联系，其内容也难以被学生完全理解、接受并内化为自身的道德信念，从而影响道德教育的效果。正如杜威在《教育中的道德原理》中所指出的：

> 在他们的成长和理解的范围内，对成人来说是真实的东西同样适合于儿童。"只有当个体亲自欣赏他为之而努力的目的，并满腔热情和饶有兴趣地为这些目的而工作时，个体才是在身体力行道德生活。"②

----

① 鲁洁：《生活·道德·道德教育》，载《教育研究》2006 年第 10 期。
② ［美］杜威著，王承绪等译：《道德教育原理》，浙江教育出版社 2003 年版，第 5 页。

道德教育要真正见效，必须依靠个体的主动学习来实现，因此道德培养本质上是一种个体建构的过程。在讨论道德教育的方法时，必须考虑道德学习的特点。

20 世纪以来，认知心理学、行为主义心理学和精神分析心理学都对道德学习的心理机制进行了不同程度的研究。以皮亚杰和柯尔伯格为代表的认知心理学者把儿童的道德发展分为不同的阶段。班杜拉认为道德学习是社会学习的一种，是个体与环境交互作用的产物，并指出个体的道德行为是通过两种方式进行的：一是直接告诉他们行为的对错和应该怎样；二是模仿学习。而精神分析心理学家艾黎克森则研究了人格发展阶段的内心冲突和道德感的问题。

21 世纪初，中国也兴起了对这一领域的研究，代表作是王健敏的《道德学习论》，他主张道德学习在本质上是体验式学习，其特点是生成性、整合性、情感性和个别性。[①] 各派别间的争议繁多，可见道德学习的复杂性。中等职业学校的学习大致可以分为知识学习、技能学习和道德学习，但道德学习和前两者有明显的区别，主要表现为：

第一，道德学习是一种整合式的学习。

首先，从学习的目标来看。知识学习的目标是单向度的认知目标，即"知"，技能学习的目标是单向度的行为目标，即"会"，而道德学习的目标则是整合认知、情感、行为、态度的综合目标，包括"知、情、行"。体现为通过学习，个体能否理解、感受，态度上是否认同，情感上是否趋同，行为上能否显现，最终上升到人格和信仰层面，成为稳定的行为模式和道德信念。

其次，从学习的方式来看。知识学习的方式以听课、记忆为主，技能学习的方式以操作、训练为主，而道德学习则更为复杂，整合了听课、记忆、体验、实践等多元学习方式。

再次，从学习的过程来看。道德学习不像知识学习和技能学习那样通过反复训练就能够获得，道德学习是自发的，并通过认知、情感、行为等多重因素在共同作用和相互强化的过程中完成的。正如杜威所指出的：

---

① 王健敏：《道德学习论》，浙江教育出版社 2002 年版，第 10—14 页。

"设身处地为别人着想，从别人的目的价值观立场看问题，将我们对我们自己的需要和权利要求的估计，降低到一个充满同情心和毫无偏见的观察者看来能想象的水平，是获得道德知识的普遍性和客观性的最为可靠的方法。一言以蔽之，同情是道德知识的一般原则，这并非因为它的命令优于其他命令，而是因为它提供了最为可靠的和有效的智力上的观点。"①

最后，从学习的结果来看。知识学习和技能学习都能够通过标准化的、客观的测试方法进行公正的评价，其结果是显性的，而道德学习的评价就不那么简单，因为它的整合性特征，使得评价也必须是整合的，否则，即使一个学生拿到道德知识卷面的满分，或是考核期间表现优异，也很难说明任何问题，其结果是双重性的，既有显性的一面，更有隐性的、无法测量的一面。

第二，道德学习是一种生成式的学习。

知识学习和技能学习最初是一种复制式的学习，而没有任何创新，每个不同的个体所学到的内容是一致的，没有差别的。而道德学习则不然，它是一种以个体建构为基础的生成式的学习，因为每个人对学习内容的理解、接受、体验和领悟的程度不同，所以内化为自身的行为和信念的程度就更不相同，最为典型的就是柯尔伯格道德故事中，不同的儿童对它的判断和解读是完全不同的，可能长大一些会选择相反的答案，再长大一些又回到了原来的答案，但理由已经完全不同了。道德的意义随生活的展开而不断展开，每个人也随他自身生活经历的丰富、自身修养的提升而不断生成新的道德意义，这是一个永无止境的生成过程。因此，道德学习的个体也是不断在世界上自我生成的人。

第三，道德学习是预存立场下的学习。②

在知识领域和技能领域中，学习与未学习的差别在于学习者以前是否知道，是否能做。而道德学习是一种"从摇篮到坟墓"的终身性学习。苏霍姆林斯基指出精神生活的创造是教育过程中最复杂、最精细的领域之

---

① ［美］杜威著，王承绪等译：《道德教育原理》，浙江教育出版社 2003 年版，第 275 页。

② 刘黔敏：《德育学科课程：从理念到运行》，南京师范大学教科院博士学位论文，2005 年。

一。它之所以复杂和精细，是因为每一个人都生活在一定的具体情境中，每个人都处在种种不同的、有时是相互矛盾的思想影响之下。① 著名的文化人类学家露丝·本尼迪克特在《文化模式》一书中也揭示了"个体生活的历史中，首要的就是对他所属的那个社群传统上手把手传下来的那些模式和准则的适应。落地伊始，社群的习俗便开始塑造他的经验和行为。……而到长大成人并能参加该文化活动时，社群的习惯便已是他的习惯，社群的信仰便已是他的信仰，社群的戒律亦已是他的戒律。每个出生于他那个群体的儿童都将与他共享这个群体的那些习俗，而出生于地球另一面的那些儿童则不会受到这些习俗的丝毫影响"。由此可见，个体的道德学习不是从不知到知、从不会到会的线性发展过程，而是在"预存立场"的前提下进行的，道德学习的基础是个体在以往的生活经历中沉淀下来的道德认识和道德体验，及其形成的道德信仰，这决定了个体会用什么方式、如何选择外来的道德教育信息。

在如此复杂的道德学习中，教育者的作用不像学科学习那样，以提供专业知识、技能为主，教育者更重要的在于创设适合道德学习的环境，如提供相关的信息、组织相关的活动、榜样示范、氛围渲染等。

由此，道德学习和知识学习、技能学习有着截然不同的特点，如果仅仅以知识灌输取代道德学习的方法，即体验、实践，完全不顾道德学习的特点的话，其效果不佳是可想而知的；以检验知识的方式判断道德，也会出现如孙彩平博士所看到的："道德教育的课堂中不会发生战争，但标准化的道德教育课堂却按照标准检验出'道德次品'，检验出冒犯标准（规则）的学生。"标准化道德教育所面临的"公共理性"与个体间的紧张，最常见的证据就是冒犯者的存在。②

（二）以强行压制取代说服教导

中职德育无疑是教导学生按照道德上可以接受的方式来行事。为了达到这一目的，课题组发现在课堂中，教师向学生传授一定的道德知识，主要采取说服的方式。而在学校日常生活中，却更多地采取强行要求的方式。

---

① 《苏霍姆林斯基选集》（第4卷），教育科学出版社2001年版，第274页。
② 孙彩平：《道德教育的伦理谱系》，人民出版社2005年版，第198—199页。

正如在调查中有教师言：

> 我没有必要费那么多口舌跟他们讲道理，这些学生比我还能说，我就直接要求他们做，做到了就达到我的目的了，即使他们现在还不能完全理解。不过，我完全是为了他们好。

于是，有些中职学校采取严格的（半）军事化管理，把学生都治理得服服帖帖，达到了驯服的目的。

但是强行压制得来的"道德"行为有意义吗？它真的道德吗？这就是道德教育吗？

孙彩平博士在《道德教育的伦理谱系》一书中提出："道德教育真的只能以行为一种方式来检验吗？或者说德行只能从践行中反映吗？它和斯金纳所提倡的'刺激—反应'原理有区别吗？好的结果必然反映了好的动机吗？我的观点是，并不见得。"① 课题组在这点上非常赞同她的观点，更何况是通过外在强行压制力量作用之下的结果，就更没有实实在在发展学生道德水平的意义了，其方式本身就不道德，因为道德是建立在双方平等的条件之下的，如果一方制定规范，另一方只是执行的话，那就是强权，就是政治，甚至是军事。

当然，这里所指的强行压制并非时时表现为惩罚、规定等，有时也体现在教师利用其身份的优势上。对强势者，以理服人，是容易的；但对于弱势者，则常常容易要求或命令他们按照自己的想法行事。教师和学生在院校虽然追求平等，但事实上，教师总是不同程度地处于强势，学生处于劣势。有时，教师会仰仗自己的强势地位要求或规定学生如何如何做，这其实也是一定程度的强行压制，因为，教师没有把学生当作理性的平等个体看待。一旦这种压力消除，学生很可能不按照教师的想法行事，甚至走向道德的反面。

杜威早就告诉我们，通过一切在检验或实施观念时能引起积极反应的学科的教学，通过作为某种受过训练的或有节制的行动而学习，而不是通过被动地吸收所听到的一切。他被鼓励独自和亲自去探究，并且常常是和

---

① 孙彩平：《道德教育的伦理谱系》，人民出版社2005年版，第205页。

别人一道进行探究，而不是一味地被发号施令。机械的模仿于是得以避免，通过实践来检验善意，并防止其以虚妄空想和痴人说梦而告终。当这一切在好教师的警惕监督之下进行时，某些确定的管理习惯便建立起来。这些习惯——杜威称之为"可信赖的行为方式"——在儿童的锲而不舍、小心谨慎、诚实真挚、整齐清洁、一丝不苟、全神贯注、乐意合作和集体精神以及其他在完成其课外自修项目时所需要的可取品质的范围内才得以发展。[①]

由此可知，压制不可能形成道德，压制也不能取代说服，因为道德是一种自觉的服从，而不是驯服。如果硬要制定规则进行压制的话，那么规则的存在只可能将道德责任与个体分割开来，成为存在于道德生活中的第三者。规则的制定使个人已经习惯交出道德责任，或对责任表现冷漠；而在"私人"领域，又突然需要或被要求成为自己行为的主宰，显然，这两种角色的反差太大使个体不能很好地适应。[②]

（三）以语言表达垄断所有德育方式

在调研中，我们发现，目前的中职德育主要是通过语言表达的方式来进行的，诸如讲授、说教、说服、商讨等，但事实上，道德的培养有多种方式，除了语言表达之外，还有榜样示范、情境教育、环境教育、体验、奖赏与惩罚等，再加上现代信息化的方式，如网络、动画等，多种多样。被调查的学生提到自己所喜欢的德育方式时，有较多的建议都指向了榜样（举例子）。的确，榜样的示范作用很具有感染力，要教给学生道德，就要作出道德的样子来。正如《孟子·尽心上》中所提出的："仁言，不如仁声之入人深也。"也就是说，言语的劝说固然重要，但对个体影响更大的确是仁德的行为所赢得的仁声。

此外，对于体验和实践的呼吁也是本次调查的热点建议，许多中职生认为自己体会、大型德育活动、节日/纪念日活动、实践活动等是他们喜欢的德育方式。诚然，道德哲学本身就是实践哲学，它只有在实践中，通过体验才能够真正内化为德行，并在不断的践行中巩固并升华为道德

---

① ［美］杜威著，王承绪等译：《道德教育原理》，浙江教育出版社2003年版，第6—8页。

② 孙彩平：《道德教育的伦理谱系》，人民出版社2005年版，第200—202页。

信仰。

况且，职业教育跟普通教育相比，更具有实践的空间、时间等优势，中职生实践的机会更多，也更乐于实践，而当前的中职德育却没有利用中职的这一特点，放弃了实践和体验作为德育的重要方式和途径。

综上所述，中职德育在自身的发展中逐渐远离了道德学习和职业学习的基本特点，采取了学科知识的灌输法、政治教育的强行压制法以及仅通过语言的方式进行道德教育。实质上，这些方法也很难说是道德上可以接受的方式，如压制就违背了道德本身的含义，即主体间的平等。而且，道德学习本身的复杂性也决定了它教授的多元性，而目前中职德育方式是极为单一的。其效果只能是短期的、压力下的、知识复制式的，而无法取得长期的、可持续发展的德行培养。

四 环境扭曲：在泛功利主义的环境中培养道德人

从国内近年来对中职德育的研究中，课题组发现，有较多学者认为中职德育的失败不仅仅在于中等职业学校本身的道德教育问题，更重要的是社会伦理环境的问题。如吴刚、吴秋菊指出："市场经济活动存在的弱点和带来的消极影响，反映到人们的思想意识和人与人的关系中，容易诱发自由主义、拜金主义、享乐主义和利己主义。同时，伴随改革开放，国外的腐朽思想和文化也会乘虚而入，我国长期存在的腐朽思想也会故态重萌，这对尚处在世界观、人生观、价值观初步形成期的青年学生来讲，影响是重大的……光怪陆离的黄色网站、不健康的信息也充塞其中，并以巨大的诱惑和毒害侵蚀学生的心灵。"[1] 当然，也有学者从正面提出"无意识教育法"[2]，其中就谈到环境对道德教育的无意识教育作用。

在课题组的调研中，我们从学生对目前中职德育的不满之处中看到有学生认为"校园里存在作弊、小黑帮等不良习气，不利于道德发展"，对于校园伦理环境不满的学生在所调查的学生中占有一定的比例。可见，学

---

① 吴刚、吴秋菊：《中职教育德育工作探析》，载《湖北成人教育学院学报》2006 年第 3 期。

② 孙光琼、冯文全：《一种值得重视的德育方法——无意识教育法》，载《当代教育论坛》2006 年第 1 期。

生也意识到当前的中等职业学校环境有着不利于道德培养的因素。

的确，环境对道德培养具有重要的潜移默化的作用。正如诺尔特（D. Nolte）指出：

> 如果孩子生活在批判里，他将学会谴责；如果孩子生活在敌意里，他将学会暴力；如果孩子生活在嘲讽里，他将学会害羞；如果孩子生活在羞耻里，他将学会罪恶感。如果孩子生活在鼓励里，他将学会自信；如果孩子生活在赞美中，他将学会欣赏；如果孩子生活在公平里，他将学会处事公正；如果孩子生活在安全感里，他将学到信心；如果孩子生活在肯定中，他将学会自爱；如果孩子生活在被接纳和友谊中，他将学会喜爱这个世界。①

中职德育的环境主要分为小环境和大环境。小环境主要指中等职业学校内部构成的道德环境；大环境则更为宽泛，包括学生学习、生活所在社会环境。总体而言，中职生所生存的大环境和小环境都存在明显的泛功利主义倾向。其主要原因是市场经济的影响，它对学院小环境和社会大环境都起到牵制和导向的作用，使得利益成为追求的重点。此外，还存在社会不良风气的负面作用，家长的放任态度对学生道德发展的不利影响，以及教育舆论和学院取向等因素。

（一）市场逻辑主导下的道德贬值

目前，随着中等职业教育越来越受到产业化浪潮的冲击，从计划经济向市场经济的转变本身具有历史先进性，特别是对于中国中职的蓬勃发展起到了积极的作用。但同时，市场意识在不知不觉中进入了中等职业学校，成为影响其伦理环境的重要因素。正如郑富兴博士在研究中所得出的结论那样：当代学校组织面临的现代性伦理困境，即自由与归属、人文性与工具性的矛盾范畴。学校组织的正当性就在于如何处理这些矛盾范畴的方式的道德特性。他提出把学校组织的伦理基础分为四种类型，如表3—2所示。

---

① 转引自黄向阳《德育原理》，华东师范大学出版社 2005 年版，第 145—146 页。

表3—2 学校组织的四种伦理基础①

公共维度		公共空间	
教育维度		社会团结	个人自由
教育过程	人文性	Ⅰ民主型	Ⅱ自由型
	工具性	Ⅲ国家型	Ⅳ职业型

其中最符合中等职业教育的是第四种伦理类型，即"职业型"。它持一种个人功利主义立场，反对任何道德伦理内容占据学校教育，认为教育的功用就是满足个人的生存生活需要，比如掌握一门技能或获得文凭等求职资格证书。其他什么教育都是没有个人功用的。目前所有的中等职业学校都是属于这种类型。所以人们说当前学校教育弥漫了极端个人主义学习态度，盖因于此。② 市场经济为中职带来巨大发展机遇的同时，其附带的消极影响也逐渐显示出来。以往学校作为一种教育机构或组织，是"社会平衡器"，是良知、奉献等道德品质的象征，是神圣的教育场所，是学习知识的地方，而现在的学校已经"去魅"。

在英、美国家，对于学校教育强调职业训练的工具化倾向认为是教育市场化改革的结果。英国1994年的《教育的国家使命》报告第五章"学会成功"，公开提出，"教育是巨大的商业"，学校教育应致力于国际经济竞争。里查德·普林（Richard Pring）认为，这是一个"职业训练"如何反对"自由教育理念"的绝好例证。在中职领域，这种工具化、训练式的教育倾向更为严重，特别是在英国的多科技术学院，主要进行的是职业培训。因此，不少学者纷纷对此提出非议，认为"教育"与"训练"等同是对教育的反动。于是，在1992年，随着《高等教育法案》的出台，该类学院全部升格为科技大学，性质转变为综合性大学。

在中国，中等职业学校在市场的主导下越来越像企业，而不像学校，越来越遵循市场逻辑，即"消费者利益至上"的法则。其中中等

---

① 郑富兴：《论当代学校组织的伦理基础》，2006年南京师范大学博士后出站报告。

② 同上。

职业学校是服务者,家长、学生和用人单位是客户,而客户的要求是神圣不可违背的,是服务者千方百计追求的目标。于是,学院变了味道,从圣洁的育人场所退变为交易的市场,其语言也从一种评价性的道德语言变为产生特定结果的系列活动的客观描述。这些客观描述正是学校外部机构给学校确定的考核标准和教育目标。中职学生追求的就是最终的文凭和技能证书,对于道德这种在"市场交易"中毫无分量可言的教育完全不屑一顾。

(二)其他因素

1. 社会不良风气对学生的干扰

中职学生正在思想品德形成的动荡时期,社会上的不正之风、腐败现象在学生的心灵深处难免留下烙印,主要的影响有两个方面:一个方面是对其作为社会公民的道德影响,如近年来,营业性网吧布满大街小巷,其中有不少缺乏规范营业,以色情、暴力、黑帮等不健康的内容吸引诱惑着青春期的中职生;另一方面是现实中的从业人员的不良作风给中职生留下的负面影响,如目前政府官员中贪污、受贿、渎职的比例上升,随着媒体的报道,事态越来越透明化。这些事情的揭露,一方面体现出民众的监督作用;另一方面,对于还没有坚定是非观念的青少年而言,会产生不必要的幻想和效仿,认为当官的这样做是习以为常的,甚至产生向往这种生活方式的想法,这显然是一种不利影响。社会大环境所产生的负面效应在一定程度上抵消了学校的正面教育。实践证明,学校、社会、家庭三者若不能形成全方位的德育网络,那么学校德育困境则是必然的。

2. 家长的放任态度对学生的放纵

对于中职生,家长总是存有这样的心态:一方面,孩子大了,已经念高中了,可以自己分辨是非,再加上住校,大部分家长都放松了对孩子的管理;另一方面,家长认为进入中职,最重要的是获得将来赖以生存的一技之长,至于其他方面,可以由他去。正是这种放任态度,使得中职生如同松绑了,感到无比轻松,并放纵自己的行为。对于这些放纵行为,家长认为管不了,也不用管,因为社会现实就是如此,孩子了解一下也没有坏处,更利于适应社会。这样一来,在本身道德立场就不坚定的中职生那里,没有约束就可以我行我素,把不良的社会现实当作应然的做人标准,总是说着"别人也是这样的,我为什么不可以"的话,放松了对自己在生活上和职业上的道德要求。

3. 应试教育造成的重智轻德的后遗症

在应试教育长期的影响下，一些学校的德育仍是一项软指标，居于从属地位。"以德育为首，教育为主"，只是领导讲话中的关键词，而实际上的德育却是说起来重要、干起来次要、忙起来不要。学校的整体工作都围着高考的指挥棒转，以提高升学率来换取社会对学校的承认，学生在书山题海中苦度时光。可想而知，学生在这样的环境下其思想品德、心理素质的形成与发展要想健康，只能是一句空话。进入中职之后，这种观念的后遗症马上体现出来，开始从对知识的重视转变为对技能及技术的重视，中职的学生和教师一致认为学好一门技能或技术是实实在在的，是最重要的，于是，中等职业学校狠抓专业理论课程和技能训练，教师拼命想把该专业相关的知识和技能全部教给学生，学生也只能疲于应付。这种现象实际上仍然是重智轻德的表现。

4. 就业导向的中职取向

"就业导向"是职业教育领域提出的口号。由此，就业导向直接成为指挥中职一切教育的方向标。就业导向具有很明显的市场烙印，能不能就业？就业率达到多少？是很容易统计的数字，也是很客观的标准。课题组不得不承认的是，中职确实有责任帮助学生就业。但是，以就业为导向的提法，使得所有中职的教育都为了就业展开，这种功利性弥漫在整个中职校园中。在这样的功利主义引导下，道德教育不过是促进就业的砝码而已。如中等职业学校中常见的一种现象，就是三年级学生争抢着入党，他们入党并不是对共产党有多大的期待和信念，而是为了在找工作的过程中增加砝码。

由此，社会和中等职业学校共同营造了泛功利主义的教育环境，一切都以客观结果为标准，一切以就业为最高目标，在这种与德育应有环境相背离的扭曲环境中，要培养高尚的、利他的、无私的、奉献的德行几乎是很难办到的。

以上这些做法使得中职德育实际上远离了道德的本质、道德教育的本质、道德学习的特点、职业教育的特质，走向了扭曲的、畸形的中职德育。

第二节　偏离:中职德育困境的深层原因剖析

从上一节的分析中，我们看到了中职德育实然和应然之间的差距，出现了功能、内容、过程和环境的扭曲现象。然而，这些现象只是表层的、看得见的，真正支撑这些现象背后的实质问题又是什么？更值得我们进一步挖掘和剖析。

本节将从更深层的原因来看，这些现象背后存在着一些偏离。至少包括如下三个方面:

一是从教育学角度看中职教育本身的出发点和本质的偏离，"教育"与"培训"的根本差别没有搞清楚，由此导致了知识灌输式的德育过程、就业导向的中职教育、市场逻辑下的德育环境等;

二是从人性假设角度看中职教育基本假设的偏离，不明确到底要培养的是"道德人"还是"经济人"，由此导致言行不一的伪道德倾向;

三从伦理学角度看中职德育伦理学取向的偏离，中职德育从属于规范伦理还是应用伦理没有分清，道德教育要探寻的是绝对真理还是处境真理没有弄明白，由此导致了驯服的德育功能、压制的德育方法等。

一　从教育学角度看中职教育的出发点和本质的偏离

中职德育的种种扭曲中最为突出和严重的表现就是工具导向，其后果是道德教育不像道德教育、不像教育，甚至反道德教育、反教育。这仅仅是中职德育的弊病还是整个中职教育的致命伤？课题组认为是后者，且后者引发了前者。

对中职教育的发展动向，我们不妨从当前流行的教育口号中来观察，因为它们代表了一种导向和主流。

第一，创办"市场驱动的职业院校"。

该口号是美国社区学院提出的改革方向。近年来，引进中国，成为许多中等职业学校办学中争取达到的目标。所谓市场驱动，也就是说市场成为学院发展的主动力，学校的发展完全跟着市场的变化和需要走。因此，众多中职学校跟相关企业和行业走得更近了，直接用企业的用人标准作为教育的标准，企业的人才需求作为专业开设的依据。这一口号的引入，对于改变中国中职以往"闭门造车"、不顾市场需求的做法而言，是值得褒扬的。因为学院和市场应当接轨，由此，可以形成从学校到工作的无障碍过渡。

但是深究一下，便会发现，在这种合理性的背后，还存在一个"度"的问题，即究竟在何种程度上听取市场的意见，以何种方式同市场紧密结合。如果中等职业学校这样的教育机构完全围绕市场运作，跟着市场的脚步变化，那么教育机构还是教育机构吗？它跟企业有没有区别？教育自身独立的立场何在？是完全淹没在经济规律和经济变化之中了吗？显然，我们首先要承认中职教育需要及时了解市场的信息，但是它绝对不是市场的一部分，不遵循市场的规则，而是有教育独立的立场、独立的规律。事实上，这个口号本身的意义就在于为教育和市场两个不同领域建立一个结合点，以便对口衔接，而不是说把两者合而为一，或者说，一方从属于另一方。

第二，提倡"与企业零距离对接"。

产学合作、校企合作是当今职业教育生存和发展的必然选择，这是没有问题的，也是符合职业教育自身发展规律的。但是，目前有些院校生怕自己跟企业结合不紧密，合作深度不够，于是提出要"紧跟企业的脚步"、"零距离对接"。在实践中，采取企业化管理的方式管理学院，成立跟企业相对应的部门，进行标准化的客观性检测，追求科学化管理，其目的是让学生尽早熟悉和认同企业文化和企业管理方式。

应该承认，其出发点是好的，可是一旦达到"零距离"。殊不知，企业的目标跟教育的目标本身具有天壤之别，企业追求的是利润最大化，一切管理和标准都围绕利益在转，是完全利益驱动式的。而教育追求的是人的发展，中等职业教育则服务于个体的职业生涯发展，是非盈利机构，是公共事业，并不考虑利润和利益。如果按照企业化管理的方式，中职教育就成为工厂，不断通过"标准"来"制造"合格的"人"，这里的人就完全被物化了。中职教育应当追求的公共利益不见了，中职教师的无私奉献得不到尊重，中职学生的个性得不到发展。这种过了头的合作方式，只能让中职变得不伦不类，既不像企业，因为它毫无利润可言，也不像教育机构，因为它毫无公益可言。

那么，中职教育到底应当是什么样的？其本质是什么？

首先，来看看职业教育中"职业"的本意。职业不应该仅仅狭义地理解为：一只赖以谋生的"饭碗"，而应该揭示其更为丰富的内涵。"职"是岗位，是一种分工，更是一种职责，要恪尽职守；"业"是一种行业，更是一种事业、功业。爱岗敬业乃职业精神之集中体现，也是职业道德的基本要求。"职业"更是一种"志业"。从昔日德国社会学家马克思·韦伯（Max Weber）的著名演讲《科学作为一种职业》对"Beruf"的界定到今日法国哲学家雅克·德里达（Derrida）在《专业的未来与无条件大学》中对"profession"的诠释（"职业信仰"、"义务责任"、"诺言"、"誓言"等）概作此解。"以职为志"才能正确把握职业教育的本质及其方向仍是"育人"而非"制器"。①

其次，根据职业教育培养对象的要求，继续加强职业技能的培训等实践环节是必须的（这也是与传统的专科教育相区别的关键），但是，完整意义上的职业教育（包括中等职业教育），特别是学历教育部分，首先是一种教育。职业教育的特点（实用性、技能性等）决定其教育内容要突出职业知识的传授和职业技能的训练。任何教育总是包含一定的训练成分；但不能归结为训练，更不能仅仅局限于训练。从这个意义上讲，教育（education）不能等同于训练（training）。任何教育都既是"学问之道"，更是"成人之道"，即通过对人的本能改造和潜能开发以臻于人性的完善和人才的成就。因此，现代教育中的知识传授、能力培训与人格塑造三者不可偏废。

可见，职业教育不能简单等同于职业技能的培训。"化性为德"始终是人类教育的基本使命和功能。但"化性为德"不能简单地等同于在职业教育的课程中增加些人生伦理、职业道德的内容，而是要始终把"育人"而非"制器"作为一切教育的目标。坚持"化理论为方法，化理性为德性（行）"（冯契），娴熟的职业技能和敏锐的创新意识、崇高的职业道德和创业精神是现代职教成功的标志，也是新时代教育制胜的法宝。

德国教育哲学家雅斯贝尔斯在《什么是教育》中曾经告诫我们："今

---

① 章仁彪：《以职为志 转识为智 由技入道——职业教育与职业人格、职业精神培养》，载《职业技术教育》2004 年第 12 期。

天我们关心科技人才的培养，但对此我们必须小心从事，因为我们为科技
人才的匮乏而震惊，而其所造成的后果却变得模糊。培养出来的科技人员
只是服务于某些目的的专业工人，他们并没有受到真正的教育。""对整
个教育问题的反思，必然追溯到教育的目标上去。……仅凭金钱我们还是
无法达到教育革新的目的，人的回归才是教育改革的真正条件。"①

今天，迫于国际经济竞争的需要和高技术人才的迫切需求，技术和职
业教育正在全球范围受到广泛重视，但正如雅斯贝尔斯所言，我们在着手
改革职业教育时，也必须要追溯到教育的本质上去，特别是"人的回归"
问题，即个体发展的终极目标问题，因为这才是"教育改革的真正条
件"。

新人学史观认为：人的发展是社会现代化的主旋律，人的现代化在社
会发展中具有战略价值。因为现代化的根本动力来自于人的努力和伟大的
创造，现代化的根本目的正是为了人类全面自由而持续的发展。的确，不
关注人本质的扩展的教育，或者忽视人性存在的教育，其所培养出的只是
"并没有受到真正教育"的"服务于某些目的的专业工人"。

上面这些对教育本质的阐述源于对人性的把握，人性就是人所共有的
区别于动物的属性。它表现为人的自然属性、社会属性和精神属性。马克
思主义的这种新型人性观的教育意义即在于：教育要以人的本质属性为依
据，旨在全面拓展人性，使人能全面占有自己的本质。马克思早在
《1844 年经济学哲学手稿》中就已经提出："人的全面发展的实质（核
心）是表现在全面占有自己的本质。"这为教育拓展人的本质提供了理论
基础，人的自然属性、社会属性和精神属性构成人的统一体。

从人的自然属性来看，关心学生身心发展的规律不够，满足学生的兴
趣需要太少，违背了人的可教育性、可接受性和可发展性的自然规律。

从人的社会属性的拓展来看，理解也有偏差。主要是强调学生掌握知
识方面的发展，而忽视了学生社会生活能力的全面提高：关注人的生活能
力的发展太少，关注人类生活的社会化、人与物的关系过多等。

从人的精神属性来看，人的精神生活能力的发展更是一个长期被忽视

---

① ［德］雅斯贝尔斯著，邹进译：《什么是教育》，生活·读书·新知三联书店
1991 年版，第 50—51 页。

的教育问题。在中国,人的精神世界主要指人的人格、审美、理想等方面,这一点在教育目的当中更成了奢侈的东西。

根据马克思所持有的人性观,很显然,一个全面发展的人是人的自然属性、社会属性和精神属性的全面拓展,也即"全面占有自己的本质",实现人性的全面提升。

由此可见,中等职业教育首先是一种教育,而非培训,中职教育的出发点是培养人,而不是培养合格的工作机器。因此,人的发展是中职教育在任何时代、任何情况下都不能更改的出发点,同样也是归宿。那么,德育就应当是贯穿于中等职业教育始终的,是整体性的,而不是"累赘的"、"外加的"部分;是基本的教育目的,而不是实现就业的手段;是无所不在地体现在学校生活、课程和管理中的,而不是作为知识的一部分来传授的。

中职教育在出发点和本质上偏离了教育应有的方向,由此,造成了中职教育雷同于职业培训,中职德育无栖身之处的尴尬境地。同时,也导致德育种种工具化倾向,如道德教育政治化,结果性倾向,如就业导向,以及受市场逻辑的控制。如果不扭转中职教育根本出发点的问题,不回归到教育的本质的话,要彻底改变中职德育的困难处境,发挥出德育应有的效果,是无根的奢望。如果仅仅改革德育的话,也只是治标不治本的短期策略,这是不够的。

二 从人性假设角度看中职教育基本假设的偏离

在埋怨社会环境"失范"和学校—社会环境脱离的现实时,我们有没有考虑到中等职业学校对人性的假设是否符合社会现实?杜时忠教授指出"传统德育作为一个整体对于当代中国来讲,尤其是对于现代化的社会来讲,是过时的,不适用的。它对人性的设计,欠缺知性,不属于科学"[①],而这种"欠缺知性"的人性假设就是"道德人"。对于"道德人",不同的学者有不同的看法,但总体都表达了"人之初,性本善",经过一定的修炼后"人皆可成尧舜","重义轻利",即只讲付出,不论回

---

① 许锋华、杜时忠:《从"道德人"到"经济人"——关于德育实效问题的根源探讨与视角转换分析》,载《教育理论与实践》2006 年第 6 期。

报；毫不利己，专门利人。这些就是当前职业院校中职业道德教育的基础。

在这样的假设下，学校积极推崇"奉献精神"、"大公无私"、"牺牲小我，顾全大家"，总是把不顾家庭、不顾个人健康，全心投入工作，有些甚至以身殉职的案例作为榜样来教育学生。由此，我们可以认为，职业院校的职业道德教育目标是培养未来职场中的"道德人"。这种"道德人"的假设和中国的传统文化有着不可分割的联系。例如，孔子就提出"君子喻于义，小人喻于利"，诸如此类的论述在中国历史上比比皆是。这里所谈到的"道德人"是一种在传统文化背景下的纯粹的"道德人"，他的确是"善"的。而这种"道德人"的存在和"善"的表现是以社会具有统一的价值观为背景的，尽管上述这些道义不是每个人都能够做到，也不是个体生活中的常态，但确是社会中所有人都推崇和敬慕的。

但是，这种假设在现代社会中出现了不和谐的状况，因为现代社会以多元化为特征，多元价值观便应运而生，这种纯粹的"道德人"假设事实上带来了种种不利影响，具体表现为：

第一，学生本能地会产生对个人利益的追求，这一点无可厚非，但一味地引导学生"大公无私"、"牺牲自我，奉献大家"等，学生只能隐藏这些追求，否定自我，转而"伪善"地服从集体利益，这会导致严重的人格分裂。

第二，社会人的追名逐利无时无刻不在学生的周围发生，从"道德人"的眼光来看，当然，种种社会现象确实"失范"。于是，在他们的内心深处定会产生冲突、困惑和无所适从，经历了这一切以后，有些人会正确的反省，但更多的人可能会漠视职业道德，我行我素，从而导致社会"失范"的加剧。

可见，职业学校所采用的纯粹"道德人"假设，从根本上使得职业道德教育难以取得实效，如果不转变这种人性假设，不正视个体的自身利益，然后不能正确处理个人利益与公共利益或集体利益之间关系的话，我们的职业道德教育改革就难以有所突破。

根据经济学的研究成果，"经济人"具有理性和自利两个基本特征，所谓理性是指这种人具备关于其所处环境方面的知识，而且这些知识即使不完备也是相当丰富透彻的，同时，这种人还被设想为具备一个有条理的、稳定的偏好体系,并拥有很强的计算能力,以此来获得其偏好尺度上的最佳方案。所谓自利是指经济行为的当事人是以自身利益的最大化为目标的人。当然"经济人"也经历了古典模式到新古典模式向广义模式的转变,特别是贝加里·贝克尔、詹姆斯·布坎南已经把它拓展到了非商品性领域,包括精神的和物质的,自然职业道德也在其中。①

在这种假设下,作为道德主体的人在一般情况下,进行价值判断及行为选择时,通常处于对自身利益的权衡,希望用最小的德行成本获取最大的利益。当然,不可否认的是,"经济人"并非完全以利益为中心,所谓"恻隐之心,人皆有之",许多不求回报、大公无私的奉献精神仍然存在。但这些不是处于常态下,而是处于某些特殊需要和特殊情况下。否则的话,人们就会处于天天加班而无法获得津贴的伪道德状态。

由此可见,市场经济所带来的自由、平等符合伦理学上的"善",经济学所承认的人的求利动机的正当行为也可以或应该看成是道德的,在这样的前提下,"经济人"假设就比原先纯粹的"道德人"假设更贴近社会现实,更容易把中等职业学校的职业道德教育和复杂的社会现实情况联系在一起。

在"经济人"的假设下,中等职业学校中的职业道德教育不仅要宣扬无私助人的崇高举动、超越纯粹的仁爱之心,更要从学生的常态出发,分析在工作情境中可能遇到的道德事件,并强调此时如何以合乎道德的方式来处理个人利益与社会利益的关系,如何权衡,然后以最小的德行成本获得最佳的道德效益。另外,由于经济领域和学生的专业学习息息相关,可以把对这些问题的探讨纳入到专业课程中,更有利于激发情境化的思考。

这里值得指出的是,尽管课题组主张要考虑个体利益的维度,但并不意味着,把个体利益的维度作为高于社会利益和他人利益的唯一维度,而仅完全把这一维度从当今社会中抹去是不可行的,既然如此,还不如把它提出来,同社会利益和他人利益放在一起探讨,从而教育学生如何取得平衡,如何获得双赢或多赢。

①　薛飞:《"经济人"的德行选择与道德制度建设》,载《长白学刊》2001年第1期。

当然，这种"经济人"的角色还不能作为个体发展的终极。因为，从人的道德发展来看，既有"道德人"的一面，也有"经济人"的一面。只是在不同阶段，侧重表现不同。但终极的道德发展，已经不再是原先纯粹意义上的"只奉献，不索取"的道德人，因为这种现象只有在特殊情况下可能发生，而不是常态现象。然而，我们对于中职生的要求不仅仅是对于特殊情况的处理，还必须对他们日常生活和生产的表现进行指导。

于是，既考虑"经济人"身份，又追求一种常态下的"善"的"道德人"，把它作为一种道德终极价值，是现实的。当然，这里需要指出的是，要达到这一终极价值，需要经历多次权衡、反思和提升，而这些要在还没有踏上社会、没有多少利益权衡经验的中职生那里达成，是极其困难的。

三 从伦理学角度看中职德育伦理学取向的偏离

目前中等职业学校的职业道德教育强调的是职业道德规范教育，那么在知晓了一整套职业道德规范之后，学生为何仍然"规而不范"呢？是内容有缺失吗？从教材分析来看，确实存在上文所提到的职业道德公德化倾向，除此之外，还有什么原因呢？

事实上，当前我国职业院校中的职业道德教育所依据的是"规范伦理"，也就是传统的伦理学，即强调学生知道规范、牢记规范并执行规范，而这些规范是"死"的，是绝对的，是条条框框的，只要遵守就可以了。于是，在教学中，强调"知识"和"规范"的"讲授"和"灌输"；考核中，强调的是对职业规范的"记忆"和"复制"，即使有材料分析题，也不过是虚拟的纸上谈兵而已，并不会对学生的内心产生很大影响。

总体而言，目前的职业道德教育是把职业道德看成一种知识，而非一种实践；是一种外在压制性的，而非内在生成性的。而道德的本质恰恰与现实完全相反，是内生式的实践理性。

现实的职业情境是极为复杂的。虽然这些职业规范都会遇到，但情况并不是那么简单，只要做出是与非的判断即可，而是多种道德因素错综交织，需要更多的是判断、权衡和选择，而不仅仅是非此即彼的决定。在这样的情况下，毕业生往往会不知所措，因为他们没有相关的体验，也没有为这种冲突作好充分的准备。

例如，某公司销售人员在推销新产品的过程中，明知自己公司的新产品有某个方面的技术缺陷，不如对手公司，但在客户面前到底是要褒扬自己的产品，隐瞒技术缺陷，维护公司形象和声誉；还是保持一如既往的诚信，直接告诉客户。这就是职业情境中最为常见的职业道德之间的冲突，一个是诚信原则，让客户有知情权，一个是维护公司形象和声誉的原则。这两者都是职业道德规范，当如何取舍对于只学习过道德规范的学生而言，在短时间内作出回答是困难的。

可是，在现实的职业世界中，可能每天都会遭遇许许多多职业道德规范之间的冲突、职业道德和公共道德之间的冲突、职业道德和私德之间的冲突。如果没有作好充分的心理准备和对环境及场合的正确认知和道德敏感意识，仅仅依靠绝对性的职业道德规范及原则，是很难作出明智的选择的。因为职业情境具有时间性，不容人作太多的思考，要及时作出反应，而且这种反应是道德上可以接受的行为。

可见，中等职业学校德育中"规范伦理"的主流地位在一定程度上影响了职业道德教育的实效，即使了解了所有的职业规范，考核满分，也难以在错综复杂的职业情境中作出正确的道德选择。因此，课题组认为，这样的职业道德教育的伦理学依据是不充分的。

伦理学中的难题，从某种意义上讲，往往并不在于对道德作用与地位的体认，而在于道德原则的应用；特别是当出现道德两难（道德悖论）之时，也就是说在同一事例上发生了不同的道德规则相互冲突的情形之时，人们应当采取何种态度，应怎样根据不同的因素与几率进行权衡。[①]这是"应用伦理"的核心观点。一般情况下，当单一道德规则出现的情况下，人们都会按照规则行事，不会出现是否道德的疑问。只有当几种道德规则同时出现，又产生冲突时，人们才会去考虑怎么做是道德的。

事实上，职业世界中遇到的道德问题常常属于后者。在这样的情况下，20 世纪六七十年代兴起的"应用伦理"比"规范伦理"更具有实用价值，成为个体职业道德实践的基础。

应用伦理学是研究如何使道德规范运用到现实中的具体问题的学问。

---

① 甘绍平：《伦理智慧》，中国发展出版社 2000 年版，第 11—14 页。

从广义上讲，它既包括将普遍的道德规范直接应用到具体的行为空间、职业领域的古老的职业道德（又称专业伦理），也包含新近出现的以解决道德悖论、伦理冲突为主旨的当代应用伦理及其分支。从狭义上讲，应用伦理学专指上述广义应用伦理学双重含义中的第二层含义，即指的是 20 世纪 60 年代末至 70 年代初才形成的一门新兴学科。① 应用伦理学关注生命伦理、政治伦理、经济伦理、生态伦理、科技伦理、女性主义伦理和网络伦理等领域。由此，可以看出应用伦理学和传统伦理学的区别。

在传统伦理学中，职业道德内容一般而言都是明确的、稳定的，是与非，对与错，一目了然，无可争议。而当代应用伦理学所关注的却大多是职业道德所关涉领域中的道德悖论与伦理冲突：其中绝大部分的问题体现着新旧价值观念冲突或现有的道德规范冲突的两难选择；或者就是那类并非一定要作出非此即彼之抉择，而是需对不同的利益进行平衡考量的问题；再有就是某种伦理要求与现实实践之间的冲突（如安乐死的理论与实践），以至于该要求难以实现，失去了得到辩护的理由；最后就是社会现实中涌现出的诸如核能是否安全、转基因作物是否安全等崭新课题，旧的道德理论对之闻所未闻，束手无策。一句话，应用伦理学的根本特点就在于关注伦理冲突与道德悖论、探究道德难题。因而，应用伦理学研究的课题并不是凭借简单的道德直觉与洞见，也不是直接参照传统的职业道德守则就可以解决的，而是需诉诸一种复杂的理性的权衡机制以求得答案。

总之，当代应用伦理学与职业道德在研究范围上有着密切的关联。但严格说来，应用伦理学并没有将以往职业道德所能够解决的问题作为研究对象，而是视职业道德为一种理所当然的预设或前提。当然，应用伦理学的研究成果，反过来肯定又会为职业道德内容的发展、完善与精确化作出重要的贡献。

当我们步入新时代后，新的时代特征带给我们无数的惊喜，与此同时，也带来了前所未有的新问题，特别是在信息化时代。这些问题在各种职业领域，特别是科学技术大量运用的领域频频出现。于是，紧随其后的就是各类道德悖论和伦理冲突，特别是技术伦理问题。在这样的情况下，

---

① 甘绍平：《关于应用伦理学本质特征的论争》，载《哲学动态》2005 年第 1 期。

需要的不仅仅是职业道德规范,更需要对处境的感知能力和对冲突的处理能力。

由此,如果中等职业学校的职业道德教育能够运用"应用伦理",而不仅仅是让学生了解一整套职业道德规范的话,那么其教育教学必然转变原来的知识性、规范性的特点,而是在内容上,注重工作情境中的两难问题;在方法上,采用"实践"和"参与"的方式,让学生在贴近职业现实的情境中,了解、讨论、争辩,从而确立起正确的职业道德观,获得一种真实的内心体验,增强对职业道德规范的认同度,提升对道德冲突的处理能力,以便为未来就业和道德的从业作好相关准备。

值得一提的是,应用伦理的运用不仅仅是指在职业院校的教育教学中的运用,也包括社会道德建设方面的运用。在社会道德建设中,需要强调的不仅仅是建立一套经典的、经得起推敲的道德原则或道德规则,更重要的是通过制度的道德和程序的道德使得这些原则和规则可以应用。例如对于一位私人诊所的医生或一所国营的医院而言,遇到一位没有加入医疗保险且身无分文、家里也一贫如洗的打工仔,因受伤或患病而被送到自己面前时,对他该不该救治?救治到什么程度?如果救治,费用全要由自己承担,这样的事例一多,医生或医院肯定就无法承受。如果因此而谴责医方,这是显失公平的。如果拒绝救治,眼看着伤患者的情况恶化,这当然也是不人道的。按照传统的观念,医方应发扬风格,弘扬道德精神,牺牲自己的利益去救治伤患者;毕竟与救命须及时这一点相比,医药费用问题的紧迫性并不能与之在同一个层次上,还是有时间、有办法经过研究得到解决的。然而从本质上讲,这种每次总是牺牲一方的利益来保全另一方利益的做法是不能作为普遍的规则得以持续的。因为它是不合宜的,不合宜的事物无论怎样说都不能算是道德的。如何解决此类问题呢?显然,不能每次都总是指望医方发扬风格,在两难的选择中通过"道德"的力量压制自己的欲求以保全伤患者,而是应由社会建立一种强制性的结构、一种固定的机制,如医疗保障体系。这样一来,前面提到的医方可能遇到的道德悖论便在这一智慧的结构中得以消解。[①] 诸如此类的合乎道德的制度和程序一旦建立起来,就能够从制度上避免社会的失范,从而提升整个社会

_____

① 甘绍平:《伦理智慧》,中国发展出版社 2000 年版,第 11—14 页。

的道德水平，与此同时，对中职德育环境的改善起到积极的作用。

第三节 变迁：时代新特征与中职德育

教育属于文化，因而它具有历史性和时代性。21 世纪的到来，使得我们步入了一个崭新的时代：全球化造就了地球村，知识经济带来了知识工人，终身教育营造了学习化社会，网络时代铺设了信息化高速公路，市场经济提供了公平竞争的舞台，高等教育大众化圆了更多人的"大学梦"等。这些特征全面加速了中国社会、经济、文化的深刻变化，必然对职业教育产生深远影响。面对这些新形势，传统的职业教育暴露出种种问题，需要进行全面的反思与创新。就中等职业教育而言，也需要构建符合时代特征的、与时俱进的新德育。

一 时代新特征对传统职业教育的挑战

（一）网络时代

由计算机民用化和因特网普及化所带来的网络时代改变着社会的方方面面，如人际互动的方式、人们的可接触范围、信息的可靠性与多元性、对知识的看法、对道德的把握、对已有文化遗产的理解等。

网络时代最主要的特征可归纳为如下几点：第一，网络最大的特点是超越时空性和开放性。由此，网络时代中的互动是全新的，它具有平等性、开放性、双向性、立体性等特点。第二，网络时代出现了一种全新的经济类型——网络经济。网络经济包括电子商务、网络金融业、网络通信业、网络技术产业等，这些都是新经济领域。第三，从人类生活空间的角度看，网络时代形成了一种全新的生活空间形态——"第三自然"或称"虚拟社会"。由于互联网是一个开放的空间，各种信息可以自由出入，这就不可避免地产生"信息垃圾"的充斥和黑客的频频袭击，特别是对缺乏识别能力的未成年人，其危害更大。第四，在网络支持下的学习，与传统的学习有很大的差别，具体体现为学习变成一种非正规的、跨学科的、对话式的技术性合作学习，它是以问题或话题为中心进行的学习。

对于职业教育体系而言，上述几个特征提出了新的要求，主要表现在以下几个方面：第一，网络时代要求职业教育采取更开放的办学形式，而不单单像以往那样以学校本位的、全日制正规学历教育为主；接纳更多的、不同类型的学员，而不单单是全日制的学生。第二，职业教育需要开设与网络经济相关的专业和课程以满足网络经济背景下社会发展的需求。第三，网络时代学习的新特点，要求职业教育课程展开的顺序以问题或话题为中心层层展开，而不是像以前那样把理论和实践完全割裂，系统地讲授学科知识。在职业教育中，其问题或话题往往是真实的工作任务，而课程就按照解决工作任务的顺序来展开。第四，网络时代的学习是一种合作性的，它既包括学习者之间的合作也包括办学机构和学习资源之间的优化组合及利用。第五，课程的网络化成为网络时代一个新的趋势。第六，网络时代对人才培养提出了新的要求，要培养学生的自控能力、判断能力和适应网络时代的道德素养等。

（二）知识经济

知识经济代表了当代新经济的主要特征。1996 年经合组织在其发表的《1996 年科学、技术和产业展望》报告中，全面系统地阐述了知识经济，并对之作了比较明确的定义："知识经济是指以知识（智力）资源的占有、配置、生产和使用（消费）为最重要因素的经济。"

知识经济的发展使得工作性质发生了根本性的变化，归纳起来主要表现在：第一，非熟练、半熟练工作大量减少，知识型工作大量增加，工作的完成更多地依赖个体的知识、判断能力、问题解决能力，以及对工作的积极态度。这种变化使得泰罗[1]时代那种被动、机械的技能型技术工人已成为历史，而主动的、弹性的智慧型技术工人已成为现代产业的主要支柱。第二，固定工作减少，部分时间制工作增加，工作流动加快，更换职业成了非常普通的事情。第三，技术革新造成许多工作合并，使得工作范围拓宽，在现代工作生活中，同一岗位上的个体相对以前来说要做更多的工作。第四，技术更新速度加快，导致工作类型和工作内容更新速度加快。第五，现代的工作更多的是一种团队组织的工作，要依靠群体合作来完成，而不是靠个体独立工作来完成。

---

[1] 泰罗："科学管理之父"，是科学管理的创始人，其思想产生于 19 世纪末 20 世纪初，主要著作有《计件工资制》、《车间管理》、《科学管理原则》等。

工作性质所有这些方面的变化，对传统职业教育目标提出了重大挑战，主要有三个方面：一是由于工作中知识含量增加，使得人才培养类型从技能型工人向知识型工人转变；二是工作范围的拓展，需要从单一技能的培养向"多面手"培养转变，一个技术工人往往需要掌握以往几个工人的工作内容；三是工作组织形式的变化，职业教育培养的人才不仅要具有单独解决问题的能力，而且要具备团队合作精神。

（三）学习化社会

"学习化社会"在当今世界已成为各国发展战略之一。美国学者罗伯特·哈钦斯（Robert M. Hutchins）对此所下的定义是：不仅仅只向人们提供定时定点的成人教育，而是在任何时候以学习、成就、人格形成为目的，成功地实现着价值传递，从而实现一切制度所追求的目标的成功社会。①

其基本特点是：第一，学习是全民自主的社会活动；第二，学习活动是个性化、多样化和终身化的；第三，学习资源实现了最大限度的社会共享。

学习化社会是由个体和组织的不断学习形成的，因此，越来越多的组织试图成为学习型组织，学校当然也不例外。有学者对不同性质的组织进行了比较，如表3—2所示。

表3—2 传统型学校组织、学习型学校组织和发展型学校组织的比较

特征	传统型学校组织	学习型学校组织	发展型学校组织
倾向性	教职员工与管理者培训	教职员工与管理者学习	教职员工与管理者发展
组织再造能力	弱	居中	强
人力资源的重要性	不重要	重要	不可缺少

---

① R. M. Hutchins, *The Learning Society*, New York：Basic Books, 1968, p.135.

续表

特征	传统型学校组织	学习型学校组织	发展型学校组织
关于成长与发展的假设	培训能够加强学校组织能力	创造力是学习型学校组织的动力	可持续发展是学校竞争力和再造能力的关键
对成长的期望	促进 SKA's *	持续的学习	学校组织再造能力和竞争准备力
发展性活动的类型	偶然式、交谈式、实践与附属式等类型的学习	先行培训后续学习	发展型学习
发展型活动的重点	知识的获取	应用和思考	变革和持续的成长与发展
发展型活动的成果	理解	超越和自我意识	新思路、再造能力和绩效水平
组织战略重点	市场占有率/学生学业成绩	学习是改善学校经营成果的关键	通过教职员工成长和专业发展以及学校的经营成本实现教育目标
领导模式	独裁式、交互式领导	交互式、轮换式领导	发展型领导
组织结构和工作氛围	部门化,正式的等级制度,没有或是很少教职员工参与学校工作	团队/项目导向鼓励和奖励个人与团队的学习	从整个组织体系的角度来考虑学校发展过程中的问题
领导者的角色	领导者	协调者	全盘考虑和发展拥护者
管理者的角色	管理者	学习伙伴	绩效教练
员工的角色	员工	自我引导的学习者	发展能力的提高者
人力资源专家的角色	人力资源专家	员工拥护者	绩效咨询者组织的发展型变革代表
学校组织变革的动力	没有	强调学习	强调发展

注:S 代表 Skill(技能),K 代表 Knowledge(知识),A 代表 Activity(活动,强调具体活动)。资料来源:[美]杰瑞·W. 吉利等著,卢馨等译:《超越学习型组织——通过领先人力资源管理实践创造一种崇尚持续成长与发展的文化》,经济管理出版社 2003 年版,第 10 页,有所改动。

学习化社会和学习型组织的这些特点对职业教育体系最大的挑战在于如下几点：

第一，终身学习是学习化社会最核心的特点，因此对于职业教育体系而言，应当提供终身学习的机会，把整个职业教育体系纳入到终身教育体系之中，而不仅仅是就职前的教育和工作中的培训。

第二，职业教育应当满足不同人的不同需要，使得学习者无论从怎样的起点，无论以怎样水平的目标，都可以方便地"各取所需"，真正实现学习者学习活动的多样化和个性化。因此，对于职业教育目标就要求不仅注重社会的需求，也要注重个体的需求，注重每个人的职业生涯发展。

第三，学习化社会中个体的学习是贯穿于人的一生的，因此职业教育的运行不单单是正规的、学历的、刚性的体系，更重要的是构建具有包容性和多样性的弹性运作体系，实现学习资源的最优化利用。

第四，就中职德育而言，也必须考虑如何纳入终身学习体系？如何促进个体的终身道德学习？以及提供什么样的条件、方法等来实现个体的终身道德学习。

（四）全球化

全球化，最普遍的理解是经济全球化。不过，它已经渗透于整个社会，包括经济、政治、教育等领域。西方甚至出现了"全球境"（glo-bality）一词，意在向人们昭示全球化日益成为我们可以感受到的、无处不在的现实，它已经成为我们的生存境况。在中国更多的体现为加入世界贸易组织以后所引发的种种变化。

全球化最为本质的特征是流动性和选择性，在流动和选择的过程中，产生了国际性和趋同性，由此出现了"地球村"的概念。与此同时，还引发了对几对矛盾的探讨：全球性和本土化；国家性和民族性；中心论、一元化和解中心、多元化；保守和开放。

全球化以我们不可忽视且不可回避的速度改变着世界各个角落，它对职业教育的发展也提出了种种挑战：

第一，由于流动性和选择性的大大增强，于是职业教育培养的人才不仅仅要考虑其岗位适切性，还要考虑岗位的可迁移性，那么对于学员关键能力或核心能力的培养就至关重要。

第二，同样是因为流动性的特征，促进了劳动力和人才的跨地域流动。这就拓宽了职业教育的培养目标,职业教育不仅仅要培养本国本地区经济发展所需要的人才和劳动力,更要像澳大利亚那样培养"世界级的工人"。

第三,全球化使得个体的选择余地越来越多,那么职业教育在办学过程中将面临引进国外的先进课程,以及出口本国的优秀课程,同时出现校园国际化倾向。

第四,在课程开发的过程中,我们不得不面临全球化所带来的矛盾,特别是全球性和本土化的矛盾,在选择和开发的过程中,应当放眼全球,立足本土。

(五) 市场经济

市场经济代表着一种在一定规则下自由、平等交易的经济模式。它已经成为越来越多国家所选择的经济模式。其核心特征有两点:

一是需求导向,即消费者利益至上。具体体现为:(1)生产者(或服务的提供者)必须重视并尽力满足消费者的需求;(2)产品(或服务)质量的好坏,应由消费者来评判;(3)消费者应该参与生产(或服务)过程的管理和产品(或服务)质量的监控;(4)消费者必须拥有神圣不可侵犯的自由选择权。

二是公平、自由的竞争。市场经济提供了一个自由竞争的舞台,所有的人都按照公平的原则和其他市场规则进行交易。

从计划经济到市场经济是一种经济模式的转变,它对于职业教育体系的挑战是巨大的,具体体现为以下两点:

第一,按照第一个核心特征,那么在职业教育领域,职业教育服务的提供者是职业院校,职业教育服务的消费者是学生、家长和用人单位。由此,市场经济对职业教育运行模式和课程开发所提出的要求是,培养目标、内容、方法、评价等应以消费者的需求为导向,开发出的课程要符合行业/企业的用人标准,符合学生的个性发展,符合家长对教育的期望。

第二,按照第二个核心特征,在职业教育所培养的人才中,除了到各行各业就业外,还可以自主创业,因为市场经济不像计划经济那样,而是创设了创业的空间和环境,因此职业教育的培养目标和课程就需要添加这方面的内容。

（六）高等教育大众化（higher education massing）

根据美国社会学家马丁·特罗提出的高等教育大众化理论，世界各国都陆续实现了大众化，整个教育从精英教育时期走向大众教育时期。在大众教育时期，整个教育系统呈现出新的特征：一是出现多元人才观、质量观和发展观；二是教育竞争格局的改变使得职业教育地位上升，职业教育成为大众化的重要途径；三是教育一改原来的"高姿态"，转而注重市场的需求；四是调动所有可调动的社会资源办最出色的教育，教育资源不断优化；五是"学历至上"受到冲击，形成新的就业观。这些新特征在为职业教育带来无限机遇的同时，也对职业教育体系提出了新的要求，主要有如下几点：

首先，由于大众化教育对教育规模、质量和类型都有新的需要，因此职业教育领域除了国家办学和地方办学的公立院校之外，将会有越来越多的社会资本投入，发展私立院校，形成公私合力、优势互补的新型职业教育结构体系。

其次，职业教育要在竞争中赢得优势的关键是要培养行业、企业所需要的应用型人才。这就要求其课程内容针对行业需求，充分体现实用性的特色。

再次，大众化教育所倡导的多元人才观也将改变职业教育趋同于普通教育的学术质量观，而是拥有符合自身特点的新型质量观。

最后，高等教育大众化以后，现有的中等职业教育在很大程度上成为高等教育的预备性升学教育。

当然，新时代所体现的这些新特征之间是相互关联的，不能截然分开。例如，网络时代支持着知识经济以及全球化的发展，学习化社会的形成需要大众化教育做基础等。正是在这些特征的合力作用之下，对传统职业教育包括中职德育提出了一系列挑战。

二 时代新特征与传统中职德育的冲突

在科技赋予人类全新的行为可能性及这种行为可能造成的后果的威胁面前，人们一下子丧失了方向：往后看，传统的宗教、艺术观念在提供行为指南方面已经无能为力；往前看，相应的具有普遍约束力的行为法律、法规尚未建立。上述时代的新特征不仅对整个职业教育形成了巨大挑战，而且对中职德育也造成了不小的冲击。这些冲击主要表现为新的时代特征与德育传统的冲突上,主要表现有四点:第一,市场经济文化与传统道德文化的不一致;第二,多元价值观与传统的统一道德观的冲突;第三,独立个体与道德底线的维持;第四,高新技术层出不穷和技术伦理的缺场。下面就逐一阐述。

(一)市场经济文化与传统道德文化的冲突

在时代新特征中,非常核心的一点就是中国经济形态从计划经济走向市场经济。我们必须承认,市场经济的引入对中国经济建设与发展、社会进步都具有不可磨灭的贡献,对教育也是如此,特别是对于职业教育的发展具有相当大的促进作用。但市场经济所营造的文化同传统的中职道德文化存在着不一致。

在市场经济文化中,在理论上是以个人成就或者说个人能力为标准进行社会资源(如社会地位、权利、财产等)及自然资源(如土地、野生的动植物、矿物资源等)的分配。由此,对资源的占有象征着一种个人的能力,也可以理解为,获得资源的人就是市场经济中的强者,因为,从整体上来说,资源是有限的。这就是所谓的市场经济中的强者逻辑。根据市场经济的强者逻辑,强者就代表了合法性,强者优先占有社会资源具有不可争议的合理性。

这样一来,在市场经济的文化中,必然孕育出为了获得更多资源而不断竞争的人们,因为这象征着胜利和成就。正如孙彩平博士所总结的那样:市场经济文化一方面是被唤醒的欲望有着被满足的迫切需要和合理性;另一方面,生活及个人的现实却不能为欲望的实现提供充分的条件。① 在这样的文化中,职业人为了充分获得自身的利益,在公平、自由和平等为首要原则的市场中,仅仅遵循最起码的不侵害他人利益的道德,这种道德是规则性的、低层次的,甚至可以说接近法律的层面。也就是说,职业世界的人们就业往往是为了获得物质利益,追求最大可能的物质占有,而对道德中精神层面的追求在市场经济的竞争大潮中被冲得无影无踪。

而中国传统的道德文化是一种追求境界的文化,中国传统教育主要是

① 孙彩平:《道德教育的伦理谱系》,人民出版社2005年版,第228页。

以德"修身"的教育。在整个学校德育中，更注重的是对道德理想的追求和对道德原则的培育。当然，不可否认的是，这种追求是有一定的阶级目的和政治目的。随着时代特征愈来愈明显，市场文化对中职的影响越来越大，经济因素的影响远远大于政治影响。于是，就出现了本书一开始提到的企业对中职生素养的种种抱怨。显然，在企业看来，学生在中职所受到的教育是大而空的，没有充分接触详细的道德规则，往往表现出对道德问题的不敏感性和处理不当，较难适应企业的道德文化。

这一冲突本身体现了市场经济文化对整个中华民族传统文化的冲击，对中职德育的影响只是其中的一种表现而已。但事实上，在这一冲突中，无法判断市场是完全正确的，或者传统是完全正确的，因为两者各有偏颇，关键在于如何达到和谐。

（二）多元价值观与传统的统一道德观的冲突

新的世纪带给我们的新时代，是一个从一元走向多元的时代。其多元化表现在社会整体的价值观念上，这种多元价值观在很大程度上解放了人们的思想，张扬了个性，促发了许多丰富多彩的理论和社会生活方式，包括教育上的繁荣，但与此同时，它往往也直接导致了道德相对主义。正如金生鈜教授所指出的那样：道德的基点转移到了个人的处身性感觉上，每一个人所选择、所推崇的道德价值都是对等的，没有道德价值的层次与次序。① 从不同的角度，可能得出不同的价值观和道德观。由此，社会道德共识越来越成为真空地带。这就是在多元时代中道德观的基本走向，在西方这种趋势已经出现，且成为批判的对象。

而中国传统的道德观念是一种千人统一的道德观，所有的人遵循的是几乎完全一致的道德秩序，这一道德秩序旨在服务于统治阶级的领导。在传统道德观影响下，一切的道德都是社会公认的，是所有公民的共识，不需要进行专门的强调，是不言自明的。但是，很显然这种传统和新时代特征下的多元文化是很难相容的。于是，在时代特征逐渐深入影响社会每一个部分的时候，人们在两种价值观面前显得有些无所适从，导致一部分人产生怀旧心理，试图回到过去；而另一部分人则认同多元价值观，抛弃了所有的道德共识。这两种都将导致道德生活的无序和不正常。

---

① 金生鈜：《规训与教化》，教育科学出版社 2006 年版，第 90 页。

这种一元同多元之间的冲突在中职德育中常常表现为如下悖论:学校试图继承大而统的传统,对学生进行千篇一律的灌输式道德教育,而中职生又身处多元价值观的现实社会,于是,就会产生学校所教与学生所看到的、所经历的不一致,从而导致了个体的道德混乱和德育困境。在这样的冲突中,中职生变得无法判断、无从选择,从而引发了整个社会道德的混乱。

(三) 独立个体与道德底线的冲突

第三对冲突实际上也是由多元时代所引发的。在多元价值观下,原本社会一体的格局被打破,取而代之的则是独立个体的凸显。比如,现代社会的学校教育中常见的词汇是"张扬个性",社会风尚是追求"另类"。由此,个体的人彼此以自我为中心,社会因此越来越具有机器化的特征,个体在社会机器中有一个固定着的位置,但却与社会失去了归属情感的联系。个体化成为主体的实践行为,成为个体在生活中的自我建构的个体性行为。只要"我"是独立自由的,"我"就是一个主体,一个能够完成和实现自我的个体性的主体。如果"我"是自我决定的,"我"也就是自己的客体,即"我"是自我改造也就是成为自己期望的个体的行为对象。"我"在这样的成为一个自我的主体的过程中,"我"这个个人主体成为自己行为的客体。这种悖论使得个人难以承担整体上把握自己的使命的任务,只好把个人孤立化和肢解化。实际上,主体是个体化的自己,个人成为个体化的单个的人。[①]

我们尚且不用去讨论这种独立个体是否获得了真正意义上的"独立",或者是否可能获得真正意义上的"独立"。但至少这种新的时代特征使得人与人之间的关系出现了不同于往常的生疏和冷漠,人与人之间的交集变得越来越小。

这种现象在道德生活中,常常表现为个体对任何事都持自己独有的见解,而这些不同的见解之间没有共同的依据,而仅凭个体的感受。在个体多元化的感受引领下,社会道德共识越来越少,一直威胁到最基本的"底线伦理"。于是,出现了人们常常谈到的社会失范:职业世界中的渎职犯罪率上升、贪污受贿、制假买假、公款私用等,人们也开始越来越担

---

① 金生鈜:《规训与教化》,教育科学出版社2006年版,第92页。

心平时的生活用品是否安全、食品是否卫生、有无添加有毒有害物质等最基本的、处于底线水平的职业道德问题。

上述三种冲突是新时代与传统时代特征之间的差异所引发的，但我们不能武断地说哪个时代就一定是好的。诚然，冲突是无法避免的，历史也不可能倒退回去。但课题组认为，这些冲突对个体和整个社会道德的发展与完善，包括中职德育的进步，是非常有好处的。因为，冲突更容易引发混乱，混乱必引发反思，反思导致理性的选择，从而推动道德本身的发展和道德教育的前进，形成符合时代的、和谐的道德观及道德教育。

（四）高新技术层出不穷和技术伦理缺场的冲突

现在是信息化时代、数字化时代、创新的时代，也是高新技术层出不穷的时代。在这样的时代中，新技术的发明和运用成为改善生活和生产方方面面的关键因素之一。

然而，新技术的不断涌现也带来了其自身的问题，即技术开发本身的伦理性。例如，克隆技术的出现宣告了基因研究的重大突破，但同时也出现了相关的伦理问题，即是否能随意克隆人及动物，是否侵犯人身权等。又如，机器人的发展随着技术的创新不断智能化，那么是否能够让机器人来管理真人，这又是一个典型的伦理问题。

总之，技术的不断发展和进步必然带来传统伦理无法解决也不能预测的新问题，这些就促使技术哲学发生伦理转向，产生技术伦理学。

尽管技术伦理已经在一定范围内开始研究，但是在中职德育中仍然处于缺场的状态。然而，中职培养的人才主要是高素质技能和技术型人才。倘若这类人才没有经历技术伦理教育，那么其后果可能是不堪设想的。显然，技术伦理教育是新时代赋予中职德育的一项新使命。

三 新时代中职德育的要义

当然，现有的时代特征未必是最完善的，这些特征所形成的文化未必最适合道德的养成。正如叶澜教授在《试论当代中国学校文化建设》一文中指出："真正面向未来的学校文化，恰恰是扎根于传统与现实的文化土壤中，能孕育出超越历史与现实的文化。学校文化本身也应体现指向未来和超越的本质。"德育是构成学校文化非常重要的因素之一，因此德育除了要理解传统，立足现实外，更要致力未来，追求卓越。

（一）整合的道德观

在市场经济文化中，人们从传统上对精神的追求转向对纯物质的追求，正如鲁洁先生所言，当经济成为主宰社会生活的唯一要素时，物质主义必然成为人类的唯一信仰。于是，道德无处可放，便失去了对人的行为的监护权。这种唯物质主义的观点在西方遭到的批判一直没有停止过。如西斯蒙地指出，政治经济学的真正对象应当是人而不是物质财富。资本主义所创造的大量财富并不能证明人的真正幸福。康德认为，在一个认为自己立法的"目的王国"之中所崇尚的是人格的尊严而不是物质财富的积累。黑格尔也提出，当人们听命于财富的奴役时就将失却人的自主性，失去自己的本质。

诚如胡塞尔所说："实证科学已是在原则上排斥了一个在我们不幸的时代中，人们对命运攸关的根本变革所必须立即做出回答的问题：探问人生有无意义。"科学和技术以及其中包含的工具理性只是实现人生存价值的"形而下"的手段，但唯科学主义却将其作为终极目的来认同，把人生的全部意义都倾注于这个"形而下"的世界中。①

在市场经济的文化下，其道德是一种不健全的道德。但我们不可能逃离市场经济，只有设法超越它本身的弊端。道德要讲求规则没错，但更重要的是对这些规则的提升，崇尚一种精神追求，尽管它不一定能够达到，但追求本身具有生命的意义和价值，因此，将传统道德教育中道德理想和道德原则与道德规则相结合的道德观才是符合时代，又不失道德本质的做法。

在市场意识席卷全社会的今天，在中职德育中，一方面让学生认识并遵守内涵丰富的道德规则；另一方面强化学生的职业精神和道德理想，是很有必要的。这种道德观将传统文化与现代文化相结合，成为整合的道德观。但是这种整合并非拼凑和叠加，而是把两个本来就存在联系的东西回复到它们原先统和在一起的模样。既不像传统的中国道德文化那样，只强调精神追求，也不像西方道德文化那样，只强调规则，而是将两者有机地结合在一起，即个体在不懈追求道德理想和职业精神的同时，为了达到目

---

① 鲁洁:《道德危机：一个现代化的悖论》，载《中国教育学刊》2001 年第 4 期。

标而自觉地遵守相应的道德规范。

（二）恪守底线伦理

在多元时代和个体凸显的今天，强调一种达成社会共识的基本的底线伦理是有必要的，是将传统与现实相契合，又体现道德基本形态的方式。

近年来，有许多学者开始研究"底线伦理"。如孙美堂在《耻感、罪感和底线伦理》一文中指出："当代中国社会最严重的价值危机不是道德理想的失落，不是功利主义和世俗文化的泛滥，而是中国文化中底线伦理在一定程度上的崩溃。底线伦理崩溃表现为人必须遵守的最起码的伦理道德发生危机；在这种情形下，理论工作者撇开保卫最起码、最基本的底线道德的任务，高谈构筑 21 世纪现代价值和文化理想，是不现实的。"① 何怀宏先生提出：底线伦理是指在现代社会中，"要作为一个社会的合格成员，一个人所必须承担的义务"，主要表现为一些"己所不欲，勿施于人"的基本禁令。就底线伦理的性质而言，它首先是与传统等级社会中精英道德相对的现代平等社会的普遍道德；其次，它是相对于人生理想的基础道德；最后，它是相对于世界观理论体系的优先性和独立性的道德："道德底线虽然只是一种基础性的东西，却具有一种逻辑的优先性：盖一栋房子，你必须先从基础开始。并且，这一基础应当是可以为有各种合理生活计划的人普遍共享的，不宜从一种特殊的价值和生活体系引申出所有人的道德规范。"② 可见，对于"底线伦理"的呼唤已经成为这个时代的声音，这一声音的发出，实际上是对我们所处的这个时代的缺陷作出的积极反思，是试图超越时代特征的呼吁。

在新时代中，我们的中职德育也非常缺乏这种底线伦理，特别是在职业道德教育中。以往的德育往往不分层次，没有优先性和重要性，即使涉及底线伦理的内容，也没有突出其基础性的本质，和一般的道德原则混在一起。因此，寻找和恪守这些职业底线伦理，进行合适的教育是当前中职教育不得不承担的责任，以此来避免社会上已经不胜枚举的渎职现象，以

---

① 孙美堂：《耻感、罪感和底线伦理》，载陈新汉等主编《现代化与价值冲突》，上海人民出版社 2003 年版。

② 何怀宏：《良心论——传统良知的社会转化》，上海三联书店 1998 年版，第416—417 页。

防这种不明底线、突破底线现象的屡禁屡发,进一步泛滥。

(三) 建立共同信念

博恩哈德·祖托尔认为:"多元化指多种社会力量独立地追求其利益,它们互相竞争,不从属于一个给定意义的主管。"① 这种导致个人和集团自己决定生活方式的解放的多元化,伴随生存领域 (社会子系统) 的自律化发展,给现代社会的人带来了前所未有的物质和文化财富,但同时也使社会的道德约束减弱了。②

但是,即使再多元化,社会秩序也必须要有一种基本价值。于是,祖托尔提出了"共同信念",他所指的共同信念是一种不同于底线伦理和终极精神的、次终极的价值,认为公民在"基本价值"上的一致,对于"好的政治和好的制度"是不可或缺的。他是这样论证的:多元化的社会依赖于这样的一致。为了解决日常的利益冲突,人们需要规则一致;为了确定规则本身,需要秩序一致 (这涉及原则和政治制度);而为了秩序一致,就需要一定程度的价值一致。这就是说,形式程序实际上是一种绝对必要的共同信念的表达。在多元化社会中这种绝对必要性不再能够得到普遍承认的话,社会将会陷于困境。而这种"共同信念"的形成是一个动态的过程,是一个宪法一致及其在社会中的奠基问题。③

课题组赞同他的这一观点,因为底线伦理固然重要,但它仅仅能够避免一些消极事件的发生,意在保障公民的基本权利,并不代表能够以一种积极的方式处理各种社会关系,共同信念则在更大程度上强化了其承担责任和养成德性的重要性。这种共同信念在学校教育中就显得更为重要,因为工作情境主要讲求的是底线伦理,是必须做到的,学校培养的目标不能仅仅是这些,需要更上一个层次,从人的和谐发展出发,重在其普遍德行的养成,有了这种内化的德行,才能确保在制度不完善的情况下,依然坚

---

① [德] 博恩哈德·祖托尔:《简明政治伦理学》,德国波恩联邦政治教育中心1997 年版,第 78 页。

② 陈泽环:《底线伦理·共同信念·终极关怀——论当代社会的道德结构》,载《学术月刊》2005 年第 3 期。

③ [德] 博恩哈德·祖托尔:《简明政治伦理学》,德国波恩联邦政治教育中心1997 年版,第 80—91 页。

持底线伦理；同时，也成为从遵循底线伦理到追求职业精神的中间阶梯，是达成道德教育完整化和一体化的重要环节。

因此，在多元时代中，中职德育需要进行符合时代的底线伦理教育，更需要进行超越时代本身的共同信念的教育。

（四）融入技术伦理

时代的发展对从事技术技能的人员提出了伦理要求，这些要求是符合社会稳定发展需求的，符合培养合格职业人要求的。在培养技术技能人才的职业教育中，应当纳入此类教育，并把它作为培养合格的高素质技术技能型人才基本道德素养的重要组成部分。

道德尽管不像政治那样更替频繁，但道德也是在不断发展的，不断完善的，因此，中职道德教育也需要与时俱进。

第四章

探讨:新时代中职德育的基本取向

目前中职德育由于自身原因,即扭曲和偏离导致的困境,以及时代赋予的种种新挑战,而亟待改革。综合第二章的调查结论和第三章的原因剖析,本章试图结合新时代中职生的基本特点,对影响中职德育定位与发展的几个焦点问题进行澄清,并基于此明确中职德育改革与发展的基本取向。

第一节　新时代中职生的特点分析

在讨论新时代中等职业学校德育的基本取向之前,非常有必要了解我们面对的教育对象是什么样的,了解其特点和特殊倾向,才能有实效地开展道德教育。

对于中职生的基本特点,已经有不少学者作过总结和归纳。课题组在前后三次调研中,与教师、学生都打了不少交道,发现这一代的中职生不同以往,有着自身的特点。这里就结合文献和调研情况客观地陈述一下当代中职生的基本特点。从年龄上看,新时代的中职生是 90 后的一代;从心理上看,他们处于"狂风暴雨期"和第二次危机时期;中职生更是同辈群体中特殊的群体。下面就一一分析。

一　从年龄上看,新时代的中职生是 90 后的一代

对于 90 后,社会舆论讨论的已经非常多了。有舆论说,自从人们意识到 90 后的存在,90 后就以一种夸张的形象进入人们的视野。广东开平

凌虐同学的少男少女是 90 后，以丑闻轰动网络的"贱女孩"是 90 后，使用火星文的主力是 90 后，众多着装怪异的"非主流"是 90 后，最近引起轰动的"摸奶门"、"脱裤门"、"耳光门"、"秋千门"、"邯郸大学教室做爱门"等事件的主人公也是 90 后……90 后在重塑着"第一批真正的现代中国人"的形象，令许多老一辈人不适应的是，"他们仿佛跟我们不是一个物种"。那么，90 后究竟有哪些特点呢？

（一）90 后是第一代互联网"原住民"——同时生活在虚拟和现实生活中

对于 90 后来说，其实不用区分网络话语体系还是现实话语体系，因为网络话语系统早在他们的生活中广泛地应用了，如 PK、MM、BF、LP、hv、u 等。曾经听一位中职教师说，她偶尔看到学生发短信，居然发现都是符号、数字等，她完全看不懂。她不禁感叹说，这已经不是代沟的问题了，更严重的是，同为中国人，却产生了语言障碍。如果说网络时代给 70、80 后带来许多便利和快捷的话，那么给 90 后带来的就是生活中不可或缺的一部分，他们是真正的互联网"原住民"。

（二）90 后安于优越，追求享乐

90 后在中国多是独生子女，是改革开放后在优越的家庭环境中成长起来的一代人。90 后受到父母的百般关爱，他们认为是理所当然的，他们乐于接受并享受这份优越。他们并不在意自己的享受是建立在别人的付出之上，反而泰然自若。90 后的成长就两个字：缺练！作为完全独生子女的一代，90 后自称有过残酷青春，与父辈相比这种残酷又算什么……由此，追求即时的享乐是 90 后普遍的特征之一，父辈身上那种吃苦耐劳的精神在他们眼里是可笑的。

（三）90 后为人处世有着独特的规则

90 后有着自己的处事原则，并默默营造着自己的游戏规则。这个游离于主流社会之外的群体，有自己不容忽视的成长出口。他们体现最明显的五大特征是："有网络无生活，有游戏无规则，有祖国无国界，有传统无禁忌，有朋友无利益。"正如 90 后的代表，"快乐女生"曾轶可所言：90 后敢爱敢恨，但是表达出来就只是淡淡的。我是 90 后里面最大的人，跟 80 后也谈得来。我收到的礼物，很多就是天涯网站的那一群"80 的前奏，70 的尾巴"给的。年龄无所谓，心理年龄 OK 就 OK。正如哈佛大学有位教授所预言的,21 世纪将迎来一个有 "我" 无 "们" 的时代,也就是说,那个时代的人以自我为中心,可以没有朋友甚至爱人,因为网络可以解决所有这些人际交往的需求。在 90 后身上已经凸显这种倾向的端倪了。

（四）90 后乐于展现自我,张扬个性

90 后成长和生活的年代正是娱乐从娱乐圈走向大众化和平民化的时代。以往,娱乐只是娱乐圈的事情,百姓只是看看、听听罢了。而当前,正处于一个娱乐大众化的年代,所有人都有机会参与到娱乐中,出现了许多平台选秀,让人们可以实现 "一夜成名" 的梦想。在这么一个 "选秀时代"、"粉丝时代",年轻的 90 后自然积极参与,张扬个性,展现自己独有的一面,试图与众不同。这些与他们的前几代具有非常鲜明的反差。

与 90 后交往的十条原则①

第一条　要明白什么是 "90 后",就不要将 "90 后" 叫 "90后"。

放弃按年代划分人群这种愚蠢做法吧,人当然会被出生的时代所影响,但这种变化绝不会恰巧在每个年代的第一年发生。

第二条　要理解 90 后,就不要把 "彻底" 理解作为目标。

理解代沟是克服代沟的最好办法,但请把解析 90 后思维诞生原理的任务交给社会学家。通俗点说,你又不是 90 后,怎能彻底了解90 后为什么这样想?

第三条　要试探 90 后的禁忌,就不要和 90 后谈禁忌。

各种 "90 门" 足够让我们杞人忧天。卫道士认为 90 后代表的是世风日下,也有人认为 90 后活出了自我。或许我们应该撤去说教的嘴脸,重新分析那些他们触犯的禁忌哪些需要警惕,哪些只需一笑而过。90 后大可百无禁忌,如果对他们亦对社会无害的话。

第四条　要防止 90 后变成美国人,就要学习美国父母。

他们生活在全球化环境之中,动画片的影响有时超越了父母和老师。既然如此,不如向美国父母学习一二,让他们在自己的试验中获

① "与 90 后交往的十条原则"。http: //tieba. baidu. com/p/724583623

得属于自己的道理。西方的一套当然不是全对，但应该让90后自己明白这个道理。

第五条 要说服商业时代诞生的90后，要先明白商业社会的生存原则。

他们生于商业化社会之中，恋爱都讲究"短、频、快"。让他们自己权衡利害，比理想主义教育更加有用。有媒体奉劝不要对90后忆苦思甜，不必苦口婆心，不要和90后谈父母很辛苦，因为他们只会回答你："那他们这么辛苦干什么？"

第六条 要明白90后的逻辑，就不要和90后讲逻辑。

90后的逻辑很多人表示无从理解。大可坚持你的逻辑，在90后面前坚持你的意见，但没有必要将虚无缥缈的逻辑性用来攀比、谴责与嘲笑。准备迎接多元社会吧。

第七条 要让90后不要沉溺于网络世界，最好用网络工具说服他们。

90后活在一个由QQ空间、猫扑、劲舞团、魔兽世界等组成的虚拟社会里。你可以选择匿名窥探他们的隐私，也可以大胆在网络上与他们交流。试着接受他们的交流方式，你会发现大家其实还是有共同语言的。

第八条 要教育90后，就不要试图当90后的老师。

你必须明白他们生于信息化社会。你知道的未必超过百度知道，你隐瞒的未必在论坛就看不到。在信息相对透明的这个时代，与其端起架子，不如与孩子来一场辩论。

第九条 要看清90后，就不要当看客。

回顾自身，过去10年你的思想经历了怎样的动摇与变化？在你依然因为你的价值观而迷茫的时候，先不要急着谴责。若要和90后谈理想，必须自己先有理想；若要批评90后，就要先批评自己。动物园外手舞足蹈的无知游客，岂不是比猴子更可笑？

第十条 要和90后谈平等，但不要苛刻的平等。

面对的社会环境不同，每代人都有自我调节。"宁欺白头翁，莫欺少年郎。"90后胜在青春无敌，他们面临改变这个世界的任务，谁知道拧巴的你，是不是事物发展所必须面对的阻力的一部分？

二 从心理上看，90后处于"狂风暴雨时期"

中职生的内心世界是极其复杂的，有着许多值得教育者关注的心理特征:

第一，善于交往，渴望独立。

善于交往是中职生的一个明显特点。无论是任课教师还是班主任都能感受到，中职生很喜欢跟人打交道，而且很善于跟人打交道。与普通高中学生相比，中职生更擅长"察言观色"，更能够善解人意。即一方面，他们乐于进行人际交往，交往频率高，交往能力强;另一方面，交往的对象更加广泛，不仅仅是教师、父母、同龄人，而且有更多的社会人士。他们在交往中常常传达出一个信息，就是他们认为自己已经长大成人，什么事情都可以自己解决，不需要别人的参与，更不需要别人告诉他们怎么做是正确的。

第二，认知模式职业化，职业能力得到发展。

职业教育重技能的教育模式和教育环境，把中职生从升学压力中解放出来，使其可以充分发挥自己的特长，培养自己的兴趣爱好。职业教育是一种定向明确的教育，系统的专业学习为中职生思维品质等认知能力的发展打上了专业的烙印，他们寻求解决问题的途径多了一些专业的新视角，与职业相关的心理品质与能力也得到了相应的培养。

第三，标新立异，勇于表现自我。

与普通中学的学生相比，中职生表现出比同龄学生更明显的社会化倾向，表现为戴首饰，穿奇装异服，竭力地标新立异，寻找一种领导和追逐潮流，做社会的"新新人类"。其原因是，90后试图表现自我，但是这些孩子无法在社会认可的学业或者成绩方面获得别人的关注，只能另辟蹊径，让别人对他们投以关注的目标，当然不惜以抢眼的服饰等装扮自己。教育者面对这些他们难以接受的现象时，有必要思考其背后的心理需求，而不仅仅是一味地指责或是投以不屑的眼光。

第四，自卑与自尊交织，内隐心理冲突。

在社会对职业教育还存在着一定偏见的形势下，一些中职生认为，自己与同龄人比较，未来似乎比较渺茫，因此具有一定的自卑心理。这种自卑心理与强烈的自尊心交融在一起，使他们变成了内心冲突的个体，表现在行为上就是无所适从、怪异，有时甚至用过激的行为方式去掩饰自己可能受到的伤害，比如逃课、顶撞教师、打架斗殴等违纪违规现象，这些其实都是自卑与自尊交织的表现。特别是在人际交往过程中，中职生尽管需要得到成人的指导，但总觉得应有自己的隐私和秘密，更重要的是，他们觉得自己的想法家长和教师是不会理解或不关心的，所以不愿意将自己的心里话告诉家长和老师。但是，在心理咨询中，我们还是发现很多学生真诚地告诉心理咨询人员很多平时不会提及甚至羞于启齿的问题。这说明，他们的内心是渴望寻觅心理支持的，他们需要真诚的理解、关爱、呵护和帮助。

第五，情感的丰富与心态的浮躁并存。

处于青春期的中职生情感原本就丰富而敏感，加之职业教育学习环境相对宽松，为中职生个性的发展提供了平台，使其人际沟通能力得到发展，为中职生相互之间的心理影响提供了"群体动力环境"。因此常出现我们成年人难以理解的"热"，一些中职生在追求新潮中宁可失去自我也乐此不疲，表现出浮躁的心态。

三 从群体特征来看，中职生是同辈群体中的特殊人群

从群体特征来看，中职生由于背景和经历的不同，整个群体呈现出不同于普通高中生的特点。

（一）三大类问题聚集

在我们的中职生身上，聚集了三大问题：

第一，基础教育中的遗留问题。一般来说，九年义务教育无法解决的纪律问题、学习习惯问题、心理问题等，都随着中考的网筛聚集到中等职业学校，他们常常是义务教育里面的问题学生。

第二，未成年人的不成熟问题。同高中生一样，他们有着该年龄段的特征，不成熟和叛逆，这些特征在中职生身上可能表现得更为明显，因为他们的自控能力相对弱一些。

第三，家庭等社会问题。据有关调查表明，中职生中一半以上的人来自社会边缘群体，如单亲家庭、离异家庭、低收入家庭，甚至家庭中有成员吸毒、酗酒、犯罪等，是一个相对缺乏健康家庭生活和家庭教育的群体，因此，在他们身上留有社会边缘群体的烙印和深重的心理影响。

当然，这些我们无法改变，但对于教育者而言，首先要基于理解，才能逐渐影响我们的孩子，道德教育就是一种以生命影响生命的活动，缺乏理解的教育只可能归于无效。

（二）特定的职业目标

中等职业学校和普通高中最大的区别在于培养目标上。中等职业学校以培养合格的"职业人"为目标，职业技能和素养而不仅仅是学科知识的掌握才是中职生的目标。毕业后，大部分中职生往往直接从学校踏入社会，而不是从中学进入大学。因此，在中等职业学校中，要实现三大转变：

- 从学生到职业人转变的最终诉求；
- 从基本素养到职业能力的发展需求；
- 从"自然人"到"社会人"过渡的成长的需求。

（三）特殊的习惯倾向

1. 讲义气

在中职生身上，我们常常会发现他们有一种江湖义气，对自己认为是哥们的人特别讲义气，这种义气往往局限于非正式组织或小团体中间，这种义气甚至可以置校纪校规、法律纪律于不顾。有种"为朋友两肋插刀"的勇气，但时常缺乏必要的理性。

2. 趋中效应

在普通高中，人人都争当优等生和尖子生。而中职生进校时，分数的差距是非常大的，极端情况可以相差 200 分左右。这也就意味着，进校之初，有一部分是尖子生，只差几分没能进入高中。很有意思的现象是，一年以后，你会发现，这些原来的尖子生开始徘徊在班级的中游，似乎生存在中游是最为安全的。这就是中职生身上的趋中效应。

3. 旁观效应

16—18 岁的年龄往往是热血青年的年纪。中国历来很多革命运动也都起源于学生运动。但是，这种热血和团结在中职生身上却比较少见。当一个学生被教师批评时，其他学生的反应常常是冷眼旁观，直到类似的事情发生在自己身上时，他们会用教师对待其他学生的案例作为与教师讨价还价的依据。这种"旁观者"的心态或许是由于他们在义务教育阶段受伤太多造成的，不愿意轻易表明自己的态度，可视作一种自我保护的现象。正是由于这种心理，在一定程度上，造成中职生合作意识相对缺乏。作为教育者，有必要探究他们的心理需求，特别是安全感的需求，然后有力地引导和感染他们。

综上所述，我们需要清楚地看到，我们的教育对象是生活在"网络时代"和"娱乐时代"的90后的一代，是处于"狂风暴雨期"的特殊学生群体，因此，需要我们给这些特殊的学生以特殊的关怀。

针对上述特征，道德教育的实施者至少有如下几个方面值得注意：

第一，中职生是互联网第一代网民的特征提醒我们，他们非常强调效率，因此要避免啰唆。从网络语言的表达方式中，我们可以知道，网民常常用缩写、符号、数字等代表他们要表达的意思，这就预示着他们希望通过最快捷的方式表达最丰富的内容，而不管其中是不是有错别字，是不是有语法错误，是不是同一种语言，沟通高效即可。因此，对于道德教育者而言，需要有意识地避免啰唆，避免让学生觉得教师很烦。一旦学生产生了厌烦的情绪，即使所讲的道理是对的，也很难接受了。

第二，网络提供的是一个民主的平台，反叛权威的平台，没有中心与边缘的平台。这种平台是中职生喜欢和习惯的交流平台，此时，需要我们的教育者在一定程度上放下"师道尊严"的架子，尊重学生，尊重知识。这个说起来有点难，如果放下"师道尊严"，一定有人会问：教师还要不要权威了？教师还是不是教师了？课题组的观点是：当然要。但是要看教师的权威从何而来？克利弗顿等人的研究表明，教师的权威来源于两个方面：制度性因素和个人因素。前者是现代学校教育的制度性因素赋予教师外在的法定地位，这种地位赋予了权威；后者是通过个人努力获得的，包括教师的专业学识和人格魅力等。中国传统教育过于依赖外在权威，甚至把权威演变为"权力主义"。而目前需要强调的是弱化制度性的等级权威，而强化个人魅力等所形成的权威。

第三，我们的中职生从心理上认为自己已经成人，他们强调自主。对于教育者而言，有一点应牢记于心，就是把咨询权握在手中，把决定权留给学生。不要试图告诉他们该做什么，不该做什么；而是告诉他们有几种选择，分析不同选择可能产生什么后果，在给出的方案中引导他们作出选择，而不是代替他们作出选择。

除此之外，面对具有时代新特征的中职生，还可以借助网络建立新型的师生关系和班级管理模式。例如，建立班级网页、创办电子简报、鼓励创建个人博客代替周记、促进学生的研究性学习、开展针对个体的道德教育等。

第二节 中职德育目标之辩

目前，中等职业学校教育中存在一种普遍的取向，那就是：在市场经济中，一个最根本的原则就是"公平交易"。教育机构提供的在本质上是一种服务，一种教育服务，因此它是服务的提供者，而服务的享有者就是客户。对于中职教育而言，它是一种特定类型和特定层次的教育，其客户主要有两类：一是中职生，即教育必须满足中职生获得知识、技能、态度的需要；二是劳动力市场中的用人单位，即教育必须满足他们对人才的需求。

这一说法似乎是无可厚非的，而且在业界已经达成共识。人们认为：对于基础教育和高等教育而言，教育服务于人的发展，即学生的身心发展。但对于职业教育，人们往往认为满足市场需求非常重要，"中职学校要面向市场"、"职业学校要企业化经营"、"学生的就业率就是检验学校办学的标准"等，从这些表达中至少可以看出，人们认为市场比学生的发展更为重要，或者至少两者处于平起平坐的地位。

一 中等职业教育的两大客户说之辩

从表面上看来，中职教育确实要服务于学生和市场，但是从教育原理的角度来看，这两个服务对象是有区别的：学生是中职教育服务直接指向的对象，而市场则是中职教育通过人才培养间接服务的对象。因此，前者是中等职业教育服务的直接对象，而后者则是中等职业教育服务的间接对象。

从这个角度来看，学生和市场作为被服务者的地位是有差异的，从而也会导致服务优先级的差异性。而在上文人们通常所理解的取向中，把两者混淆了，于是就出现了两大客户利益平衡的问题。

如果把学生和市场作为平等的两个服务对象，那么就出现了中职对于两者需求的重视程度或权衡结果的不同表现以及两者对中职德育造成的影响。由于各中职学校对两者所赋予的权重不一，或者说教育所指向的基准不一，可能导致各中等职业学校中出现不同的德育取向。为了阐明这一问题，这里借用现代诠释学的看法，现代诠释学最著名的代表人物加达默尔将诠释者与被诠释者之间的关系视为"我与你"的关系，并进一步指出"我与你"关系存在的三种类型。

第一种类型是把诠释的对象作为工具，使之服务于自我的目的。对"你"的人是从与"你"同类的行为中概括出普遍的规律，并且根据这一规律对"你"的行为作出预见。"你"不过是普遍规律中的一个特例。这种关系与人的道德规范相抵触，是不道德的。当中职教育认为市场需求的权重高于学生发展时，教师就把学生当作学校服务于市场需求的工具来训练。其理由是，"你"即学生，将是某职业从业人员中的一员，就应当按照从业人员的普遍规范或模式来塑造或雕琢。可见，这种德育的方式是把人不当人，而当作产品来看待，是物化的存在，它显然是不道德的。

第二种类型是"我"承认"你"不是一个物，而是一个人（主体），但"我—你"之间不是一种直接关系，而是一种反思关系。"我"只是从自身出发，把自己的主观臆想投射在"你"身上，"你"只是"我"反思的对象，"你"事实上丧失了对"我"提出要求的直接性。由于对"你"的理解仍是一种自我相关的形式，因此你我之间仍然不能说是一种道德的关系。当中等职业学校对两者的需求一视同仁时，教师就根据市场规则对学生进行教育，把这种主观臆想投射给学生，要求学生按照教师认为的逻辑和方式来发展，于是，中职生不可能全部采取自己想要的发展方式来发展，如果个体的愿望与市场规则相一致，那么就成为所谓的"好"学生，就能够按照自身的愿望来发展；而不一致，则会受到教师矫正性的教育和影响。应该说，这种德育不完全是刻板的"训练"，却带有"市场驱动"的意味。它考虑了学生的发展，但这种发展是定向的，即市场要求的发展方向，如"听话"、"顺服"的员工等。因此，从某种程度上而言，学生的发展没有得到充分的重视和关怀。

第三种类型是"我"承认"你"是一个人，真正把"你"作为"你"来看待。不仅不忽视"你"的要求，而且听取"你"对"我"所说的东西。当中职教育把学生的发展作为首要服务对象时，教师即从学生发展的需求出发进行适当的教育，把学生当作平等的人来对待，真正关注他或她的不同需求。就道德教育而言，即是从个体现有的道德水平以及所遇到的道德问题出发，给予有针对性的、适合个体发展的咨询和指导。在这种情形下的道德教育是开放的，是就个体需要而给予针对性的指导和教育。对此，加达默尔强调："谁想听取什么，谁就彻底是开放的。如果没有这样一种彼此的开放性，就不能有真正的人类联系。彼此相互隶属总同时意指彼此此能够相互听取。"但听取他人并不是指无条件地做他人所想的东西，而是使自己去接受某些反对自己的东西，即使没有任何其他人要求自己这样做。第三种你我关系是真正的诠释学关系，它充满伦理意味，是一种道德的关系。① 诠释学的理解展现了人与世界之间的一种道德关系，它有能力创造一种可能的幸福生活，因而是一种可以选择的真理。对于中职教育而言，这种关系是值得推崇的关系，也是道德上可以接受的关系。

　　而事实上，从教育服务对象的特点来看，第一种关系和第二种关系都是将直接对象和间接对象的关系搞混的结果，从教育的本质而言，只有第三种关系才是符合教育原理的，才是道德的。

　　另外，即使市场是中职教育服务的间接对象，我们也必须考虑市场的需求。与此同时，我们还要理性地追问服务对象需求的合理性。学生个体要全面发展，这是整个教育的职责，因此这一点是无须论证和无法置疑的。但是，市场需求一定是合理的吗？这倒需要我们作理性分析。

　　第一，什么是市场或市场经济？保罗·A. 萨缪尔森和威廉·D. 诺德豪斯在其名著《经济学》中指出：

　　　　在这里，一种价格制度（市场制度、盈利和亏损制度、奖励和激励制度）决定生产什么、如何生产和为谁生产的问题。企业使用成本最低的生产技术（如何生产）生产那些利润最大的商品（生产什么），人们的消费产生于他们如何花费由于劳动和财产所有权带来

---

① 安桂清：《知识理解与教学创新——诠释学的视角》，载《全球教育展望》2006 年第 8 期。

的工资和收入的决策（为谁生产）。①

这一定义表明，市场的逻辑是追求利润最大化，它本身不仅仅以考量生产质量的高低为重点，不仅仅围绕产品的需求来运作，更重要的是从控制成本和获得利润的角度出发。如果把这一原则应用到对人才的需求中，我们可以想象市场需要的人是在某一方面特别精通，其他方面一概不管，如同机器一样听话，不需要休息，能够连续不断创造利润的。那么这种需求是合理的吗？课题组认为，在某种程度上，对教育而言，市场的这种需求是不合理的，也是违背教育本质的。因为，教育在本质上是要培养全面发展的人，不仅仅是技术人、技能人，而是完整的人、健全的人；不仅仅是会生产的人，也是会生活的人；不仅仅是能够工作、能够高效工作的人，还是要懂得欣赏、会享受的人。

第二，市场的变化可谓日新月异，它的更新速度极快，受到社会、政治、经济、文化、外交等因素的共同作用。而教育是一种相对稳定的文化事业，有自身的周期，这一周期同市场变化的周期相比长了许多。教育包括职业教育要完全跟上市场的变化是很难实现的。如果要求教育同市场合拍，那么教育也许就异化成了培训。

第三，教育不仅仅是被动地、完全受市场驱动的，而是能动的适应市场，甚至可以创造市场、改造市场。正如阿瑟·奥肯在《平等与效率》一书中指出："（教育）是制衡市场的一部分力量，它用来保护金钱无法表明的某些价值。"所以，教育的性质就决定了它的供给不能商品化。②

第四，教育还应当有着超越市场的价值取向。联合国教科文组织提出教育应以"人的发展"为基本目标。当人类走入"一切为经济增长"的误区，走入以破坏自然、破坏生态为代价，以败掉子孙万代和其他物种的生存环境为代价去换取经济增长的毁灭之路时，教育的任务是引导一条可

① ［美］保罗·A.萨缪尔森、威廉·D.诺德豪斯著，高鸿业译：《经济学》（第12版），中国发展出版社1991年版，第40页。

② 刘铁芳主编：《回到原点——时代冲突中的教育理念》，华东师范大学出版社2006年版，第31页。

持续发展的道路。①

归根结底,这种市场选择主导的教育价值取向缺乏一种尊重、关注个体生命的人道意识,缺乏教育首先是一种基本权利的意识。虽然有时也谈人的宝贵,但却囿于工具性解释,视人为"宝贵资源"或"人力资本"。对教育价值作纯功利性定位,就是由根本教育目标上的功利性派生的。教育价值上狭隘的功利性认定要求教育使培养对象成为适应既定社会目标的工具,于是培养重心放在工具性技能和知识上,而不是人的性格发展和潜力开发上。② 然而首先应该得到肯定和尊重的是人作为人的独立价值,这一价值超越"资源"、"资本"的考虑。

那么,中等职业学校要不要满足市场的需求?答案是肯定的。那么又是如何满足市场需求的呢?正如上文所提到的,市场需要的满足,只有通过直接目标的达成才能够实现,即通过教育机构培养有创造力、有能动性、能够实现上述目标的毕业生来达成的。这样看来,培养学生是第一位的,是满足两者需求的关键和主要中介。而这种培养不是如同机器生产式的静态的、有模子的刻画,更多的是培养创造这些模子、改造这些模子的生动的人。只有满足了人的发展需求,才是真正满足市场需求。

此外,这里还需要指出的是,人的发展有其个体性,而市场的导向可以作为影响人发展的重要因素,特别是影响学生职业生涯发展和社会化的重要因素,是个体和教育机构不得忽视的方面。个体要在职业生涯方面发展得好,取得成功,那他或她就不得不关注市场的需求,考虑市场的需求,满足市场的需求,这是自觉的,也是由人的"社会性"所决定的。在这种关注、考虑和满足的过程中,市场的需求就得到了相应的满足和实现。

由此,课题组认为,对于这个问题的结论是:学生的发展和市场需求并不冲突,而且可以达到双赢。其方法是:中职德育服务于每一个中职生的职业生涯发展,通过个体职业生涯的充分发展来满足市场对人才的需

---

① 刘铁芳主编:《回到原点——时代冲突中的教育理念》,华东师范大学出版社2006年版,第28—29页。

② 同上书,第22页。

求。因此个体人的发展是第一位的，也是带来持续性满足市场对人才需求的基本途径。

二 整体性德育是必行之道

明确了中等职业教育服务对象以个体的职业生涯发展为首之后，就需要考虑个体的发展以什么为本。

从根本上说，人类文明发展实质上是人的发展和完善。"率性之谓道"，说明中国古人是以人性的发展和完善为理想的目标，反对人为物役，悖逆人性。在西方，也有"人的自由的全面发展"的理想。教育，根本上是为这一目标服务的。帮助人的全面发展和完善，就是教育的本质。中国古代的传统教育思想，以教人做人为中心，反映了教育的这一本质。孔子回答弟子"子奚不为政？"的问题时说："书云：'孝乎惟孝，友于兄弟，施于有政。'是亦为政，奚其为为政？"[①] 他把教育看作"为政治国"的基础，认为只有普遍提高人们的道德水准，才能保证社会的安定，长治久安。所以他提倡"为己之学"，以培养"成人"为目标。孔子的这一思想得到了继承和发展，形成了把道德教育放在首位，以培养"成人"为主要目标的教育传统。直到近代，清华学校成立，虽以派遣留美学生为主要任务，也还是将道德和人格教育放在首位，要求学生成为"自强不息，厚德载物"的"君子"，就体现了这一点。所以，对人格与道德的培育一直以来是教育的本质属性，这种道德和人格培育是整体性的，而不是作为教育的一部分表现出来的。

对于这种根本性的教育本质的回归是目前中等职业教育所缺乏的。因此，业界早有人士积极呼吁"学校德育不能孤立进行"[②]，并提出"整体性德育"的观点[③]。虽然这些观点是针对基础教育而言的，但人的教育是连贯的，在原则上也是一致的，即使中职阶段的教育主要针对职业人来培

---

① 引自《论语·为政》。

② 童松辉：《学校德育不能孤立进行》，载《江西教育》2003 年第 24 期。

③ 魏贤超：《整体大德育课程体现初探》，载《教育研究》1995 年第 10 期；周祖耐：《德育力量整合操作的系统性》，载《现代中小学教育》2000 年第 5 期；李济忠、姚志彬：《学校德育的系统性刍议》，载《山西教育学院学报》1999 年第 1 期。

养,但它毕竟先培养人,然后才谈得上职业人。因此,在中职阶段,整体性德育仍然是必行之道。

有学者提出:整体性是系统原理的核心和基础。整体大于各部分的机械相加之和。实施整体性德育就是要从总体出发,从长远出发,实现整体优化,提高德育实效。整体化德育的关键是设置一套整体性德育课程。① 课题组对其前半部分的论述非常赞同,即整体性是系统论的核心,德育不仅仅是学校的责任,还包括社会和家庭,且学校中要注重德育的整体性。但对后半部分仅仅把整体化德育归结为一套课程就产生异议了,学校的整体性德育难道仅仅只能体现在课程方面吗? 课题组倒认为德育不仅仅是课程的目标,而是整个学校教育的目标,因为教育就是教人为人的,道德教育也就是要培养善的人、好的人、符合时代的人,课程仅仅是手段而已。尽管该学者提出的整体性德育课程还包括各种隐性课程,即除了正规的知识性课程和活动性课程之外,对学生思想、道德发展起到影响作用的还有学校内外的环境、制度、文化等各方面的因素,但课题组认为这些因素仍然是跟课程相关的,但学校除了课程之外,还有自身最高的教育目标,其涵盖的范围远比课程要宽泛。这两种想法如果落实到实践中,可以试想,前者是把德育的因素融入所有的课程体系中,而后者不仅仅观照课程体系,而是学校的一切教育与管理工作。后者才是笔者想要表达的整体性德育的含义,这种含义在现有的中职学校中很少体现出来。正是由于这一点,人们才批评职业教育,认为它所办的教育不像教育的样子,学校不像学校的样子。

写到这里,课题组想起了一则案例,4 年前课题组走访了上海市某房地产学校,当校长介绍学校种种办学经验时提到一句有意思的话,说"有专家评价我们学校不像学校,而更像企业",说这话时他非常得意。在我们参观者眼中,这所学校确实有深深的企业的烙印,企业化管理的模式、企业的沟通模式、企业化的人际关系、企业化的运作机制等。事实上,当时的评价可能真的是赞扬,但它却隐约透露了这所学校的内在危机。不料,该校在 1—2 年前出现了严重的办学危机,学校面临拍卖。这

---

① 李济忠、姚志彬:《学校德育的系统性刍议》,载《山西教育学院学报》1999年第 1 期。

个案例值得我们深思。

由此，学校对教育本质的回归是整个教育界的呼唤，但对职业教育包括中等职业教育而言，这种呼吁的声音应当再大些，再强些，再多些！以免中职学校在歧途上越走越远。而要实现向教育本质的回归，必须坚持整体性德育作为整个中职学校的目标。

第三节　职业能力内涵与道德素养之关系论

既然确立了为学生的发展服务是中职学校的首要目标，而中职学生的发展主要指他们的职业生涯发展，那么接着我们就需要探讨为了学生的职业生涯发展，需要培养什么？所有人，包括企业、学校、学生、家长、老师都会回答，培养学生的职业能力。那么职业能力是什么？它与道德素养的关系又如何呢？在中职教育中讨论德育问题，有必要先回答上述两个问题。

对于这两个问题，业界已经有不成文的共识：

在我国，中职学校中通常把职业能力理解为知识和技能，只要学生能够掌握某专业相关的知识和技能就视为具备相应的职业能力。于是在中职中，常常以知识考试和技能考核作为评价学生的唯一标准或主要标准。道德素养也很重要，但它的培养途径同职业能力的获得是不一样的，道德是需要在生活中培养的，而不是在培养职业能力的过程中。

这种共识不仅仅是观念上的共识，更是在实践中的共识，把能力培养和道德培养分为两条线来实施。这种做法究竟对不对，我们不妨先从对职业能力的理解入手，来进一步探讨。

从国际职业教育发展的历程来看，对职业能力的界定有一个变化的过程，经历了把职业能力理解为技能、知识、潜在的综合心理结构三个阶段，它们分别受到行为主义、认知主义和情境建构主义理论的支持。由此形成了不同的职业教育范式，这里将一一讨论不同的范式及其主导下的职业能力与道德素养的关系。

一　训练主义职业教育范式及其职业能力与道德素养的关系

这一范式的目标是训练劳动者的操作技能，对其作出系统理论阐述的是社会效率主义。20世纪上半叶，美国占主导地位的职业教育理论范式是由斯尼登建立，并由普洛瑟应用于实践的社会效率主义，它对世界职业教育有着重大影响。该理论主张，只有有效率的社会，才能创造一个积极的环境，在这样的社会中个体可以充分发展，并感到满意。社会效率主义的鼓吹者们进一步认为，公立学校是社会体系的保证，它们有天生的使命，通过提高社会的效率促进社会的发展。而职业教育是社会效率保证机制的一部分，因为受过良好训练的、顺从的劳动力是有效社会的必要条件。社会效率主义的理论基础包括以下六个方面。

一是社会经济分层。该理论认为，在所有社会中，社会分层是一个自然而又本质的现象。社会阶层之间的流动是可能的，但在一个稳定的社会，社会垂直流动是很困难的。

二是可能命运。它是社会经济分层论的必然观点。一个年轻人的"可能命运"是下列因素共同作用的结果：所出生的社会经济阶层、能力和兴趣。按照这一理论，如果社会经济阶层是内在稳定的，那么出生于工人阶层的个体，有可能到死都属于工人阶层。

三是心理测量学。心理测量是那时产生的一门科学。作为一种简单的测量手段，它被认为能够决定每一个学生的"可能命运"。运用这一手段，把学生分流到学术轨道和职业轨道，被认为既是可靠的，又是有科学根据的。

四是社会控制理论。该理论认为，一个社会要得以存在，其成员必须忠于其所属的阶层。并且社会要发展，这种忠于必须是自愿的，近乎自动的。

五是教学论。尽管没有形成一个整体的、内在一致的教学理论，社会效率主义的教学论还是吸收了当时对教学与学习系统研究的成果。斯尼登和普洛瑟认为，职业教育的教学应当有组织，按严格序列，并采用训练方法进行。

六是行为主义。作为 20 世纪初出现的学习理论，行为主义为社会效率主义提供了最后的理论基础，特别是桑代克的研究。他认为学习是通过应用奖励形成特定的刺激—反应联结的过程。这一观点反映了行为主义的实证哲学基础。那就是，对人类行为的分析，只能依靠可证实的行为观察，而不是不可检验的心智结构。行为主义进一步认为，绝大多数的人类行为可理解为基本的反射学习机制，这一机制是建立在个体在环境中的经验基础之上的。

斯尼登和普洛瑟的逻辑是，依靠心理测量学和社会学，学校指导学生进入导向他们"可能命运"的教育轨道。行为主义则提供教学论的理论基础。按照这种教学论，学校使学生形成正确的工作和伦理习惯。这些习惯将使学生按照社会控制理论的要求，自愿地忠于他所属的阶层。这种"忠于"有利于形成一个在社会、经济方面更好的社会，并使社会中的每一个人受益。由于行为主义给教与学提供了一个科学基础，因此它被看作社会效率主义教育观的核心。

以这些理论为基础，社会效率主义建立了训练主义职业教育范式：（1）教学对象被看作"被动的受训者"；（2）课程内容为训练机械的、可重复的、相对稳定的动作技能，强调技能的标准性、统一性，并用行为目标来表述教学目标；（3）让个体在模拟的（有时也在真实的）工作情境中通过反复模仿、练习来获得技能；（4）学业评价方法采取终结性评价和标准参照评价。

由此可见，此时的职业能力就是指熟练的操作技能，对道德素养的要求是"忠于"他的阶层，而这两者之间是分离的。其道德素养是通过外在"控制"形成的，它并没有构成职业能力的重要成分，两者是分割开来的。

对于具有确定性、重复性和可分解性等特点的工作技能而言，这种职业教育范式有其合理性，它对于提高技能水平，促进经济发展，作出了巨大贡献。但是随着科学技术革命所带来的工作性质的根本变化，这一范式也逐渐显露出了其根本缺陷。

二 认知主义职业教育范式及其职业能力与道德素养的关系

这一范式的目标是让学生掌握系统的专业理论知识。第二次世界大战以来人类在以信息技术为核心的一系列高新技术领域取得了巨大进步，这些技术在生产、服务行业的广泛应用，使得工作性质发生了根本变化，进而使得职业教育课程目标发生了下述重大转移：（1）技能内容从再造技能为主转变为创造技能为主，从动作技能为主转变为智慧技能为主，从简单、重复的技能为主转向复杂、弹性的技能为主；（2）交际能力、团队合作能力受到越来越多的重视，被纳入到职业教育课程内容；（3）从一次性教育转变为个体日后的转岗培训、技能更新培训、晋升培训等奠定基础的教育。这就是说，新技术革命使人们认识到，现代职业教育的主要内容应是思维能力、问题解决能力、灵活适应能力、交际能力、学习能力等具有"智能"特征的课程内容，以及社会规范、价值等社会性知识的课程内容，而不再是纯粹的动作技能。

这样，随着职业岗位对劳动者智能结构要求的日益复杂以及人本主义、认知心理学的兴起，社会效率主义的观点自然要遭到人们的普遍反对。在职业教育中，强调要尊重劳动者本身的价值、要重视对劳动者的智能开发，强调职业教育应获得与普通教育同等地位的呼声日益高涨，这就是 20 世纪 80 年代以来西方所谓的新职业主义运动。新职业主义以认知心理学为理论基础，在职业教育中形成了认知主义职业教育范式，其主要观点是：（1）学习者被看作积极的知识同化者、信息加工者，而不是被动的"受训者"；（2）非常重视理论知识的学习以及问题解决能力、学习能力等能力的培养，以适应高技术含量的工作环境，以及个体职业能力未来继续发展的需要；（3）非常重视按照认知理论所揭示的学习心理机制来设计教学过程，教学过程以系统的课堂理论讲授为主；（4）评价方法采取形成性评价和终结性评价相结合。

把学习者看作积极的知识同化者、信息加工者，而不是被动的"受训者"，是认知发展范式相对于技能训练范式的巨大进步。而在职业教育中引入认知主义范式传授专业理论知识，是与技术发展所带来的技术理论化趋势相一致的。在现代职业教育课程中，以系统专业理论知识为内容的学科课程是其重要构成部分，对这部分课程来说，采用认知主义课程范式是适合的。但并非所有的教育都需要采取学科的方式进行，而目前职业教育的主要问题在于把认知主义范式摆到了核心地位。于是，德育在教授的过程中，也变得学科化了。

在认知主义职业教育范式中，职业能力被理解为认知能力，是由对各学科的认知构成的，显然，道德不属于学科，尽管它被以学科的方式来教授。事实上，除了关于道德的若干知识以外，其他的道德素养并没有被整合进职业能力之中。也就是说，职业能力和道德素养有交叉，此时的职业能力中只有非常小的一部分属于道德素养，且这部分是知识形态的。

从这种理解来看，本节开头提到的我国中职学校共同的做法似乎是合理的、正确的。但是，人的道德发展是在整个生活、学习和工作过程中逐步进行的，而不是在某一时间进行的，如果把道德素养同职业能力分割开来的话，那么就会形成技能卓越，而道德低下的现象，出现了人格上的分裂。这种道德上的缺失使得技术和技能的发展也受到相当程度的限制，于是，20 世纪后期出现了技术哲学的伦理转向，这是一种必然的转变。

职业能力的概念在逐步发展，在新的时期，必然针对这一阶段的不足和缺失作出调整和改造。

三　情境建构主义职业教育范式及其职业能力与道德素养的关系

在现代职业教育中，广泛采用训练主义课程范式显然已经不适合，而广泛应用认知主义课程范式也不符合职业教育的本质特征。这两种课程范式只能应用于职业教育某些特定的内容。占主体地位的应当是情境建构主义范式，这是在情境建构主义学习论基础上发展的一种职业教育范式。

职业教育范式的发展趋势，应当是彻底摆脱技能训练和认知发展这种二元论困境，寻找到一种能够融理论与实践于一体，并且把学习者看作主动的工作者的范式，而这种范式就是情境建构主义范式，它是当前国际职业教育发展的新趋势。

（一）情境建构主义职业教育范式的理论基础

情境建构主义职业教育范式是以建构主义学习理论和情境学习理论为基础的。

1. 建构主义学习理论的内涵

建构主义是一个扎根于哲学和心理学的学习理论，其核心观点是学习者从经验中积极地构建他们自己的知识和意义。建构主义的核心理论有四个方面:(1)知识不是被动积累的,而是个体积极组织的结果;(2)认知是一个适应过程,它使得个体能在特定的环境中更好地生存;(3)认知对个体的经验起组织作用,并使之具有意义,而不是一个精确地表征现实的过程;(4)认知有生物的、神经的结构基础,而且来源于社会的、文化的和以语言为手段的相互作用。

因此,建构主义认可学习者在个人知识创造过程中的积极角色,经验(包括社会的和个体的)在这一知识创造过程中的重要性,以及知识与其所表征的现实之间的差距。这四个理论给基于建构主义的教学、学习与认知过程的基本原则提供了理论基础。但是,不同的建构主义流派,对这四点的强调程度是不一致的。如上所述,建构主义不是一个统一的理论主张,其中有许多流派。而目前对建构主义流派的划分方式也多种多样。通常把这些流派划分为三个:认知建构主义,代表人物是安德森(Anderson)、梅耶(Mayer);社会建构主义,代表人物是科博(Cobb)、维果茨基(Vygotsky);激进建构主义,代表人物是皮亚杰(Piaget)、格拉斯菲尔德(von Glasersfeld)。

在建构主义连续体中,认知建构主义代表了一个极端。它通常是和信息加工理论联系在一起的。在上述建构主义的四个认识理论中,认知建构主义只强调前面的两个,即知识的获得是一个适应过程,并且它是学习者积极认知的结果。这些认识论观点,使得它强调知识的外部性质(external nature),并坚信独立现实的存在,且能为个体所认知。从认知建构主义的观点看,知识是外部现实的内化及建构(或重构)的结果。认知的结果与现实世界是一致的。现实对个体来说是可知的这一观点,使认知建构主义与社会建构主义、激进建构主义区别开来。

在建构主义的连续体上,激进建构主义处于与认知建构主义相对立的另一极端。它包括了上述认识理论的前三条。另外,它目前有完全接纳第四条的趋势,从而把认知与社会相互作用作为知识的一个来源。这些特定的认识论观点使之强调知识的内部性质,认为外部现实可能存在,但它对个体来说是不可知的。由于我们对外部世界的经验是以我们的感觉为中介的,而我们的感觉在表征外部世界的过程中是不"老练"的,因而现实是不可知的。因此,尽管知识是从经验中建构而来的,但这些知识并不是对外部世界或现实的精确表征。

社会建构主义处于强调现实的可知的认知建构主义与强调知识的个体性的激进建构主义之间。与两者不同，社会建构主义对上述四条认识理论全部认同。这就使之强调知识的社会性质，且相信，知识是社会性的相互作用与语言使用的结果，因而是共享的，而不是个体的。另外，社会性的相互作用，总是发生在特定的社会—文化背景中的，因而知识必定是因时因地而异的。在他们看来，真理既不是认知建构主义的客观现实，也不是激进建构主义的经验现实。它来源于人们对文化活动的共同参与，是社会建构与人们达成意见一致的结果。

2. 情境学习理论的内涵

情境学习理论有两个流派：即心理学传统的情境学习理论和人类学传统的情境学习理论。蕾（J. Lave）和萨屈曼（L. Suchman）这些人类学家感兴趣的是意义的文化建构；而科林斯（A. Collins）、布朗（J. Seeley Brown）、诺尔曼（D. Norman）和克朗西（B. Clancey）这些认知科学家感兴趣的则是个体和社会层面的认知。

A. 心理学传统的情境学习理论

心理学传统的情境学习理论是对信息加工学习理论的替代。其分歧首先表现在对知识的不同看法。自从 20 世纪 60 年代的认知革命以来，"表征"成了信息加工理论的核心概念，心理表征理论在认知科学中获得了一致认同。其基本主张是，知识是由符号心理表征构成的，它能够脱离具体情境而独立存在。因而认知活动可被看作为符号操作。这种观点使得传统的信息加工理论在理论上陷入了一个致命的弱点，那就是只关注神经中枢机制以及心理的符号表征，只关注有意识的推理和思考，而忽视了认知的文化和物理情境以及认知与情境之间的相互作用。

与信息加工理论相反，在知识观上，心理学传统的情境学习理论持一种个体与情境相互作用的、动态的观点，强调知识对个体与情境的双向依赖。它认为，"人类的知识和相互作用不能从世界中剥离。否则的话，所研究的智力是无实体的、人工的、不真实的，缺乏实际行为特征。问题的关键是情境以及人们在其中所扮演的角色。我们不能仅仅看到情境，也不能仅仅看到个体。毕竟，人与环境之间是相互适应的。仅仅关注人会破坏相互作用,排除情境在认知与行动中的角色"①。对情境认知的研究表明,学习不能跨越情境边界,学习在本质上是情境的,并由它所发生的情境所构成;情境决定了学习的内容与性质,这就是心理学传统的情境理论关于学习的基本观点。按照这种学习观,建构知识与理解的关键是参与实践。

B. 人类学传统的情境学习理论

在心理学家们沿着心理学传统对情境学习理论进行深入研究的同时,蕾等人却从人类学的角度对情境学习理论进行了研究,他们把焦点放在了在实践共同体中完善个体的建构,而不仅仅是心理学传统所研究的"知道"。

什么是实践共同体?蕾和温格尔(Wenger)给它下了如下定义:它意味着参与一种活动体系,参与者共同分享对于他们所做的事情的理解,以及这对于他们的生活和共同体意味着什么②。可从两个方面来把握这一定义。首先,实践共同体是由个体参与所组成的完整的整体,它不仅包括知识方面,而且包括社会的、文化的方面;其次,这一共同体是真实的工作世界,而不是学校人工设计的情境。从蕾的人类学观点来看,当个体参与这种实践共同体时,学习便成为一个自然发生的过程;而按照实践共同体的真实性特点,应当把学习的地点放到工作现场。

按照心理学传统的情境学习理论,学习者所从事的实践仍然是学校的抽象任务,它与实践共同体中的任务有本质区别;并且它是在学校情境中进行的,而不是在实践共同体中进行的。由此可见,虽然两种情境学习理论都非常强调情境在学习中的价值,但它们在一些具体观点上仍然存在很大分歧。但这并非意味着心理学传统的情境学习理论对实践性学习的建构不能提供任何支持,事实上,学校实践情境中的学习对于职业教育来说也

① B. G. Wilson & K. M. Myers, Situated Cognition in Theoretical and Practical Context, in D. H. Jonassen & S. M. Land, *Theoretical Foundations of Learning Environments*, Lawrence Erlbaum Associates, Mahwah, New Jersey, 2000, p. 59.

② 参见 S. A. Barab & T. M. Duffy, From Practice Fields to Communities of Practice, in D. H. Jonassen & S. M. Land, *Theoretical Foundations of Learning Environments*, Lawrence Erlbaum Associates, Mahwah, New Jersey, 2000, p. 36.

是十分重要的。

(二) 情境建构主义职业教育范式的基本主张

综合建构主义和情境学习理论不同流派的观点,可以提出情境建构主义职业教育范式的以下几点基本主张。

1. 职业能力是整体的、内隐的

该范式最为重要的观点在于,既不认同训练主义范式把职业能力等同于一个个孤立技能的组合的观点,也不认同认知主义只要有了知识就有职业能力的观点,而是主张职业能力是个体与特定职业情境相互作用所形成的整体,并且职业能力是内隐的,是不能完全用行为来表现的。个体职业能力的形成,既不能仅仅依靠技能的反复训练,也不能仅仅依靠系统理论知识的学习,个体的主观建构在职业能力形成过程中起着关键作用。强调个体的主观建构,有必要改变传统上对实践的理解。实践不仅仅是技能的反复训练,而更应当把实践理解为个体与职业情境相互作用的完整过程。

2. 以实践为先导,以任务为本位,激发学生的学习动机

建构主义以"适应观"来解释学习动机,认为只有当主体已有的适应范式,不能用来适应新环境时,真正的学习才能发生。"只要他们所建构的世界能'进行下去',在这个世界中不存在无法预见的或无法克服的问题,或者说,只要他们行动时这个世界似乎是真的,就绝对没有去学习任何别的东西,或理解任何不同东西的理由。"① 按照这一动机观,学生对职业知识、技能的学习动机,只能来源于实践需要。

3. 强调学生自己对知识、技能的主动建构

传统职业教育教学过程观是建立在客观主义认识论基础之上的。它认为教学便是"传授",如何更有效地传递知识、技能,就成了传统职业教育专家们致力解决的主要实践问题。建构主义认为,这种教学过程观是根本错误的。因为知识是主体在适应环境的过程中所建构的,是主体所赋予他自己的经验流的一种形式,希望像传递苹果一样,把知识从

① Y. Pepin, Practical Knowledge and School Knowledge: A Constructivist Representation of Education, in M. Larochelle et al. (ed.), *Constructivism and Education*, Cambridge University Press, 1998, p. 178.

一个主体等值地传递到另一个主体是荒谬的。真正的教学过程应是在教师的促进下,学生积极主动地建构自己的理解的过程。建构主义的这一观点确实有些激进,但也有其合理之处,特别是在解释默会知识的获得方面很成功。

4. 尽可能在真实的职业环境中进行教学

情境建构主义认为,经验是极为重要的,是知识建构的首要催化剂,真实的经验有利于知识的建构,并且这样个体可建构在富有意义的情境中(而不是虚拟的)的可行的心智结构。要提供真实的经验,教学就必须在真实的职业情境中进行。

5. 鼓励学生自我管理、自我调节,加强自我意识

在建构主义看来,意义只能是自己建构的,因而必须强调学生在建构知识及其意义过程中的主动性,其中包括心理的自我调控和经验的自我组织。这就要求学习者"管理"他们自己的认知过程,形成对当前知识结构的意识。

在情境主义职业教育范式中,职业能力被理解为现代技术人员既要有能力完成定义明确的、预先规定的和可展望的任务。与此同时,他们又要考虑到自己"作为在更大的系统性的相关关系中"所产生的影响,这就要求他们具有灵活性和以启发性的方法解决限定的问题。对于与此类职业工作相关的职业能力来说,如果向着一种独立的、符合专业要求的判断力发展,向着一种负责任的、符合以职业进行组织的劳动标准和规范的行为发展,那么可以把这种发展理解为有明确目标的、自觉的,在挑选过程中起决定性作用的活动,选择学习媒介、评价辅助作用的活动,批判地进行思考的活动。这种职业能力绝不可能自动地产生于已获得的知识,而是在批判地探索、解决和转化问题的过程中产生的结果。更确切地说,知识在所提出的实际问题范围里的应用本身就是一种复合能力,它需要得到相应的培养。

归纳起来,其职业能力就是一种潜在的综合心理结构,这种结构同工作过程和工作情境相关。因此在这种职业能力中,道德素养无疑是包括在其中的,因为要解决同职业工作相关的各种问题,包括技能的、知识的,也包括非技能的、非知识的,就需要一定的道德素养。换句话说,在这个职业教育范式中,职业能力同道德素养才是包含和被包含的关系,道德素

养才真正被提升到职业教育的核心来关注。

上述所提到的三个不同范式并没有严格的时间上的接点，这些范式可能在目前的全球职业教育中都还存在，不同国家和地区有不同的倾向和侧重而已。对于中国而言，高等职业教育在发展之初延续了普通高等教育的模式，必然更倾向于学科型，当时也是认知主义盛行的年代，因此认知主义成了中职的核心范式。而随着市场经济的不断深化，对外开放的不断深入，引入了英国的职业资格证书、澳大利亚的 TAFE 模式等，这些都更倾向于训练主义职业教育范式。在这两种职业教育范式中，道德教育作为"累赘式"教育或"外加式"教育的地位是很难避免的。而随着世界职业教育在新的理论指引下，不断向着情境主义职业教育范式转变的过程中，道德教育越来越作为职业能力的重要因素体现出来，成为获得完备的职业能力所不可或缺的部分。

例如，德国 20 世纪 80 年代兴起的"行动导向"教学就把"关键能力"作为重要的培养方面，其"关键能力"指那些与一定的专业实际技能不直接相关但对个体生涯发展起关键作用的知识、能力和技能。在不断的讨论与质疑中，对关键能力的讨论逐渐演化成了对职业行动能力的讨论，使"关键能力"培养成为一种教育模式走进了职业教育实践，形成了行动导向教学，其具体实施原则为：行动能力应通过实际行动获得和发展，以学生的经验和兴趣为导向，等等。雷茨（Reetz）和劳尔—恩斯特（Laur-Emst）在梅腾斯之后发展了关键能力理论，雷茨认为，关键能力理论的中心是人的行动能力，人的行动能力由三方面内容组成，并对应了三个能力范围：（1）事物意义上的行动能力，即做事能力和智力成熟度。它对应面对任务的能力，例如解决问题、做出决定、开发方案等，可归纳为针对事物的方法能力。（2）社会意义上的行动能力，即社会能力和社会成熟度。它对应面对社会的能力，例如合作能力、解决冲突、协商能力等，可归纳为社会能力。（3）价值意义上的行动能力，即个性能力和道德成熟度。它对应个人特征基本能力，例如道德观和价值取向、积极进取精神、创新精神、学习自觉性等，可归纳为个性能力。雷茨认为，关键能力应该是"行动导向"的获得，也就是说在学习过程中，个性能力培养和认知能力培养应该在与外部环境相互作用的过程中进行，也就是说在"做"中习得。作为一般学习目标，能力本身是和具体内容的学习目标相联系而获得的。[1] 从中我们可以发现，道德素养在职业能力中的重要地位，同时，也发现，道德素养是一种行动能力。

当然，要实现范式的转变需要一个较为漫长的过程，范式没有转变在一定程度上给中职德育的发展带来了一定的阻碍，但是作为研究者永远不可能等待时机完全成熟的时候，才开始着手研究。因此，笔者的研究就试图结合职业教育发展的新趋势，来探讨中职德育的改革与发展，把它作为基本取向之一。

第四节　中职德育的主渠道:道德课程抑或生涯服务

中职教育主要是培养人的，教学生如何做人的，所以整体性德育就是其最高目标。在此前提下，德育必须有其实施的平台。

然而，我国职业教育范式没有得到完全转变，但已经出现了一些转变的迹象，在对待中职德育的态度上，也更为重视，把它提升到与硬技能等同的位置上，作为软技能来培养。在职业教育界开始出现各种政策和措施以积极推动德育的发展。

2009 年 5 月，为了贯彻《中共中央　国务院关于进一步加强和改进未成年人思想道德建设的若干意见》，进一步加强和改进中等职业学校德育工作，教育部日前制定并颁发了《中等职业学校德育大纲》。《大纲》规定了国家对中等职业学校德育工作和学生德育的基本要求，是中等职业学校开展德育工作的基本规范，是各级教育行政部门对学校德育工作实行科学管理和督导评估的基本标准，也是社会和家庭紧密配合学校对学生进行教育的基本依据。

《大纲》明确提出，中等职业学校德育是对学生进行思想、政治、道德、法律和心理健康的教育。它是中等职业学校教育工作的重要组成部分，与智育、体育、美育等相互联系，彼此渗透，密切协

---

① 徐朔:《论关键能力和行动导向教学——概念发展、理论基础与教学原则》，载《职业技术教育》2006 年第 28 期。

调，对学生健康成长成才和学校工作具有重要的导向、动力和保证作用。中等职业学校必须把德育工作摆在素质教育的首要位置。①

威万学认为，学科课程是德育课程中基础的和主要的课程类型，是学校有目的、有计划、有系统地对学生进行德育教育的主要活动方式，是学校向学生系统传授品德规范的知识、观念，进行道德教育的主要学科。原国家教委颁布的《进一步加强和改进职业学校德育工作》一文中指出，"以政治课为主渠道实施德育"，"要按照国家教委有关文件的要求开设政治课程，要执行国家教委颁布的教学大纲，保证政治课程的教学时数"。由此，许多学者把研究的重点放在了学科课程的研究方面。那么，这种重视到底该不该从专门的道德课程入手呢？

一　质问现实中的中职德育主阵地——道德课程

从目前的中职现实情况来看，课堂教学成为中职德育的主阵地，甚至是唯一阵地，且这里的课程教学是指专门的道德课程。但事实上，更多学者认识到，真正起到德育效果的并不是学科课程。

对于这种现象，杜威早就指出：在一切有关道德教育的偏见中，最为根深蒂固的也许是这种信念，即它可以作为一部与学校课程中的所有其他学科毫不相关的孤立的教材而被教授，不管是借助于训诫还是相对而言较不明显的方式，进行道德说教的教学，能将可以接受的道德行为模式逐渐灌输给那些处于这种教育制度之下的儿童。时至今日，我们的许多显性道德教学——甚至当它并不进行说教时——暗示，它是一门与其他学科相隔离的特殊学科。②

高德胜博士在批判学校德育课程化时，也指出如果学生在道德方面出现令人失望的表现，首先受到责难的是单纯的与道德相关的课程及其近亲人文学科。这是"道德教育专门化的'益处'，是为道德教育以外的学校

---

① 教育部关于《中等职业学校德育大纲》的通知。http://baike.baidu.com/view/2994093.htm#l

② ［美］杜威著，王承绪等译：《道德教育原理》，浙江教育出版社 2003 年版，第1—3 页。

教育活动放下道德教育这一'心理包袱'设置了专门的'挡箭牌',因为有了专门的道德教育课程,其他教育活动便可以理直气壮地专心致志于自己的'事业'"。①

这种批判一点也不过分。在中职学校中也是如此,德育课程与其他课程相分离的现象极为严重。更有甚者的是,德育课程成为学生获得必修学分,圆满毕业的必经之路,学生在乎的是学分而已,教师在乎的是分数而已,对于个体道德本身是否有所提高,其他专业课教师不关心,道德课程的专门教师也未必非常关心,而且连学生自己也并不在意。

除了专门的道德课程的设置外,我们不妨更进一步探究一下德育课程的实质。从教材内容和教学大纲来看,充斥着知识。正如鲁洁先生所言,"回顾以往德育课程中的道德,就其存在形态而言,可以概括为一个基本特点:这是一种知识道德。它存在于一种体系化的道德知识(理论)之中"②。

当然,这种看法是有其溯源的,从苏格拉底的"美德即知识"到柏拉图的道德即规范性知识,都是把道德看成是一种知识。在当今科学主义的时代中,用一种科学知识的语言去解释世界上的一切对象和事物,并且认为只有经过这种科学知识解释过的现象与事物才是真实的、客观的,具有普遍意义的。久而久之,道德在大多数人眼中就是经过提炼的、铅印在书本上的那些文字所表达的东西,除此之外,找不到道德。

由此,中职学校的道德教育在实质上把道德作为系统的学科知识或者理论知识来教授,把道德学习当作一种识记性的任务来完成,把美德的习得过程当作一种复制、记忆的过程在操作,把道德教学当作一门学问来教授。

虽然目前中职学校的德育课以学科的方式开展已经是一种现实存在,但我们不妨从学理上认真探究一下,德育课是一门学科课程吗?作为一门学科课程,必须具备一些基本要素,它们至少包括如下几个方面:(1)有明确的课程目标;(2)有系统的知识体系作为课程可选择的知识

① 高德胜:《知性德育及其超越》,教育科学出版社2003年版,第22页。
② 鲁洁:《德育课程的生活论转向》,2005年田加炳教育基金会"21世纪学校德育发展路向"研讨会上的讲话。

库;(3)学科内容要直接指向目标的达成;(4)它要根据学生的年龄特点、社会要求和学科本身的特点把这些内容循序渐进地编排进教材之中;(5)需要专业的教师教学;(6)需要有效的评价方式进行评价。仔细分析这些组成要素,我们可以看出,德育课很难成为一门学科课程,其原因是:

第一,德育课程没有系统的知识体系。

知识的选择是课程开发中重要的环节,一般的学科课程开发所选择的内容大多按照该学科自身的逻辑体系,同时结合学生的年龄和心理发展阶段,遵循教育循序渐进的原则就可以实现内容的选择。而德育本身就不是学科,没有从概念到命题再到理论体系的完整内容,缺乏系统性和逻辑性。现有的中职德育课程中就包括法律、思想、价值观、礼仪、心理、就业指导等多种内容,这些内容分属不同的领域,很难构成严密的逻辑体系。

第二,德育课程内容的教授无法直接实现课程目标。

一般来说,课程内容的选择和设计是根据目标的实现来制定的。对于中职而言,其德育的目标是培养学生成为有道德的人,促使其道德认知、道德情感、道德态度和道德行为的发展。但就课程内容来看,如上文所提到的,涉及方方面面,并没有循序渐进的、围绕一个目标展开的内容,而是分散的,没有逻辑联系的知识点。换句话说,这些内容并没有紧扣目标,课程的完成也无法表征目标的达成。从这个意义上来看,德育课程和一般的学科课程具有明显的差异性,无论是专业课程还是公共课程,都会从知识、技能及态度上确定目标,而这些目标在课程结束时是可以达成的。

第三,德育课程没有专业的教师。

"美德可教吗?"是一个经典的问题,随着该问题而来的另一个问题就是,"如果美德可教,为什么没有专门的美德教师"。现实中,德育课程是有专门的教师的,它似乎和其他学科课程一样。那么,究竟是否一样呢?从从业要求来看,中职中英语课程的教师要求英语专业硕士以上学历,专业八级以上水平,精通听、说、读、写、译;电子电工学的教师要求相关专业获博士学位。可见,这些教师具有相关的专业背景,才能从事相关的专业课程的教学。而道德教育本身就没有道德专业,更谈不上是什么学历了。如果说要教学生，教师就要在这方面更高一筹的话，那么德育教师的道德水平应当非常高，人品相当好，情操相当高尚，甚至是美德家。但现实中，却并非如此。这也不是"应然"和"实然"的问题，因为世上无完人，且教师本身就不是也不可能是道德家。简言之，德育不是专业性的，德育课程也没有专门的教师。

那么，德育课程的教师意义何在呢？谁真正有资格成为德育教师呢？在现行中职学校中大凡都有专门的德育课程教师，他们不是没有意义的，但他们的意义和上述专业课程的教师是有区别的，因为德育的性质和知识性、技能性的学科教育性质有很大的差别。德育课程的教师不在于给予学生德行，而在于组织学生通过课程学习，特别是活动来感受道德、理解道德、发展自身的道德水平，进而固定为道德信仰。从这个意义上说，现有的教师是有资格承担德育课程的，他在开设和实施德育课程的过程中，也在不断反省自身的道德修养，提升道德水平。

第四，道德很难找到有效的评价方式。

由于道德教育内容的分散性和缺乏逻辑性，且道德形成的机制不是线性的，而是非常复杂且综合的过程，再加上课程内容不能够直接达成课程目标，因此评价德育课程就非常困难。与知识和技能相比，道德很难通过定量的标准化测试进行评价，也难以在短时间内通过定性的思想认识反映其道德水平。因为道德的形成不仅仅限于认知和行为，而是一个长期的过程。这个长期的过程，可能是一年、两年，也可能超出中职本身的学制而更加漫长；道德认知只是道德教育的一个目标，更为重要的是道德践行和道德信仰。因此，要在课程结束后，对学生的道德水平作一客观的评价是有难度的。

综上所述，德育并不构成学理意义上的学科课程，它不是学科。如果用学科课程的方式来对待德育，把它作为中职德育主阵地的话，那只能导致失败和失效。

否定了学科式的道德课程为中职德育的主阵地，那么什么才能真正担当德育的实践载体，什么才是中职德育的主阵地？

二 中职德育的主阵地在哪里？

按照传统的思维习惯，除了专门的道德课程、德育教材、德育课堂、德育实践，我们似乎很难找到其他的德育阵地，因为"人们往往只相信书本上的道德，特别是经过权威诠释过的理论与知识，而不相信自己的生活经验和感觉。这种知识和生活的错位，到处都可以看到"①。因此，当这种既有的道德教育被判为自足、自明又是自我完成的，凌驾于生活之上的，成为生活的"宰制者"之后，人们试图寻找与生活相联系的道德教育，那种道德教育何以存在，何以进行？

首先，杜威是怎样实现从我们称之为任务的道德到道德的任务的转变的呢？回答是以这样的方式来教所有学科，以便揭示并聚焦在它们的社会方面和个性方面，他的回答把重点放在人类受它们影响的方式上，并强调产生于它们的相互关联的责任。② 也就是说，德育是学校一切教育的责任，道德的任务是所有学科教育的任务，而且是所有的教育与非教育性活动的任务。对中职学校而言，其道德的任务同样是贯穿于所有的学校教育活动中，辐射到所有的学科课程教学及所有的课外活动中，即学校的一切活动都具有道德的任务。这也就是上文所提到的整体性德育的基本思想。在这个意义上来说，中职德育的阵地应当是中等职业学校的一切活动。

其次，我们必须讨论的是中职德育所特有的阵地是什么？杜威所谈的道德的任务是就普遍意义的学校而言的，但普通教育和职业教育在教育类型上的区别性是否会导致其德育阵地的不同呢？这种差异无疑是存在的。

职业教育的内容和方式都和普通教育有一定的区别性，其主要原因是培养目标的差别，就普通教育而言，侧重于培养合格的公民；而就中等职业教育而言，更侧重于培养合格的职业人，其德育除了具有和其他各类教育所共有的目标、内容、途径之外，其特色在于注重职业意识、职业理想、职业道德以及就业观、创业观教育。因此，中等职业教育要为学生的发展服务，这种服务的指向是学生的职业生涯发展，这是此类教育的重点。基于此，中职的整体性德育的依据便是学生的职业生涯

---

① 鲁洁：《德育课程的生活论转向》，2005 年田加炳教育基金会"21 世纪学校德育发展路向"研讨会上的讲话。

② ［美］杜威著，王承绪等译：《道德教育原理》，浙江教育出版社 2003 年版，第 15 页。

发展。

根据中等职业学校的教育实践，我们发现，为学生提供职业生涯发展的服务主要可以分为四部分：一是课堂教学，包括专业课程、普通文化课程和道德课程；二是学校组织的各类活动；三是实践课程，包括学生的实习、见习；四是个别化的职业生涯咨询与指导。其中，前两者主要是针对团体的教育，第三部分是兼有针对团体和个体的教育，第四部分完全是针对个体的教育。

群体的道德教育在目前的中等职业学校中并不少见。在课题组看来，道德形成过程的特殊性既需要团体的教育，也需要个体的教育。但是，道德发展的本身是个体主观建构的过程，因此，这种发展具有个体的特殊性。因此，课题组认为后者比前者更为重要。这是为什么呢？对于团体的教育是就普遍的问题而言的，这些问题跟个体自身的道德发展有着或紧密或松弛的关系，不能直接针对个体的具体问题，且这些普遍的问题未必是真实情境中的问题，其实际意义和现实影响就又被打了折扣。而个体的个别指导和咨询则针对个体在现实情况中遇到的问题，并急于获得指导以便处理问题，此时的指导和教育更能触动个体本身的道德发展，产生真实的冲突，进而容易内化为个体的道德品性。

此外，道德的发展还讲究与生活的紧密联系性和个体的主动参与性。在针对团体的教育中，第二部分的活动和第三部分的实践课程就比第一部分单一的课堂教学更容易接近生活，学生的参与程度更高。在这样的情况下，道德的任务就更易于实现。

然而，回顾现有的和以往的中职德育，我们发现它们常常把重头戏压在第一部分的道德课程中，上文已经提到，偶尔带入第二部分，而第三部分和第四部分几乎不涉及道德的任务。在课题组看来，这种德育在很大程度上放弃了能够凸显德育实效、实现德育任务的重要阵地，而仅把砝码压在最不易产生效果的道德课上。

综上所述，中职德育的阵地是覆盖整个中职教育的，但就重要性而言，活动、实践和个别化的生涯指导与咨询成为替代道德课程的中职德育主阵地。

三 专门的道德课程还要不要？

既然中职德育主阵地不是道德课程，那么，道德课程还要不要存在？它还有没有意义？意义又何在呢？

在职业教育界曾经有过对于这个问题的讨论，特别是主张西方职业教育模式的学者就提出过，国外一些发达国家的中等职业教育中根本没有道德课程，我们为什么非要搞，而且搞得并不好，还不如不搞。

在这个问题上，课题组倒认为，问题的关键不在于需不需要设置课程，因为设置专门的道德课程本身并非有什么不妥，而且在中国可能更有必要性，但真正需要改革的是课程的内容和方式。更何况，国外的文化背景与中国完全不同，其价值观教育与学科教育紧密结合，其道德修养的养成与家庭的宗教信仰息息相关，是通过信仰的要求去熏陶和培养德行的。中国在文化底蕴中没有这种传统，因此，我们的道德教育不能完全参照和效仿国外的做法。

课题组认为，专门的道德课程其实在一定程度上保证了德育的时间和空间，问题仅仅在于如何利用它。道德课程如果仍然是按照现有的学问式教授，肯定是没有意义的，也是受到批判的。如果道德课程按照道德自身的性质所开发的方式，即源自生活、用于生活、又改造生活的样式来进行的话，例如对现实问题的探讨、辩论、交锋，举办各种活动、实践等，何尝不是中职德育不可多得的平台呢？

与此同时，我们必须重视的是：道德教育应通过各科教学进行，而不仅仅是道德课程。正如杜威所指出的，道德教育的目标应是各科教学的共同的和首要的目标。学校教学的所有教材都应以道德教育的社会性标准为标准进行编选。任何科目的教材都应与社会生活紧密结合，只重学术性、不重社会性和道德性的教材不是好教材。[①]

由此，课题组得出的结论是：中职德育是基于整体性的生涯服务，道德课程是其中的一个组成部分，但不是主阵地，特别要把活动、实践和个别性指导作为其实施的主要阵地。与此同时，在中国的大环境下，

---

① ［美］杜威著，王承绪等译：《道德教育原理》，浙江教育出版社 2003 年版，第 52 页。

道德课程也不能放弃,因为它也是目前我国中职学校中进行德育的途径之一。

第五节 中职德育的核心内容:职业道德与技术伦理教育

职业教育与普通教育的区别在于职业教育的目的是培养职业人,而不仅仅是提升公民的文化水平和素养。因此,职业院校的德育应当把主要目标定在培养职业人所需要的道德素养上。相对而言,职业人需要的道德素养更多地体现在职业道德和技术伦理方面。那么,接下来的问题就是职业道德和技术伦理以什么样的方式来教更为有效。

现实的取向是:把职业道德教育单列在文化课程中,所有专业的学生学习相同的内容。对于技术伦理,很少有中职学校设计课程或教学内容。

这种做法一直流行至今,至少表明它具有现实中的可操作性,那么其合理性和效果又如何呢?为了回答这个问题,我们首先来讨论职业道德和技术伦理,两者是既有区别又有联系的。

一 技术伦理及技术伦理教育

首先来看技术伦理。技术伦理始于 20 世纪 70 年代中叶,欧美哲学界出现了明显的技术哲学的伦理转向。1979 年,尤纳斯用德语发表了《责任原理——工业技术文明之伦理的一种尝试》,在世界范围内产生了广泛的影响。然而在德国,最早注意到技术的责任和伦理问题的还是技术哲学家汉斯·萨克瑟(Hens Sachsse,1901—1992)和汉斯·伦克(Hens Lenk)。1972 年萨克瑟发表了《技术与责任》一书,第一个将马克斯·韦伯(Max Weber)引入伦理学的责任概念与技术相联系。在对马尔库塞技术批判理论的批判中,萨克瑟一方面指出马尔库塞不了解实践、不了解技术的劳动过程,同时阐明了他对"单向度"的技术的批判的合理性,要求重拾技术的伦理纬度。①

---

① 李伟侠:《拉普技术伦理思想研究》,大连理工大学 2005 年硕士学位论文。

在过去的 20 年技术哲学研究中，学者们对技术伦理、技术风险评估、技术价值的探讨一直没有停止过，技术伦理、技术价值问题一直是欧美技术哲学研究的热点领域。纵观技术哲学的伦理转向的思想渊源及其发展过程，可以发现，技术的伦理研究经历了一个从技术的工具理性研判、对技术本质的反思、责任的分析，到寻求技术问题的解决原则和战略选择的过程。随着技术的发展，在未来技术哲学研究中，关于这方面的热点探讨将持续进行。

那么什么是技术伦理？一般来说，对技术伦理的界定大致分为三种观点：一是将技术伦理等同于技术探索活动中的伦理道德；二是认为技术本身负载着价值；三是主张将伦理关系延伸到人与自然的关系当中。比较通用的技术伦理是指通过对技术行为进行伦理导向，使技术主体（包括技术设计者、技术生产和销售者、技术消费者）在技术活动过程中不仅考虑技术的可能性，而且还要考虑其活动的目的、手段以及后果的正当性，通过对技术行为过程的伦理调节，协调技术发展与人、社会以及自然之间的紧张的伦理关系。

对于技术伦理的研究，虽然不同流派的技术哲学对它有不同的基本看法，但是其共同点是，对于具体的技术伦理探讨，都分领域进行。因为"技术"虽然是一个通用的词汇，但是它在不同领域的具体指向是不同的，如汽车制造中的技术与药剂研发的技术是完全不同的。因此，对技术伦理的研究，无论是对哪个流派，都会涉及不同领域的具体的技术伦理，如米切姆在讨论他的技术伦理时，具体分为工程伦理、生物医学伦理、环境伦理和信息技术伦理等。而且对于不同领域，他所讨论的核心问题是完全不同的：如在讨论工程伦理时，其重点在于避免伤害和主动去做善事等；在讨论生物医学伦理时，其重点在于返回自然，提倡新的苦禁主义；在讨论环境伦理时，其重点在于可持续发展的问题，提出不能盲目地相信可持续发展，而是要持怀疑反思的态度；在讨论信息技术伦理时，其重点在于隐私问题，主张用"反隐私"手段来解决。[①] 由此可见，技术伦理是具有领域性的，而这种领域是属于超越岗位、超越职业、超越行业的，范围较大的划分。

---

① 莫莉：《米切姆技术伦理思想初探》，大连理工大学 2005 年硕士学位论文。

技术伦理教育应当基于技术伦理的特征,即同专业领域紧密结合。例如,对于生物医学的技术伦理教育,米切姆注意到了人们在对待自然的态度上的误区,他提出,"目前的生物医学伦理和环境伦理都是拒斥自然的伦理,而这一伦理观在人类健康与生态学间的关系上产生了问题,因此有必要发展出一种新的生物医学和环境伦理观,即返回自然的伦理观"[1]。"现代生物医学所提倡的自主、无罪、有益和公正四大原则,都把自然打入了冷宫。与此相近的环境伦理研究中,同样缺乏对自然的关注。虽然在环境问题中对自然的关注早在很久以前就已经提到了,但是直到上个世纪,现代社会才把关注的范围扩大到人类以外的领域。""尽管有学者谈到环保种族主义问题,谈到地理和代际的公平问题,但他们都忽略了动物的、植物的、山川的、河流的公平问题。没有人考虑,生物医学的发达造成的人口增加对环境造成了怎样的冲击;没有人考察,从制药厂、诊断过程、医院的治疗过程中产生的有害的废弃物和有毒物质对自然的影响"。[2]关于医学伦理,米切姆比较赞成他的老师伊凡·伊里奇的观点,即提倡一种新的禁欲苦行的伦理,也就是在面对生物医学时的自律、自我节制的伦理。他说,"人类不能过分地依赖于高技术或高科技的诊断和治疗,我们应用简单的行为诸如健康的饮食和纯洁的性行为来抵御癌症和艾滋病,而不是诉诸技术医疗的帮助。人类将会再次学会,承受疼痛而不是力图用技术消除它;接受死亡而不是用技术拖延它的来临"。[3]而对于这些技术伦理的教授,他认为只能同专业学习结合在一起,因为这些是非专业人士所不能了解和教授的。

总之,技术伦理是让职业人摆脱"单向度的人"的关键因素,是中职德育必须关注的,而这些伦理往往具有领域的区分性。

二 职业道德及职业道德教育

然后,再来看职业道德,它是指从职人员在职业活动中应当遵循的道德,在职业生活中形成和发展,来调节职业活动中的特殊道德关系和利益

---

① 莫莉:《米切姆技术伦理思想初探》,大连理工大学 2005 年硕士学位论文。

② 同上。

③ 同上。

矛盾。

它同社会公德的关系是两方面的:一方面,是一般社会道德在职业活动中的体现,是一种演绎的结果;另一方面,在职业道德中提炼出相关原则作为社会公德,是归纳的结果。在西方国家,各行业都有自己的一整套职业道德,这些职业道德通常细分到规则 (codes),这些规则用于解决职业活动中实际的和可能的冲突。这些职业道德分属于上述技术伦理所划分的几个大类中,但比大类要细得多,如电气工程师、儿童护理工、图书管理员等,从这些类别中,我们不难看出,这些职业道德是直接指向特定职业或特定岗位的。从职业道德本身的特征,我们得知,它是具有专业区别性的,或者说是职业区别性的,那么职业道德教育也应当遵循这一特征,按照不同专业或不同职业来分别进行,才能够有针对性地进行教育。

这两个方面同职业活动紧密联系,应当成为中等职业学校德育的主体内容。

当然,作为未成年人和青年人的教育,我们不排斥意识形态教育和基本公民道德教育,而且它们也是职业人必须具备的。但是,从培养合格的职业人来看,职业道德教育和技术伦理教育是确保他们在职场中的行为合乎道德的不可或缺的部分。而且,前一类道德教育在基础教育阶段已经或多或少接受过,而职业道德教育和技术伦理教育则没有,如果在中等职业学校也不涉及,那么学生们就无法在入职前接触到相关内容,也无法依据这些来规范自身的职业行为。由此,会引发初涉职场的员工在不知情的情况下犯了该行业或职业中道德上难以接受的过错。

综上所述,课题组认为职业道德教育和技术伦理教育在职业院校不仅重要而且非常必要,理应是中职德育的核心内容。

三 技术伦理与职业道德的关系

职业道德中的职业和岗位同技术伦理所针对的职业和岗位不同,更具有操作性,更接近一线,而技术伦理所针对的岗位和职业通常具有设计、规划等方面的任务。由此可见,技术伦理和职业道德具有职业和岗位上的区别性,但又存在基本技术哲学理念上的一致性,对于技术伦理而言,更注重技术探索、开发和应用过程中对伦理的把持;而对于职业道德而言,更注重基本道德规则的遵守和道德行为的实施。

四　当前职业道德和技术伦理教育的弊端

从目前中职德育的实施情况来看,对于职业道德和技术伦理的教育主要存在两个方面的不足。

一方面,职业道德和技术伦理处于中职德育的核心地位还没有凸显出来,中职学校中对学生进行相关职业道德和技术伦理的教育还非常少,在时间上和内容上都得不到一定的保证。其结果是,学生对自己所从事工作的职业道德和技术伦理一知半解或知之甚少,从本次调查中已经反映出来。

另一方面,当前中职学校德育同专业课程相隔离,这就造成了职业道德和技术伦理没有充分实施的条件。其原因是,德育课程的教师没有专业背景,对特定专业所需要的专业道德和技术伦理很难把握,而专业课程的教师又认为德育是德育教师的任务,于是放弃了这部分的教学任务,由此,职业道德和技术伦理教育实际上成为中职德育的真空地带。

可见,当前中等职业学校内的职业道德和技术伦理教育的意识和实践都是非常缺乏的。

五　分专业/领域实施职业道德和技术伦理教育的必要性和可能性

从教育学的角度来看,内容决定方法。从上文对技术伦理及其特征、职业道德及其特征的分析中,我们发现,技术伦理教育需要分领域来进行,职业道德教育需要分专业来进行。如果取两者的交集,就是专业。专业的概念比领域更小,因此,一旦分了专业就一定达到了领域的划分。所以,分专业就可以进行职业道德和专业伦理的教育。因此,对于中等职业教育实践而言,技术伦理和职业道德都适合同专业课程放在一起实施,把对专业伦理的要求体现在专业教学(这里的专业教学既包括理论教学,又包括实践教学)之中,是符合这两类德育内容的特点的。如果把这两部分德育内容同专业相分离,把泛泛而谈的技术伦理和职业道德作为教学内容的话,那么就无法把特定领域和专业的伦理要求充分体现出来,更多的只能停留于原则层面的讨论。而原则层面的讨论,对于任何专业和领域而言,无外乎如下三条原则:第一,不得伤害自己的服务或研究对象,要尊重其隐私等基本权益；第二，对所有服务对象应一视同仁，平等、公正相待；第三，对工作应精益求精、认真负责等。[①] 但这些原则在不同领域的具体规则是不同的，有必须要做的和禁止做的行为，如果学生没有清楚地认识到这一点，那么，原则就很难正确和充分运用到职业活动中。例如，医生对服务对象的不伤害原则同儿童护理人员的不伤害原则在内涵上有区别，医生主要的不伤害是体现在生理上的，而儿童护理人员既体现在生理上，又体现在心理上。因此，分专业/领域的职业道德教育和技术伦理教育是非常有必要的。

与此同时，在中等职业学校中进行分专业和分领域的职业道德教育和技术伦理教育也是可以实现的。从现有中等职业学校的办学模式而言，学生在招收时已经完成专业的申报和分配，在整个中等职业教育的学程中，学生按照所学专业被分入各个系所，学习内容以专业学习为核心，因此专业学习是中职学习的主线。在现有的条件下，依托专业学习这一主线，实施职业道德教育和技术伦理教育是可行的。

然而，目前要顺利实施分专业的专业道德和专业伦理教育的难处有三点：一是中等职业学校整体观念的转变，从专门化的德育课程转变为整体性的德育，这一点在上文已经论及；二是在内容上整合专业知识、专业技能与职业道德、专业伦理，这需要资深教师花大量时间和精力来完成；三是师资力量，当前的中等职业学校专业课程师资主要是从大学一毕业就担任教师的，没有对工作的感性认识，也没有对工作中道德冲突的体验和积累，为职业道德和专业伦理的教育造成了极大的困难。不过，任何改革都不是一帆风顺的，重点是改革的方向要把握准，有了正确的方向，再多的困难都是可以一一克服的。

综上所述，职业道德教育和技术伦理教育应当有专业和领域的区分，不适合全校统一的教学，而是应当同所学的专业相结合。

---

① 甘绍平：《应用伦理学：冲突、商议、共识》，载《中国人民大学学报》2003年第1期。

第六节 职业道德教育与社会公德
教育之分离与融合

在本课题的研究期间,课题组在基地学校进行了相关的实践探索。对于把职业道德教育和技术伦理教育作为中职德育的核心,得到了学校的认同,同时确定了方案,准备实施。在实施的过程中,学校教师遇到了各种问题,其中最棘手的就是:我们学校有学校自身的行为规范,但常常受到学生抵触,不愿遵守;而行业/企业也有自己的规范要求,两者有区别,但也有交叉,那么在实践中,如何用两套规范同时教育学生?这确实是中职德育无法回避的问题,即在德育过程中如何处理职业道德教育与社会公德教育的关系。要解决两者的关系,必须讨论如下问题:职业道德和社会公德在本质上是否一致,能不能融合?如果能够融合,那么是以职业道德还是以社会公德为主线?同这些问题相关的还牵涉到一个对于中职生的定位问题,即把中职生仅仅定位为高校学生还是定位为准行业人/职业人?下文就这些问题一一探讨。

一 职业道德同社会公德在原则上是否具有一致性?

职业道德教育同社会公德教育是否能够融合取决于两者在原则上是否一致。

从道德的层次划分来看,道德可分为道德理想、道德原则和道德规则三个层面,道德理想是精神层面的追求,这里不作讨论,重点看道德原则和道德规则。从道德的内容划分来看,道德可分为私德、社会公德和职业道德。这三部分内容是从何而来的呢?主要源自两类:一类是既有的道德原则在不同领域的运用,正如第一章所谈到的"诚信"原则在不同领域具有不同含义,这类可以认为是演绎的道德规则;另一类是私德领域、公德领域和职业道德领域的实践中自己生发出来的新道德规则,这些规则归纳在一起,就形成了新的道德原则,然后可以应用于其他领域。从三大不同领域的道德原则和道德规则的生成方式来看,三者具有共通性。特别是在道德原则方面,尽管在不同领域所体现的规则不尽相同,但在原则层面是一致的。

由此，我们可以认为，社会公德和职业道德在原则上是一致的，因此与两者相关的教育是能够融合的。紧接着，需要讨论的是如何融合。

二 现实中的融合和分割

从目前中职德育的实施情况来看，我们在调查中发现，中等职业学校采取的方式有两种：

第一种，以融合的方式进行道德教育，即将社会公德同职业道德教育捏在一起，这是普遍采用的方式。这似乎是符合上文分析的结论。但是，我们不妨进一步来看，两者是如何融合的？从现实的中等职业学校道德课程来看，融合的结果是用道德原则统和了职业道德和社会公德；用社会公德替代了职业道德，例如在职业道德课程中仅仅讲到尊重他人、诚信等，这些是原则层面的道德，而且所举的案例也是日常生活中的公德，例如尊重长辈、待人诚实等。

实际上，现实中的融合是一种以社会公德为主线的融合，以社会公德领域的案例来诠释相关的道德原则。其好处是，学生易于理解。但最大的弊端在于两点：一是这些基本的道德原则和公德规范学生已经在基础教育阶段学过，出现重复教育的现象，使得学生不愿意接受此类教育；二是职业世界中的道德规范同日常生活中作为公民的要求在很多方面是不同的，行业/企业有自己特殊的要求，如信息技术行业特别强调技术保密、不恶意攻击别人，药剂行业特别注重精确等。这些在公德规范中是难以体现的。这些弊端导致本书在调查中获得的信息，即学生厌学、该具备的职业道德他们知之甚少。

第二种，是处于改革中的少数中等职业学校，采取分离式的教育。学校和行业/企业共同研究制定了一套凸显行业/企业特色的职业道德，并进行相关的教育；与此同时，仍然保留原有的学校行为规范教育。其效果是，学生认为行业的道德规范有用，就遵照执行，而学校的行为规范，以后没有用，就强烈抵制，甚至有学生认为这是学校故意在限制他们。其间，教师遇到了非常棘手的难题，就是在许多方面，行为规范与行业职业道德不一样，面对两种标准，如何来规范学生。

可见，现实中的尝试，无论是传统的融合式还是改革中的分离式都存在自身的问题。那么，到底是采用融合式还是分离式呢？要回答这个问题，课题组认为，首先要对学生的角色进行准确定位。

三　学生角色：大学生 vs 准行业人/准职业人?

通常情况下，无论是家长还是中职学校都习惯把学校内就学的学生看作学生，中职生看作大学生。当然，从这些学生目前所处的环境来看，这一点没有错。但是，我们还需要清醒地看到，中职教育的培养目标是健全、合格的职业人，中职学校的主要任务是为学生的职业生涯发展服务。因此，有利于其职业生涯发展的教育方式就值得选择。在选择中，非常重要的一点就是如何帮助学生逐步适应职业人的角色和从属相关职业。如果仅仅把学生看作是中职学校的大学生，以学校的基本规范来束缚他们的行为，这样的话，不知不觉中就把这样的信息传递给了学生，那就是：我只是学校的学生。如果把学生看作是准行业人/准职业人，那传递给学生的信息就是：我是半个医药人、我是半个保险人等。这样做的好处是：（1）帮助学生尽早确定职业目标，规划自己的职业生涯；（2）使得学生具备行业/企业的归属感，例如，上海市某中职学校的订单班学生，一入校就明确自己未来将进入金贸大厦工作，任课教师反映该班学生就常常自豪地以金贸人自居，很愿意其他学生说他们是金贸人，并以金贸的职业道德标准来要求自己，对于这些学生，学校的行为规范问题就迎刃而解了。

由此，课题组认为，对于具有职业定向性的中职教育而言，把学生看作准行业人/准职业人是可取的，当然，其主要目的是帮助学生认识自己，把自己的角色定位准确。这样，更有利于他们的职业生涯发展。

四　以职业道德为主线的融合

既然学生角色从纯粹的大学生转变为准行业人/准职业人，那么其中职德育也应当从这样的定位出发，来考虑职业道德教育与社会公德教育的关系。课题组认为，把具有原则上一致性的职业道德教育与社会公德教育分开进行有所不妥，一方面是公德教育出现重复性；另一方面，两套标准在实践中不可行。因此，融合的方式更为可取。而本书所提倡的融合是一种以职业道德教育为主线的融合，因为相对于日常生活的情境而言，职业世界对学生而言是陌生的，他们需要此类学习，而鉴于职业道德与社会公德在原则上的一致性，所以只需要在教育中强化学生在现实中的薄弱环节即可。且两者的学习应当相辅相成，共同提升学生的道德素养。

当然，这里并不排斥少量的专门公德教育和私德教育，这些是无法融于职业道德教育的内容或者是需要特别强调的内容，特别是新时代中出现在大学生年龄段较普遍的现象，如网络道德问题、婚恋道德问题等。但这些并不影响职业道德教育作为中职德育的主线，并将社会公德教育融入其中。

第七节　中职德育的实施路径：学会做事中学会做人

中职教育和普通高中的培养目标具有明显的区别，这种区别性是否影响到中职德育的开展，是否也存在一种体现职业教育特色的德育培养模式？

现实中的做法是：把中职生的德育与普通高中生的德育等同起来，通过知识的学习来实现，绝大多数中职学校也是这么操作的，这一点在上文的课程计划中可以明显看出。

但是，课题组在研究中隐隐约约感觉到应该有所差别，但是从现实的教育中看不出区别在哪里，课题组对于这种区别也说不清楚。直到看到由联合国教科文组织职业教育中心（UNEVOC）编写的《学会做事》，它为解开这个问题提供了很好的思路，该书为德育特别是职业院校德育提供了一个重要的视角，即在学会做事中学会做人。

职业教育和普通教育的最大差别就在于前者教学生学会做事，强调"边做边学"，而后者教学生学会学习，侧重于"学了再做"。学会做事是职业教育的目标，也是同普通教育截然不同的特殊性所在。就拿普通高校的大学生同中职生相比，我们就能发现这种差异。那么，中职德育就是通过学会做事这一特殊的途径进行的。可以说，在学会做事中学会做人正是职业教育包括中等职业教育德育的特殊性所在，或者说是特色所在。

一　行业职业规范：职业院校中的道德底线教育

既然已经认识到中等职业学校德育应当体现职业教育自身的特色，那么应该从何做起呢? 笔者认为,应该把行业职业规范纳入到学校德育中来,并把它们作为道德底线来看待。什么叫道德底线? 从德育层次来看,我们可以分为三个,即道德理想、道德原则和道德规则。道德底线属于道德规则的层次,是每个个体必须遵守的,它具有指导和约束个体行为的功能。事实上,在各行各业中,确实存在一些从业人员必须遵守的职业规范,这是职业人最起码的道德素养。例如医药行业要求"精准"、"细致"、"到位";服务行业要求尽可能地满足客户需求,做到"十个一点",即微笑露一点、理由少一点、脾气小一点、行动快一点、脑筋活一点、嘴巴甜一点、做事多一点、度量大一点、效率高一点、动作轻一点。这些是最基本的职业规范,也是该行业从业人员在从事职业活动中应当遵守的道德底线。如果做不到这些,会被认为是职业道德素养缺乏的表现。

如果中等职业学校德育没有把相关行业的职业规范纳入进来,形成良好地对接,就很难说开展了成功的职业道德教育或技术伦理教育。如果不了解这些基本的职业规范,毕业生就难以在职业中充分、全面地表现出相应的道德行为,也就谈不上是全面发展或合格的职业人。由此,我们可以理解,为什么有些学生在学校里是个品学兼优的好学生,但用人单位却抱怨连连,说道德素养太差。其实,用人单位看重的道德素养往往是指职业活动中表现出来的规范行为,而不是传统美德或社会公德。

从这些实例中,我们可以得出,职业活动中的道德人是通过职业活动本身体现出来的,可以说,"做事"是"做人"的载体,而"做人"则融于"做事"之中,能够"做好事"也说明他"做好了人"。做人与做事,看似不同,其实在职业世界中两者之间是有着必然联系的。虽说做人的过程未必全是做事的过程,但做事的过程必然是做人的过程。做人与做事互为因果,若要观其做事,不妨观其做人,若要评价其人,不妨评价其事,在职业活动中尤其如此。因此,职业活动中的做事和做人是紧密联系在一起的。

既然职业活动需要做事,且做事中蕴涵着做人,那么中职学校所要进行的教育,就是有针对性的让学生"学会做事","学会做事"成为中职学校最经常、最主要、最具特色的教学活动。在一系列"学会做事"的过程中,也同时让学生"学会做人",因为两者密切联系,不可分割。

联合国教科文组织职业教育中心编写的《学会做事》也力推这一观

点，推出了一系列模块，便于职业院校结合实际，引导学生在"学会做事"的过程中"学会做人"，在职业能力训练特别是职业道德行为习惯养成中渗透价值观教育，不但充分保证了职业道德及其深层次的职业价值观教育的时间，而且为职业院校德育的针对性、实效性奠定了基础。

那么，为什么这里只提行业职业规范而不提岗位职业规范呢？其原因主要有三个：首先，通常来说，行业相对岗位而言范围更为宽泛。岗位的职业规范有些会根据企业的性质、规模等的不同而存在差异性，因此难以找到通用的、所有企业都认可的规范。其次，我国中等职业学校的专业往往对应的是专业群或职业群，而不是单一的职业岗位。最后，从我国对职业规范的研究实际来看，并没有像西方国家那样由高校、研究机构和行业协会共同开发出具有权威性的、针对每个岗位的、时常更新的道德规则（即职业规范）。因此，当前我国中职德育更适合同行业职业规范相对接，并把它作为德育与整个教育教学融合的切入点和结合点。

二 在学会做事中学会做人符合中职学生的特点

正如上文所论述的那样，培养人是中职学校首要的任务，服务于中职生的职业生涯发展，帮助学生学会做人正是每一所中职学校的核心任务。

中国职业教育学会学术委员会主任杨金土先生在谈及职业教育的发展使教育第一价值得到提升时强调，关注人人、关注人的生存和发展、关注心灵的净化和觉醒，是以人为本的认识基点、价值基础和教育价值观。他强调从坚持以人为本的价值观出发，职业教育改革需要相信人人有才、引导人人成人、帮助人人成才。[1]

对于接受中职教育的青年人而言，在即将从事的职业活动中，尊重自己及自己从事的劳动、尊重他人及他人从事的劳动，是中职德育的重点。中职学校教育，其任务不仅仅是传授知识和技能，更重要的是：引导学生形成"行行出状元"、"天生我才必有用"的信念；引导学生在为自己有一个成功的职业生涯而奋斗时，感悟到"一个人的思想可能转变为行为，行为可能转变为习惯，习惯可能转变为品格，品格可能转变

---

① 杨金土：《贯彻以人为本的职业教育价值观》，载《人民政协报》2005 年 10 月 26 日。

为命运",从而自觉地形成正确的价值观,并以此指导自己良好职业道德的养成。

在这些道德的养成过程中,中职生更适合在学会做事的过程中学习,其原因如下:

第一,中职学生兴趣广泛、学习目标明确(即就业)、喜爱动手,因此,他们对做事比知识学习更有兴趣,学做事更能够激发他们的能动性、自信心和学习动机。

第二,中职学生的整体学习任务围绕"学会做事",有大量的时间和精力学做事,因此,在学习做事中同时学习做人具有空间、时间和精力的优势,有与人相处和处理真实情境中事件的可能性,适合学生的学习特点。

第三,在"学会做事"中养成道德已经成为职业教育发展的基本趋势。从国际比较的角度来看,职业教育模式主要分为两种:一种是科学导向;一种是工作导向。而目前世界各国和地区的职业教育更倾向于工作导向的模式。

在工作导向的职业教育模式中,主要分为三种类型:第一类是把工作世界作为以工作为导向的教育的对象,其基本特征是"以综合教育为目标,它指向完整的工作世界的结构联系,以整体教育为目标;它通过理论的反映和实践行为的学习,促进受教育者多方面发展的可能性;面向全体学生的教育,应在所有的学习阶段予以实施"①。第二类是把劳动行为作为以工作为导向的职业教育的对象,其指导思想是:把个性作为专业任务的人力资源来培养,从组织和技术的改革中引导出素质要求,技术和劳动是预先确定的,素质要求显然是作为依赖性的变量而存在的。前两类都由于没有完全反映工作世界的实在联系而表现出不足。于是,在此基础上,又提出第三类,即把工作过程作为以工作为导向的职业教育的中心范畴,该模式的教育学指导思想是:教育应使学生具有从经济的、社会的和生态的负责的角度建构工作世界的能力,教育作为发展独立的自我意识和自我负责的个性的前提条件,教育的目标和内容既依赖于同时又独立于劳动与

---

① H. Blankertz, Kellegstufenversuch in Nordrhein-Westfalen-das Ende der Gymnasialen Oberstufe und der Berufsschulen, in *Deutsche Berufs-und Fachschule*, 1986, S3.

技术的关系。在这一模式中，注重工作任务形成过程中的完整性、要求的多样性、社会交往的可能性、自主性、学习与发展的可能性、时间的灵活性与可控性、责任性。这些特征中包含了对道德素养的养成要求，与工作任务的完成过程融合在一起。这一模式也是世界职业教育发展的最新趋势。

由此，在"学会做事"中"学会做人"是可能成为中职德育特色的，是其特殊的培养途径。与此同时，这种培养方式也是必要的。

三 "做事"是个体价值观形成和道德内化的重要方式

在当前的中职学校中，其德育十分重视价值观教育，以及教给学生一整套职业道德，包括职业道德原则和具体规则。而这些职业道德规范是外在的要求，能否被从业者认同并转化为自己的行为，成为自觉服从和自主做出的德行，还必须经过个人价值观的"过滤"、"检验"和"加工"，然后决定其取舍。

价值观是在人们认识和评价客观事物及现象对自身或社会的重要性时所持有的内部标准，是对行为提供指导、决策或对信念、行动进行评价的参照点，是使人据此而采取行动的原则和态度。价值观具有稳定性，一经形成就成为主体头脑中一种相对稳定的观念模型，左右着人们的思想和行为。价值观具有导向作用，是一种行为动力。

而价值观的形成，是个体对外界信息筛选和加工的过程，这一过程跟知觉有重大联系。根据现代认知心理学，知觉有赖于来自环境和来自知觉者自身的刺激，即为了确定某一刺激所包含的意义，人们需要把环境刺激和已有的知识经验结合起来。而价值观是一个人知识经验中的重要组成部分，个人价值观使人只选择那些看起来对自己有价值的信息。这种判断和选择基于个体的感受，这些感受从哪里来，更多的是通过实践，对于职业人而言，这些实践更多地表现为职业活动，即"做事"或"学做事"的过程之中。"做事"的过程是帮助个体拣选外在信息、论证外在标准的过程，也是逐步形成稳定的价值观的过程。

对于道德教育更是如此，从外在的道德知识即信息，到个体内化为德行或品格，是需要一定的心理形成机制的。这一形成过程中，个体主要通过感受、体验和实践来对这些德目进行自我加工和建构的。而"做事"

正好可以提供给个体感受、体验的真实机会,在"做事"中更有利于道德的内化,有利于个体道德水平的发展。当然,除了"做事"之外,还有许多其他的方式可以帮助个体发展道德,但做事仍然是一种重要的内化方式。

中职学校的学生有较多时间跟随教师学习做事,因此教育者有更充分的理由来利用这种重要的方式,帮助学生发展个体的道德水准。

四 在学会做事中学会做人符合用人单位的需要

随着市场经济的发展,现代企业制度的不断成熟和完善,许多用人单位都十分重视员工在"做事"中怎样"做人"。例如,北京松下彩色显像管厂提出了"工业报国、实事求是、改革发展、友好合作、光明正大、团结一致、奋发向上、礼貌谦让、自觉守纪、服务奉献"的十大精神,其着力点也在于此。许多成功的企业在价值观多元化的今天,都重视符合本企业特点、被本群体成员共同认可的核心价值观。

企业核心价值观是企业用以判断企业运行中大是大非的根本原则,是企业提倡什么、反对什么、赞赏什么、批判什么的真实写照,是企业在经营过程中,努力使全体员工都必须信奉的信条。成功的企业家都有一套把企业核心价值观转化为员工"做事"的方法。海尔的张瑞敏先生经常采用的手段是讲故事,他认为,在确立企业价值观时,提出理念不困难,困难的是让人认同这些理念。海尔曾提出"人人是人才"的口号,但员工反应冷淡,在把一位工人的技术革新成果以这位工人的名字命名后,又把这件事以故事的形式在工人中宣讲,很快就形成了全公司的技术革新之风。惠普公司在贯彻企业核心价值观时也采取讲故事的方式,要求企业经理人对员工常讲、多讲体现惠普价值观的例子,并要求经理人以身作则。

这些例子充分表明用人单位对"做事"中"做人"的重视,这种重视是可喜的,是经济部门逐步摆脱工具理性控制的象征。这种重视必然辐射到中职学校,对中职学校的毕业生提出此类要求。

综上所述,在学会做事中学会做人的培养方式在中职德育中既是必要的,也是可能的。目前,已经有一些中职学校在做,如上海市某学校开展的一个活动(见材料4—1):

材料 4—1　　　　　　　　**打工归来话成长**
———记"思博论坛"第三次社会实践成果交流会

　　尽管近日来天气寒冷，但 4304 多媒体教室里却是热闹非凡，由德育中心主办的"思博论坛"今年第三次社会实践经验交流会 12 月 13 日下午在这里召开。100 多名优秀学生代表兴味盎然地聆听了来自护理、信息、音乐等学院师兄师姐们的精彩汇报。

　　在这次以"打工归来话成长"为主题的"思博论坛"中做主要发言的一共有 6 位同学。他们分别以自己亲历的不同的社会实践为蓝本，现身说法地总结经验和教训，与同学们分享成功与喜悦。严美佳同学是一个活泼、自信和会沟通的女孩子。但是谁也不会想到在一年前刚刚入学的时候她和现在判若两人。她主讲的问题就是自己如何从一个丑小鸭变成白天鹅的过程，听来让人忍俊不禁，其中也饱含着她在打工中成长起来的喜悦与得意。孙海佳同学看上去是一个文弱的小女生，却也有过骄人的历练过程，在一家五星级酒店——"上海城大饭店"，她经受了严厉的 Waitress 生活考验，并且出色地完成了任务。她并不需要很多钱，但是她想锻炼自己。李军辉同学是一个品学兼优的好学生，他有多次成功的实习兼职经历，重要的原因在于他懂得面试中的很多学问。在这次交流会上，他毫无保留地把自己如何从面试开始，步步为"赢"的秘密和盘托出，让大家觉得受益匪浅。游佳同学是第一次"下海"试水的女孩子，在炎炎烈日下发传单是给她最大的"下马威"，但是她没有退缩，通过和两个工作态度和方式迥然相异的团队的合作，她真切地认识到"大学生应该注重培养团队精神"，不禁让与会的老师们领首称许。很多同学出去兼职打工都获得了或多或少的报酬，但是汤建立同学却什么物资回报都没有得到——他得到的是巨大的精神财富，收获的是他这个年纪大多数孩子体味不到的东西。他义务到浦东的一个居委会做了志愿者，一个男孩子不怕脏和累，替孤寡老人金奶奶打扫房间、收拾残羹冷炙，却没有丝毫的犹豫，让大家发自内心地赞扬他。一滴水可以反射整个太阳的光辉，从汤建立这滴水身上，我们看到了思博大学生们金子般的心灵在闪光！最后，陈源同学绘声绘色地描述了自己在易初莲花大卖场的亲身经历，让历时 2 个半小时的"思博论坛"在一片笑声中结束。

　　俗话说"纸上得来终觉浅，绝知此事要躬行"，同学们把课堂中学习来的间接理论知识巧妙地和他们的社会实践结合在一起，更加深了对既得知识的理解。"思博论坛"就像一座桥，连接了学校和社会;"思博论坛"就像一个舞台，同学们展示着真我的风采。

　　该案例彰显了职业教育特色的德育培养方式，这种方式是职业教育特有的，也是中职教育特有的，我们不仅要坚持，而且还应当充分发挥，并推广到更多的中职学校。

　　显然，从学会做事中学会做人可以作为中职德育特有的方式，因为中职生实践的机会较多，且实践符合道德发展的规律。但是中职生不仅在做事中学会做人，同时也在学会学习中学会做人，这两者并不矛盾，只是同普通高中的学生相比，他们的侧重点在于学习做事。而学习和做事的过程对于道德发展而言也是相辅相成、互相影响、互相促进的。

　　综上所述，我们可以认为中等职业学校德育同整个教育教学之间应当从"分离"态走向"融合"态，让教学成为道德的事业。这种融合既有必要性，也有可能性。应该说，在职业院校中的这种融合更易于实现。总而言之，把德育与整个职业教育教学有机整合，积极贯彻在学会做事中学会做人，将进一步彰显德育的全程性与全面性，进一步推动职业教育的全面协调可持续发展，代表着当前我国职业教育德育改革的基本方向。

第八节　中职生问题行为之分析框架构建

　　在第二章中对中职生问题行为及相关个案进行了调查研究，这里有必要谈谈如何看待和处理这些问题行为，并试图形成分析问题的框架。

一　问题行为分析框架建立的依据

(一) 依据之一：中职生的特点

　　我们生活的年代是一个价值多元的时代，是一个充满了机遇与挑战的时代，作为生活在这个时代中朝气蓬勃的一个群体，当代的中职生身上深刻体现了社会变化发展的烙印，这种烙印与中职生的年龄特点交织在一起，使得中职生成为一个充满矛盾冲突的群体，矛盾冲突便是中职生这一群体的最大特点，因此对中职生特点的分析必须从分析矛盾冲突入手。课题组认为中职生身上的矛盾冲突表现在以下几个方面。

1. 渴望独立却又有依赖性

当前中职生正处于从少年向成人的过渡期，也正处于心理上的断乳期。一方面他们觉得自己长大了，能够应对生活；另一方面却对家长和老师表现出依赖性。在调研中，当课题组问及"喜欢老师和家长管吗？"这一问题时，被访的所有中职生都表示不希望老师和家长管自己，他们认为家长和老师管是一件很"烦"的事情，他们觉得老师和家长什么都不管，自己过自由自在的生活是最好的。与此相对应的是，当课题组问及"如果遇到问题，是自己解决还是寻求帮助？"时，他们基本上都表示是自己解决，案例中的学生在遇到人生中的一些比较重大的问题，例如学校、专业的选择等都是自己决定的。可以看出，当前中职生自我意识明显表现出来，他们对生活和未来都有自己的想法和主张，迫切希望从老师和家长的束缚中解放出来。

然而在渴望摆脱束缚的同时，他们又表现出一种依赖性。访谈中一位同学的话让课题组印象深刻，该同学说，"其实我们就是这样，当老师、家长管的时候不想让他们管，但是他们真的不管了，我们又希望他们管我们"。一句话道出了当前中职生的矛盾心理，尽管渴望独立，但他们却仍然对家长和老师有很大的依赖性，需要在家长和老师的督促下才能去完成一些事情。

2. 渴望被了解却又自我封闭

中职生看起来是一副什么都无所谓的样子，然而课题组在与中职生的交谈中发现他们并不是看起来的那样，事实上他们心中"有所谓"的事情很多。他们会为自己的人生道路、工作、前途、命运等问题而担忧，他们的内心也有很多想法，渴望被感知、被了解、被倾听，当他们遇到问题的时候也希望有人能给予中肯的建议。

然而他们有时候却会极力掩饰自己这种渴望被了解的心理，在老师和家长面前摆出一副什么都无所谓的样子，拒绝老师和家长的关心。因为老师和家长的关心与他们所理解的关心并不一样，他们便认为老师和家长不了解、不关心自己,因此更加封闭自己的心理,并转而投向其他人或事物中寻找自己所想要的关心,希望能得到心理补偿,频繁更换男友的 E 便是一个很好的例子。

这种既渴望被了解又自我封闭的行为形成了一种恶性循环:他们不会主动把自己丰富多彩的内心世界向老师、家长、同学、朋友展现,所以外界无法了解他们的心理。也正是这种不了解,使他们又认为自己与老师、家长无法沟通交流,是处于对立面的两个群体,因此中职生以一种抗拒的姿态拒绝他人的关怀,这实际上是他们内心渴望被了解而又自我封闭的反映。

3. 拥有梦想但不追逐

中职生内心有着丰富多彩的想法,也会对自己的未来有规划、有梦想,课题组在访谈中对此深有感触。在频繁更换男友的案例中,E 曾向课题组坦言自己目前正在为是否参加与专业相关的职业资格证书考试而犹豫,一方面她希望自己能够通过考试拿到证书,进而从事与专业相关的工作;另一方面她又觉得自己没希望通过,因为她认为考试很难,自己为考试付出的努力太少。她还告诉课题组班级里很多同学都已经放弃了。从她的话语中可以看到实际上她心中已经有了答案,只是需要别人来肯定。

很多中职生和 E 一样都有自己的梦想,然而当他们在通往梦想的道路上时,却发现这条道路上充满了艰难和坎坷,他们没有毅力、决心和行动去克服困难、实现梦想,因此梦想很多时候就变成了空中楼阁,不会实现了。

4. 时而成熟时而幼稚

中职生处在一个人生多变复杂的时期,面临着就业、升学等问题,他们也开始形成自己对世界、对社会、对未来生活的思考,他们有强烈的自尊心,希望被他人以成人相处的方式来对待,看起来对人情世故有一种不符合年龄的成熟。但是当他们真正遇到问题时,便会表现出一些比较幼稚的行为,与平常所谓的成熟相差甚远。

因恋爱而引起的打架案例的主人公 D 便明显地表现出了这种特征。在访谈中,D 向课题组展现了自己丰富的内心世界,课题组发现他对很多事情都有一套自己的看法,然而当他面对事情时,平常这些成熟的想法就会被抛之脑后，冲动行事，而事后自己又非常得后悔和害怕。类似D的学生在中职学校中应该不少，用被访中职教师的话说，就是"有时候他们什么都懂，但有时候他们又都什么都不懂"。课题组认为，他们只是知道道理，但并不会在具体的行为中展现出来，因此他们还是不够成熟。

5. 自尊心和自卑感交织

中职生有强烈的自卑感，他们觉得自己与同龄人相比相对较差，未来渺茫，他们渴望得到社会的认可。正是这种对认可的期盼使得他们有着强烈的自尊心。这种强烈的自尊心和自卑感交织在一起，"使他们变成了内心冲突的个体，表现在行为上就是无所适从，或者有些怪异，有时甚至用过激的方式去掩饰自己可能受到的伤害……"① 很大程度上，中职生问题行为的出现正是这种自尊心和自卑感交织的结果。

（二）依据之二：中职生问题行为的特点

以往对问题行为的分析与处理始终采用一种单一的归类方法进行，这种方法的使用存在一个较为固定的流程：首先根据理论对问题行为分类，将某一个具体的问题行为划归到某一类问题行为中，然后采用适用于这类问题行为的处理方式来对具体的问题行为进行处理。然而从问题行为案例中反映出来，中职生问题行为的各种因素交织在一起，体现出一种复杂性和变化性的特征，采用这种单一的处理方式不够恰当。

1. 中职生问题行为的复杂性

中职生问题行为的复杂性包含三个层面：（1）单个问题行为本身的复杂性。问题行为涉及多方面的因素，每一种因素都会对问题行为产生影响，而这些因素相互之间也会产生影响，因此单个问题行为本身就带有复杂性。（2）问题行为往往并不是单独出现的，在实际情况中，通常会由某一个问题行为引发其他的问题行为，这些问题行为交织在一起，各种影响因素也掺杂在一起，很难划清其中的界限，使得问题行为显得更加棘手，在这种情况下若教师处理不当，会为问题行为的彻底解决埋下隐患。（3）从中职学校德育实践来看，问题行为往往集中出现

---

① 匡瑛、朱倩倩、崔景贵：《今天，我们怎样做班主任（中等职业学校卷）》，华东师范大学出版社 2006 年版，第 5 页。

在某一部分学生身上,而其他学生相对来说较少出现问题行为。尽管这并不是绝对的,但却是真实的现象。问题行为集中出现在某部分学生身上,学生之间相互影响,使问题行为更加复杂,给老师的处理带来了困难。

2. 中职生问题行为的变化性

中职生正处于性格形成阶段,也是由少年迈向青年的时期,在这一时期学生易出现多方面的变化,因此问题行为也表现出一种变化的特征。这种变化会随着学生本人心理状态、所处环境、师生关系、家庭情况等多方面关系的变化而产生,也可能由于学生遭遇某种突发性事件而产生。问题行为的变化可能会带来两种结果:一种是某种问题行为的消失,也就是说随着上述情况的变化,问题行为会消失,学生不再表现出某种问题行为;另一种便是引发出其他新的问题行为,使新旧问题行为交织在一起,带来更大的处理难度,因此中职教师要对问题行为的变化特征进行恰当的把握。

从中职生及其问题行为的特点可以看到,中职生问题行为涉及的因素较为复杂,教师若单纯将问题行为进行归类并处理,可能会导致处理效果不理想的现象发生。这就要求教师将问题行为看作一个整体,将各种影响因素看成整体中的部分,采用"整体—部分—整体",即一种多元而又综合的方式才能够全面、透彻地分析问题行为,因此中职生问题行为分析框架的构建就显得尤为必要了。

二 中职生问题行为分析框架构建的基础

(一) 道德教育创新分析框架

美国学者马修·桑格 (Matthew Sanger) 和理查德·奥斯古索普 (Richard Osguthorpe) 在对以往道德教育途径的二元分类方法进行批判的基础上,提出了道德教育创新分析框架。该框架以一种综合的视角来看待道德教育,它着眼于与道德教育相关的几大领域:道德、教育、社会和心理,抽取这些领域中对道德教育起决定作用的、必要的因素纳入其中,使道德教育站在了一个宽厚的基础之上,具备了一种广阔的视野。

道德教育创新分析框架包括四个方面:

1. 心理假设，说明人类行为、能动性、本体、思想、个性以及与之相连的认知、情感和意志因素，并能说明个体的心理如何随着时间和环境的变化而发生变化，从而形成一种互动关系。

2. 道德假设，"考虑道德的本质和范畴，什么是善、对、美德和关怀"①。道德假设包含了道德教育里两种重要而又不同的假设：规范假设和元伦理假设。规范假设解决什么是善、对、美德和关怀的问题；元伦理假设考虑"某事某物是善、对、关怀和美德的意味是什么?""道德话语、道德实践与生活其他方面的区别是什么?"的问题，两者分别对应道德"是什么"和"怎么样"，赋予了道德教育内容和意义，是道德可以被"教授"的条件。

3. 教育假设，"考虑社会中教学和教育的本质和范畴，教育的目标"②。教育假设框定了教育的范畴，明确了"应该教"和"可以教"的东西。由于并不是道德领域的所有东西都适合出现在学校教育中，因此教育假设的提出目的就在于实现教育假设与道德假设的互动，寻找教育和道德的重合点，确定学校道德教育的内容。

4. 附随因素，"包括个人的、历史的、社会的、政治的、机构的"③五个要素。这里把"个人的"作为附随因素的一部分，是指学生的生活环境，而"机构的"则指学校。这五个方面反映了道德教育与其影响因素的互动关系：历史、社会、政治因素共同决定了道德教育的目的和内容，学校的办学理念和个人的生活环境影响了道德教育。可以看到，附随因素把整个道德教育的广阔背景囊括其中，反映了道德教育的特定环境。

（二）道德教育创新分析框架作为问题行为分析框架基础的原因

中职生问题行为分析框架的构建将借鉴道德教育创新分析框架的内容，在该框架的基础上进行。将道德教育创新分析框架作为中职生问题行为分析框架基础的原因在于：

---

① Matthew Sanger & Richard Osguthorpe, Making Sense of Approaches to Moral Education, *Journal of Moral Education*, 2005, 34 (1): 62.

② Ibid.

③ Ibid.

第一,中职生问题行为的影响因素可分别纳入道德教育创新框架的几大部分。

案例分析中显示,中职生问题行为的影响因素是多方面的,包括被他人关爱的需要、周围人的影响、家庭生活不够温暖、冲动的个性等。从道德教育创新分析框架几个部分的内容看,这些影响因素都可以划归到分析框架的几个部分中,被他人关爱的需要和冲动的个性属于心理假设的内容,周围人的影响和家庭生活属于附随因素中的个人要素。这样看来,尽管道德教育创新分析框架属于宏观层面,但是中职生问题行为的影响因素都可纳入其中,因此它作为一种宏观的架构可以形成中职生问题行为分析的基础。

第二,道德教育创新分析框架为以道德教育的视角来审视中职生问题行为提供了工具。

从理论研究层面看,当前对问题行为的研究多集中于心理学领域,提出的处理方式也多是心理方面的干预措施,因此从道德教育角度来探讨中职生问题行为、提出相应处理措施的研究较少。从中职德育实践层面看,当前中职教师对问题行为的处理更多的是以维持管理秩序为目的,采用管理的方式进行处理。因此不论从理论研究还是从实践探索来看,都迫切需要真正从道德教育的角度来看待、分析中职生的问题行为。而道德教育创新分析框架正好提供了这样一种分析工具,使问题行为研究的视角从心理学领域转化到道德教育领域,并且它所包含的几部分内容在实践中都可以为教师所接受和掌握。

第三,道德教育创新分析框架将问题行为的分析从单一的归类方法中解放出来。

道德教育创新分析框架以一种高屋建瓴的视野剖析了影响道德教育的几大领域的因素,并指明了各个因素在道德教育中的作用,同时框架的整体性还将这几个因素之间的互动关系清晰的展现出来。相对于将问题行为进行归类并采取适用于某类问题行为的方式来进行处理,道德教育创新分析框架提供了一个综合性的分析方式,将问题行为的分析从归类方式的单一性中解放出来,帮助教师跳出某一类问题行为的局限,充分注意到问题行为影响因素的各个方面。

在上述原因的基础上,课题组以为借鉴道德教育创新分析框架来构建中职生问题行为分析框架能够使中职生问题行为分析框架具备一个科学、合理的理论基础，在此基础上也能够对中职生问题行为进行全面而准确的分析，从而寻找到处理问题行为的恰当方式。综上，中职生问题行为分析框架将在道德教育创新分析框架的基础上进行构建。

三 中职生问题行为分析框架的建立

中职生问题行为分析框架将在道德教育创新分析框架的基础上建立，但是道德教育属于宏观层面上的理论探讨，而中职生问题行为属于微观层面，需要在实践中进行运用，如果仅仅套用宏观层面的框架，同样会使问题行为分析框架在实践中无法发挥具体的作用，因此中职生问题行为分析框架将以道德教育创新分析框架几个部分的内容作为"骨架"，并结合案例分析反映出来的问题行为影响因素，对道德教育创新分析框架的内容进行细化。

结合道德教育创新分析框架和问题行为的影响因素，问题行为分析框架的构建如下：

（一）心理因素

表明中职生的行为、思想、个性以及与之相联系的认知、情感和意志因素，同时还有学生心理与时间、情境的互动关系。心理因素是教师处理问题行为，对学生进行道德教育的出发点，也是教师选择问题行为的处理方式的重要依据。

（二）道德因素

在道德教育创新分析框架中，道德假设指明了道德"是什么"和"怎么样"，与此相对应，在中职生问题行为分析框架中，道德因素则是明确中职生应该具备的道德品质，以及如何将这些道德品质教授给学生。

（三）教育因素

在道德教育创新分析框架中，教育假设框定了教育的目的和范畴，体现了与道德假设的互动，共同构成道德教育的范畴。在问题行为分析框架中，教育因素即要明确中职生道德教育的内容。

（四）附随因素

在道德教育创新分析框架中，附随因素包括"个人的、历史的、社会的、政治的、机构的"五个方面，由于中职生问题行为属于微观层面，因此在问题行为创新分析框架中，将只关注"个人的"这一因素，并对这一因素进一步细化为五个相互关联的因素。

上述这些因素并不是孤立存在的，它们共同对中职生问题行为产生影响，进而才构成了中职生问题行为分析框架，因此应该采用一种既综合又分离的视角来看待中职生问题行为分析框架。图4—1直观地展现出中职生问题行为分析框架的各个要素以及它们与整体之间的关系。

1. 学校因素

学校教育目的的设定、教育内容的选择会受到社会、政治、历史等因素的影响，但是作为社会中的一个独立机构，在发展过程中会形成自身的历史，并结合学校发展的特点形成具有特色的校园文化。学校的历史和文化会影响到学校具体道德教育的内容，形成学校在道德教育方面的传统，并被学校在对学生进行道德教育时所强调。如一些中职学校面向服务业，那么他们会注重学生的礼仪教育，而一些学校面向制造业，那么他们就会强调学生吃苦耐劳品质的培养。因此在分析中职生问题行为时，要考虑是否因为学校的传统而致使问题行为的某些影响因素被忽略，对学生的教育也只是侧重于结合学校传统进行。

2. 家庭因素

在调研中不止一位被访教师向课题组指出：一个问题学生的背后就是一个问题家庭。家庭的教养方式、背景等对学生的影响是深远的，学生出现问题行为、问题行为的矫正等都与家庭各方面的情况相关。因此教师在分析学生问题行为时，必须结合家庭因素进行考虑。

3. 师生关系

师生关系是教师在分析学生问题行为时必须考察的一个因子，然而它往往也是被老师忽略的。案例分析中给出了师生关系是否融洽的正反两方面的案例。师生关系融洽，教师能够了解学生真实的心理，反之则会导致师生沟通困难，学生难以真正接受教师的教育。因此教师在处理问题行为之前，应该对师生关系有一个准确的评估，然后才能够选择一种恰当的方式向学生接近，了解相关情况。

4. 同伴关系

"西方的研究表明，受排斥的学生问题行为倾向于攻击的、过失性的、过度获得及社交退缩性的。他们为了逃避学校中遭受的失败而退学、犯罪和精神异常的可能性也都比较高。"① 调研中也反映出来，同伴关系对学生问题行为的产生有很大影响，如中职生抽烟多是由周围同学或朋友抽烟引起的。教师在分析学生问题行为时，也应该考察学生的同伴关系，了解在该生的生活圈子中，是否也有类似的行为，是否会使教师对学生的教育效果产生不良影响，是否有必要对该生周围的同学进行教育。

5. 情境因素

学生问题行为的产生有很大的情境性，有些问题行为在某种情境下会产生而在另一种情境下就不会产生，而另一些问题行为的出现则是因为在当时的情境之下学生不得不出现这种行为，因此教师在分析中职生问题行为时必须考虑情境因素。

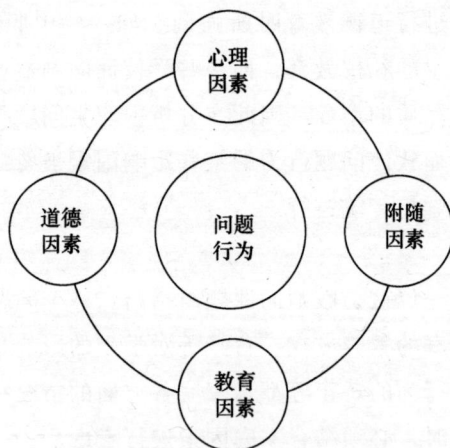

图 4—1　中职生问题行为分析框架

四　中职生问题行为分析框架的初步应用

中职生问题行为分析框架只有在实践运用中，才能将其优缺点充分地展现出来，也才能不断改进。在此课题组试图运用该分析框架对频繁更换男友这一案例进行分析，以起到抛砖引玉的作用。

---

① 李梅：《学业成绩、同伴交往与学生问题行为关系的研究——问题行为形成机制初探》，载《徐州师范大学学报》（哲学社会科学版）1997 年第 3 期。

（一）心理因素分析

笔者与 E 的访谈是从韩剧开始的，韩剧多是爱情故事，与恋爱这一主题贴近。E 非常喜欢看韩剧，因为韩剧中的爱情故事纯真而美好，然而她不相信现实生活中会发生韩剧一样的故事。研究者问 E：“现实生活中会发生韩剧中的故事吗？”E 回答：“不会，看上去很浪漫，但是想想觉得不太现实。”尽管她否认现实生活中会发生韩剧故事那样的爱情，但是她的表情和语气却泄露了自己内心真实的想法：她渴望韩剧故事在自己身上发生。笔者认为，正是这种对美好爱情的向往和渴望，使她一再更换男友，从而向心中的爱情接近。

研究者：为什么十几岁的年纪就要找朋友？

E：因为没事情做，学习也不紧。就感觉挺喜欢的就去谈，有时候就是纯属没有事情做，就是无聊。

研究者：你从恋爱中想获得什么？

E：是想找个人陪，因为一个人蛮孤单的，有人关心也很好。就是有人关心，我们现在谈恋爱也不现实，我想获得心理上的东西，有个人想我，关心我，我也有事情做。现在也有人关心我，但是少，都是同学，好朋友。

当笔者问及恋爱的原因时，她表明了两个原因：其一，打发空闲时间；其二，得到他人的关心。实际上从她对“有人关心”这个词的强调来看，她已经形成了一种对他人关心的心理需要，这应该才是她不断恋爱、更换男友的原因。

研究者：谈恋爱在你的生活当中占据什么位置？

E：谈恋爱很重要，重要到有它不会有什么影响，但是没有它很难受，没有基本生活。

我不是有意的频繁换，就是觉得时间长的对一个人，觉得挺烦的。

周围朋友谈恋爱的挺多的，一直在换朋友的也有，但是人数不多。

可以看到，恋爱在 E 的生活中占据重要位置，是"必需品"。E 将恋爱放在如此重要的位置表明有人关怀的心理需要对她来说不是一时的，而是深刻而长久的，她希望自己时时处于有人关怀的状态中。而"烦"则代表了她厌倦两个人在一起时的争吵，她只希望恋爱一直处于最初的甜蜜状态，实际上这也是渴望他人关怀的一种折射。尽管周围朋友也有频繁更换对象的情况出现，但是 E 似乎受这方面的影响较小。因此，笔者以为导致 E 频繁更换男友的原因在于她渴望他人关怀的心理需要。

（二）道德因素分析

恋爱问题本身并不涉及道德因素，在本案例中 E 是出于心理需求才频繁更换男友，因此与道德因素关系不太大，不需要对道德因素进行分析。在这里还需说明的是，若学生因为道德方面的原因而频繁更换男友，那么教师则应该对学生进行道德因素的分析。

（三）教育因素分析

尽管本案例不涉及道德因素，但是频繁换男友也与爱情伦理相关，老师应该结合频繁换男友的事情对 E 进行爱情伦理方面的教育，对其在这方面进行引导。

（四）附随因素分析

1. 学校因素分析

从案例中并没有反映出学校因素的影响，因此在这个案例当中学校因素可以不涉及。

2. 家庭环境分析

（1）家庭背景

E 的家庭兄弟姐妹较多，她有一个哥哥、一个弟弟和一个妹妹，其父亲在外做生意，每个星期只见一次面，母亲是家庭主妇，负责照顾孩子们。

父亲由于生意较忙，基本上不管孩子的教育。母亲负责照顾和教育孩子，她基本是个文盲，认识的字不多。母亲对 E 的管教比较严厉，但对 E 内心了解甚少。

（2）家庭教育思想

母亲对 E 的教育不能看作真正意义上的教育，因为母亲重点在于管教 E,例如不允许她晚归,详细询问 E 在金钱方面的情况,但是在恋爱方面并没有对 E 有引导和教育。

"因为以前也跟我妈讲,讲多了她一直说这件事情,后来我就不想跟她讲了。讲了觉得没什么意思。现在也不跟我妈交流。"

这句话表明 E 最初还是愿意告诉母亲自己恋爱方面的情况,但是母亲把女儿告诉自己的事情当作"把柄"不断对女儿进行说教。实际上这是母亲给予 E 在爱情方面的教育,母亲也希望通过自己的教育,E 能够不再出现恋爱的行为,然而却因为错误的教育方式导致教育效果适得其反,反而使得 E 反感母亲,拒绝向母亲透露心事。

(3)家庭关系

　　如果我跟妈妈不吵架还可以吧,因为我不喜欢吵吵闹闹的,我们不开心就吵起来了,然后就会讲我,就会唠叨。因为以前也跟我妈讲,讲多了一直说这件事情,后来我就不想跟她讲了。讲了觉得没什么意思。现在也不跟我妈交流。我爸工作忙,交流少。我妹关系还好,因为一个房间,我谈男朋友她都知道。我和弟弟关系不好,和哥哥关系小时候好,长大了就不好了。

可以看到,在整个家庭里面,E 只愿意与妹妹说自己恋爱的事情,她与其他家庭成员的关系都不亲密,因此她也得不到家庭成员的关注,此外由于孩子多,母亲不会把全部的注意力都放在她的身上。这种缺乏关注、缺乏关怀的环境致使她非常渴望有人能关心自己,以至于不停地从恋爱中寻找关心。

3.师生关系分析

X 老师认为 E 除了个性开朗,能够为班级画画之外,在其他方面表现一般,因此 X 老师对 E 不太关心。同时 X 老师不赞同 E 频繁更换男友的行为,对 E 还有点反感。而 E 对班主任的做法感到不满,从班主任老师身上也得不到她想要的关怀,师生关系不佳。

在这个案例中,师生关系实际上走入了恶性循环,师生双方不理解对方,导致关系不佳。而这种不佳的关系又使得他们更加不愿意去了解对方,师生关系愈加恶化。因此教师在分析学生问题行为时应该反思自己是否也出现了类似现象，应该从自己身上找找师生关系不佳的原因。

4. 同伴关系分析

研究者：朋友中间比较受欢迎吗？

E：还可以，受女生欢迎多一点。

E 与朋友的关系还不错，有自己的朋友圈子，并没有受到同伴排斥。她的朋友能够在她需要的时候提供安慰，但是朋友只扮演了"倾听者"的角色，她并没有从中感受到关怀，因此她并不满足于这种安慰，需要从其他方面寻找这种关怀。

5. 情境因素分析

恋爱这一事件并不涉及情境的问题，它是一种持久的行为，因此情境因素在这个案例当中反映并不明显。

从整个访谈内容看，X 老师和 E 缺乏真正内心的沟通，这其中有 E 的原因——作为学生，对老师有一种自然的抗拒；有 X 老师的原因——带着一种先入为主的观点与 E 交谈，尽管试图站在学生的立场了解 E，但是并不成功，相反导致了沟通效果不理想。

对于 X 老师来说，需要暂时放弃自己对于爱情的观点，忽略自己教师的身份，让自己做一个真正的倾听者，取得 E 的信任，了解 E 内心的真实想法。要认识到问题的关键不在于让 E 放弃这段感情，而是给予 E 正确的引导，引导她正确面对自己的心理需要，正确看待感情的萌发，学会将注意力转移到其他的方面。

第五章

借鉴:他山之石与启示

中等职业学校的德育问题并非我国特有的,各国都面临这样的教育并积极探索着更好的方法和模式,虽然各国文化传统和背景习俗有所不同,但是有些做法、思想和举措会给我们带来有益的启示。

第一节 批判性道德意识教育视角下
中职德育灵魂的重构

随着工业化的不断深入,教育目标越来越远离个人潜能的发展,逐步成为国家经济和社会的工具性目标。职业学校中的教育也越来越呈现出"只见机器不见人"的倾向,用"形而上"的技术应用逐步取代了本体论。普莱坦斯基认为,"单纯追求知识,而不顾及情感发育,可能会产生技术和学术上的进步,但忽视道德成长,过多地追求责任与意志训练,可能会形成实用主义,但是如果没有知识和情感的话,可能问题解决的过程会比问题本身更糟糕"①。批判性意识作为促进个体的道德发展,实现个体社会化的重要因素,应当成为职校德育的灵魂,实现机器化的解构和人性化的重构。

---

① I. Prilleltensky, Book Review of Critical Consciousness: A Study of Morality in a Global Historical Context, *Journal of Community and Applied Social Psychology* (In Press) .

一 道德动机：回归批判性道德意识的本质

成熟的道德意识被认为是一种存在方式，人类发展的理想路径。这种道德意识被描述为批判性意识。批判性意识是对自然的、文化的和历史的现实提出质疑的能力。[①] 批判性意识是理想意识的核心，是人类智慧、情感、道德和精神方面的整合。批判性意识的水平和程度是道德动机和结构认知的发展水平协同互动的结果，引导着思维与情感和谐运作，促使理性认知、外部直觉与内部洞察力的有效统一，而其核心便是道德动机。

（一）道德动机的本真研究

道德动机是人类本性中的道德渴望，并受到早期的道德环境的影响。人们追求真善美的行为被概括为人类精神潜能的成长。人类探索真理、崇尚美德以及增强意志的精神潜能能够使人向着好的方向发展，即将自我、人际关系和时间相关联的人生变得更加完满，但是如果受到不和谐因素的影响，就会导致成年期的不良发展。人类精神潜能发展与人类核心关注问题的关系如表5—1所示。

表5—1　　　　人类精神潜能发展与人类核心关注问题的关系[②]

核心关注问题	主要的人类精神潜能		
	认知	爱	意志力
自我	（1）自我体验 （2）自我发现 （3）自我认知	（1）自我为主 （2）自我接纳 （3）自我发展	（1）自控 （2）自信 （3）责任
人际关系	（1）人类单调性 （2）人类独特性 （3）人类同一性	（1）接受他人 （2）同情他人 （3）团结	（1）竞争 （2）合作、公平 （3）服务

① ElenaMustakova-Possardt, Education for Critical Moral Consciousness, *Journal of Moral Education*, Vol. 33, No. 3, September 2004.

② ElenaMustakova-Possardt, Education for Critical Moral Consciousness, *Journal of Moral Education*, Vol. 33, No. 3, September 2004.

核心关注问题	主要的人类精神潜能		
	认知	爱	意志力
时间	（1）当下 （2）死亡 （3）永恒	（1）初次统一 （2）分离 （3）再次统一	（1）欲望 （2）决策 （3）行为

从表 5—1 中可以看出，人的精神潜能发展与人们关注的核心问题的关系分别与儿童期、青春期和成年期对应。在 9 个领域中出现了大量的不均衡发展的组合，表明了人类在精神潜能方面的较低发展水平。在人们精神潜能的发展过程中，会受到早期环境因素的影响，它是道德动机不断重建的驱动力。它通向了一个更高层次的认知、意志和情感能力的整合，并且使人们的思想和行为更加一致。它与生活紧密相连，促进结构性认知的发展，形成了贯穿于人们一生的广泛的、不断增长的意识。

（二）道德动机的精神根源

道德动机是精神潜能发展的关键因素。道德教育与其他的善行教育一样，要求"综合的分析、知识的审查，自我修正、批判以及反馈"[1]。皮亚杰和科尔伯格强调认知是道德意识的来源。在个人的权利和公正意识建立的过程中，社会的干预导致了道德判断发展的复杂化，而不再简单地将社会动机内化。道德发展的本质应是整合的过程。

爱是"一种对美德、团结和成长的活跃吸引力"[2]。这种精神的吸引力能够转化为独立的判断力。爱的质量与其客体本质有密切的关系。人们在一个拥有众多道德榜样的群体中，会表现出突出的批判性意识，也就是说爱是通过其他人展现出来的。爱的品质包罗万象，显示出对人类不同境况的深切关怀。诺丁斯将人类的关怀划分为两类：自然关怀和伦理关怀。自然关怀是伦理生物学的基础，它的动机具有生理学基础，每个人都有不

---

[1] ElenaMustakova-Possardt, Education for Critical Moral Consciousness, *Journal of Moral Education*, Vol. 33, No. 3, September 2004.

[2] H. Danesh, *The Psychology of Spirituality*, Manotick, Ontario, Nine Pines, 1994.

需做出道德努力就能发出自然关怀行为的能力；伦理关怀则是要做出较大道德努力的关怀。伦理关怀的动机一方面在于消除本能恐惧的自然关怀行为引发的被关怀的记忆；另一方面则是道德理想的支撑。

意志力被视为"我们在善良与邪恶、行动与非行动之间的选择自由，决定了我们生活的方向和质量"①。当下的思想存在这样一种博弈关系，一方面心理学上有一种倾向，就是否认意志的首要性，对其他因素的重要性给予更多肯定；另一方面，哲学倾向于对自由意志的绝对化。

总之，人类的精神是"一种活跃的、开放的以及自我超越的意识倾向"②。精神主要是"由自我意识和发问、质疑的经历以及那些有待认知和被爱的活力决定的"③。因此，精神是终极的组织原则，精神导向的环境是一种将终极组织原则与人类能力的不同纬度，如知识、爱和意志力相融合的环境。

（三）道德动机的维度划分

道德动机包含四个维度：认同感、道德权威与责任、同理心（对他人的理解与关怀）、生命意义④。

首先，道德认同感统治并调节着多种认同感。道德认同感以道德模型和概念为基础，但是一般简单地理解为道德律令的来源，例如去做合乎道德的事情的内部需求。道德律令比利己主义强盛，并且在生活中不断加强和扩大，导向了自我与道德的不断整合、提高。

其次，在个体建构自身真正的道德权威的过程中，外部道德权威总是首先受到直觉和理性的审查。随着批判性洞察力的成长，感受力、可信的道德权威逐步内化为个人的道德责任。这一过程同时伴随着内部道德权威的形成和不断重建内在的个人道德责任的趋势。道德责任的发展使自身从

① H. Danesh, *The Psychology of Spirituality*, Manotick, Ontario, Nine Pines, 1994.

② D. Helminiak, *Religion and the Human Sciences*, Albany, NY, SUNY Press, 1998.

③ Ibid.

④ Elena Mustakova-Possardt, "Education for Critical Moral Consciousness", *Journal of Moral Education*, Vol. 33, No. 3, September 2004.

环境接受者逐步成为环境批判者。

再次,让自己体验各种人际交往,不是简单的与他们保持联系,而是培养同理心。随着不同角色的尝试,就会突破人际关系而成为社会关怀。

最后,明确的或者内隐的精神环境会扩大对生命意义的追问。对真理的探索能够对自己和经验作出反馈,激起更多反省和对现实的批判性审察,并逐步扩展为原则性的、哲学的、历史的以及全球的视野。

表5—2 将私欲与道德动机在四个维度上进行对比,全面地展示了成熟道德动机所应该具有的优秀品质。

表5—2　　　　　　　　　　　私欲与道德动机对比①

维度	私欲	道德动机
认同感	社会认同感,道德规则缺乏	道德认同感,符合道德规则
权威与责任	有限的个人权威和责任;道德榜样缺乏	批判性的道德权威;扩张的道德责任意识;具有道德榜样
人际关系	同理心缺乏,孤立	具有同理心、同外界的关联性
生命意义	自我为中心的坐标;有限的目标	批判性洞察力和自我反思的广域的坐标;具有生活追求

当从本质层面揭示了道德意识的内涵之后,要想依托道德意识重构职校德育灵魂,我们还需要深入探究道德意识在个体中的成长。

二　批判性道德意识在个体中的成长

将人类固有的道德渴望转化为批判性道德意识,是个体道德品质的形成过程,也是批判性道德意识的成长过程。批判性道德意识的发展经历过三大时期:前期批判性意识、过渡期的批判性意识和成熟期的道德意识。②

---

① Elena Mustakova-Possardt, "Education for Critical Moral Consciousness", *Journal of Moral Education*, Vol. 33, No. 3, September 2004.

② Ibid.

（一）批判性道德意识的萌芽期

批判性道德意识的萌芽期，即前期批判性意识发展阶段。它开始于儿童时期，到青少年时期结束，经过这一时期的发展，道德动机的基础、过渡期批判性意识的结构条件都已成熟。该时期的任务是辨识和加强孩子们对真善美的道德渴望，培养他们一般性的道德定位，激发道德兴趣，鼓励他们对可信的道德权威和道德责任提出质疑。孩子们天生具有灵性，但在其自我发展过程中会同时受到其他因素的影响。我们需要将他们基本的精神追求阐述给他们，以便让他们能够意识到，并且发展成为道德和精神的认同感。他们内在的道德意识需要通过不断的讨论以及给出的有关道德的生活案例予以强化，例如耐心、信任、友善、公正、仁慈等。随着青春期和自我意识的出现，要让学生明确自己的角色以及尊重他人，努力使他们形成良好的团队合作关系。这样早期的批判性意识就会融入结构化的自我身份认同中了。

（二）批判性道德意识的过渡期

随着青春期认知结构的发展以及受到与生活对话的挑战，青年人可能会到达认知阈值，进入过渡期批判性意识阶段。这种结构阈值形成了早期的、正式的运作能力，这种能力可以对因果关系、社会制度和道德取向以及群体的责任进行分析。因此，随着正式的动态思维的出现，青年人进入过渡期批判意识阶段。

他们开始扩大自己的社会圈，道德动机的第二和第三维度得到深化，逐步涉及社会道德责任与社会政治意识。这一时期也显示出道德动机的第四维度，即关注于生命的意义以及更广阔的视野，而不是局限于自我。批判性洞察力和对人类现状质疑的能力得到较快增长。但是思维与情感、多方面的情绪与道德认同感之间仍然存在博弈，有限的批判性反思能力和内部矛盾导致系统的推理能力的缺失。这一时期的教育需要指引青年人利用更大的参照系、批判性洞察力、自我反思和更高的生活追求克服内部矛盾、消极的批判主义以及实用主义。同时需要逐步让学生形成对人类大家庭同一性的真正理解并且培养其对人类的关怀能力。当青年人将世界是同一性的观点内化之后，他们对主动性和所属权意识便有了新的认识。

（三）批判性道德意识的成熟期

随着系统推理的出现以及对制度上的自我超越，个体发展到了成熟的批判性意识阶段。在这一水平上不仅形成了完整的结构能力，用以分解和质疑自我意识形态和社会历史现状，而且它是高度整合的，是知识、爱和意志力的深层协同作用。

批判性道德意识的个体发育过程被认作是一连串社会心理主题或者任务的逐级递升过程（见表5—3）。它们在道德动机和批判性系统思维的协同作用方面被详细地阐述出来。这些主题显现出了认知与存在、思维与情感的完整关系，形成了关怀的，彼此相互关联的，以正义和公平为导向的人生观。随着结构化的发展运动，人们逐步进入到同自己和社会进行批判性对话的阶段，对社会中的人们抱有同理心，不断整合他们的社会经验。一种与世界进行更广泛交流的发展性运动形成了。

表5—3　　　　　　　　**成熟道德动机进化中连续递升的主题①**

主题	历史的、全球的视角
	哲学视角的扩张
	原则性视角
	社会政治意识
	逐步扩张的道德与社会责任
	道德责任
	道德权威
生命发展期	前期批判性意识　　　　过渡期批判性意识　　　　成熟期批判性道德意识

三　批判性道德意识：重构职业学校道德教育灵魂

对于道德教育的理论阐述最终的落脚点是学生的成长，如何依托批判性道德意识的本质重构职业学校道德教育的灵魂是每个学校不得不思考的问题。

---

① Elena Mustakova-Possardt，"Education for Critical Moral Consciousness"，*Journal of Moral Education*，Vol. 33，No. 3，September 2004.

（一）以可信的榜样树立学生的道德理念

正如前文所述，在前期批判性道德意识的形成过程中需要通过有关生活的道德案例对学生的道德理念进行强化。但是当下的教育环境中最缺乏的是可信的道德榜样，所列举的例子无论是人类历史上精神领袖还是道德的楷模，并没有与所教内容相融合。长久以来职业学校呈现给学生的道德榜样往往是一个虚拟的"道德人"，对于这种"道德人"，虽然不同的学者有不同的看法，但总体都表现为，"只讲付出，不论回报；毫不利己，专门利人"①。而社会转型中产生的违法乱纪等众多"失范"行为，又造成学生道德认知上的混乱。这种道德教育既没有兼顾学生自身利益的发展，又与时代背景相脱节，导致道德教育无法实现"教育关怀"这一目标。于是，职校中的"道德人"榜样反而成了伪道德的典范。因此职业学校选取何种人类精神的榜样作为关注点，以此促使学生不断的同可信的人类精神榜样对话，帮助他们发现和发展他们自己道德理念就显得尤为重要。笔者认为，职业学校在树立道德榜样时，应当在理想道德、学生自身利益以及当下的社会背景三者之间找到平衡点，过度倾向任何一方都会导致道德教育的失效。同时，对于甄选出的榜样应按照其道德发展层次逐级呈现，让学生通过榜样认知道德的不同发展阶段，跟随不同的榜样同步成长。

（二）用职业素养成就学生的责任意识

如何让处于过渡期批判性意识阶段的青年人挣脱狭隘的自我，获得更广阔的视野和对世界的整体认知，需要道德教育给予正确的引导。职业学校可以依托自身的行业特色，为学生的道德发展提供平台。职业学校开展道德教育时应以行业为立足点，培养学生的职业素养，将他们的精力导向于服务社会大家庭，让他们经受社会的考验并获得成长。但是事实表明，目前职业学校的德育并没有突出这一特色，与普通学校或一般高校相比，职业学校的道德教育是"普通化"的，职业道德教育也是"公德化"的，这越来越与职业学校的本质相背离，表现出明显的

---

① 匡瑛：《论职业道德教育低效的原因及对策》，载《中国职业技术教育》2009年第331期。

去行业性。① 因此许多学者呼吁职业素养应当成为职校德育中核心的有真实意义的内容,而不应当仅仅停留于外在的强迫性要求,如此才能让青年人发现"满足社会的需要才是内心最深层的快乐"。②

(三) 以生活目标引领学生道德升华

成熟的批判性道德意识赋予个体勇于探求生命意义的品质,避免了个体沦为"简单工具"的灾难。职业学校的培养目标不能仅仅停留在为企业提供流水线的员工上,更重要的是突出教育的本质——培养人,这是职业教育区别于培训的本质所在。在培养什么人、如何培养的问题上,职业学校应与普通类学校相区别,突出职业教育的特色,让学生在学会做事中学会做人。职业学校的道德教育需要与专业技能教育相融合,立足行业起点,以个体的社会化成熟为目标。职业学校只有明确了培养"人"而不是"机器"的目标,才能使各个组织层面的工作有的放矢的开展。相同的,职业学校的学生也需要有一个明确的、符合自身发展的规划作为生活的追求,而不是局限在胜任某一个工作岗位上。多维的生活目标,一方面能够引导学生对学校、家庭和社会的体验,开阔他们的视野,丰富他们的精神世界;另一方面,目标追求过程中产生的冲突与困惑,也必将导致他们的自我反思与批判性思维的成长。层次清晰的个体发展规划一旦被学生接受,就能实现个体自主发展的良性循环。但是目前有关初中生职业观的调查显示:他们的职业规划意识淡薄,对职业价值存在误区,而且对自己以及职业世界知之甚少。③ 这种生涯规划意识的缺失,一方面会导致他们缺乏学习动机,厌学情绪严重;另一方面,对他们深层的道德发展也产生了不利影响,使他们的道德品质中缺失了生命意义这一维度。

德育应当起始于关注个性的养成以及道德认同感和道德指令的发展,接着是有目的地强调可信的道德权威并开始培养道德责任感,其次是培养

---

① 匡瑛:《去职业性:职业学校德育与教育教学难以融合的症结》,载《职教通讯》2009 年第 11 期。

② Elena Mustakova-Possardt, "Education for Critical Moral Consciousness", *Journal of Moral Education*, Vol. 33, No. 3, September 2004.

③ 匡瑛:《初中生职业观与职业指导需求之调查》,载《河南职技师院学报》2001 年第 5 期。

广泛的同情心,逐步提高对人类的关怀,然后是开展对真理和生命意义的讨论,这样道德教育才能担负起开发人类精神潜能的责任。对批判性道德意识的研究,为深层次的实施全人教育提供了可能性。

第二节 雅努什·科萨克的德育思想对我国中职学校德育的借鉴与启示

《中华人民共和国国民经济和社会发展第十二个五年规划纲要》(2011—2015)中关于"加快教育改革发展"部分指出,坚持德育为先、能力为重,促进学生德智体美全面发展。道德教育已经被提升到国家战略发展的层面,足见道德教育对于国家经济发展和社会建设的重要性。关于中职学校德育,在《国家中长期教育改革和发展规划纲要》(2010—2020)中提出,着力培养学生的职业道德、职业技能和就业创业能力。该《纲要》亦将职业道德教育置于职业教育发展的重要地位。但是,在教育实践中,中职学校德育却遭遇了发展困境,制约着中职学校德育发展。犹太裔波兰教育家雅努什·科萨克独到的德育思想和伟大的德育实践将有助于我国中职学校探索德育改革的新方向。

雅努什·科萨克是波兰著名的道德教育实践家。他毕生致力于道德教育事业,以多科性视角、丰富的实践经验构建了德育新路径,提出了德育教育者应遵循的准则,并在极端黑暗的社会环境中成功地缔造了他的"儿童共和国"。雅努什·科萨克的德育思想是伦理丧失、希望尽无的世界中的一颗启明星,寄托着对未来新世界的美好期望,同时,对欧洲道德教育发展作出了重要贡献。

一 科萨克建构的德育新路径

科萨克认为,平等、民主、公正的教育目标的实现不能依靠国家的、宗教的、政治的意志,也不能靠既定的价值观。他指出,德育仅靠读书说教作用是不显著的,而要构建新的德育路径来实现,主要包括:引导儿童循序渐进地成长,建立"我与你"式的互信对话关系以及实施民主的自我管理。

（一）引导儿童循序渐进地成长

科萨克认为，如果德育以说教的形式来进行，那么儿童就会因厌恶说教，进而反叛道德教育，因此，科萨克建议教师应该通过引导儿童参与道德体验活动，促进儿童循序渐进地成长。但是，这将是一个缓慢的过程。首先，要让儿童学会自我接纳。在科萨克的孤儿院，大多数儿童或是弃儿，或是孤儿，这些儿童有着难以言表的痛苦，使得这些儿童在同辈中表现得十分自卑。但是，孤儿院的教育者真诚地帮助这些儿童，引导他们走出自卑，指导他们进行正确的自我认知，从而，儿童能够坦诚地接纳自我。其次，鼓励儿童自行解决问题。科萨克认为，虽然教育者是有经验的成人，可以去引导儿童养成良好的品德，但实际上，这是德育主体上的错位，儿童本身才是他们自己生活的主体，他们需要培养自行解决问题的能力。因此，一方面，科萨克鼓励儿童不要惧怕惩罚，勇敢地作出选择；另一方面，科萨克建议教育者应尊重儿童的选择，倡导儿童进行自我管理。

科萨克根据其德育思想，创造性地提出了帮助儿童进行自我管理的策略。比如，科萨克巧妙帮助儿童克服缺点。他在与儿童私下交谈时，要求儿童思考自己需要克服的一个缺点，并要求儿童自行提出克服缺点的方法，之后，他要求儿童每周都要汇报克服缺点的进展情况，科萨克给予成功克服缺点的儿童以口头表扬和物质奖励。

（二）建立"我与你"式的互信对话关系

建立起一种交往对话型的师生关系对于道德教育是十分必要的，是教育活动得以顺利实施的保障。科萨克指出，师生之间应无年龄、等级差异，师生关系应是一种相互信任的关系。这一观点与马丁·布伯提出的"我与你"的关系类似，这种"我与你"的关系构建的基础是获得儿童的信任，而这种信任是教育者最难以获得的。科萨克建议教育者，如果儿童不愿意表达自己的情感，不愿说出自己的秘密，那就不要强迫儿童。这说明，儿童尚不能信任教育者。这时，教育者需要做的是努力了解儿童的个性差异，设身处地地关心儿童，充分地尊重儿童的不满和期望，如果儿童能够真切地感受到教育者的苦心，那么，教育者就可以得到儿童的信任，进而为"我与你"式的对话关系的建立奠定基础。

科萨克列举了构建"我与你"式对话关系的实例。孤儿院的教育者办公室实行"敞开大门"的策略，这一策略在于鼓励儿童以书信或者面谈的方式与教育者沟通，使儿童有机会说出他们心中的困惑、恐惧或者愿望，为"我与你"式的对话关系搭建平台。

（三）实施民主的自我管理

科萨克认为，儿童本身才是道德教育的主体，也是其生活问题的专家，所以，儿童进行自主管理的影响力远远胜于教育者。因此，科萨克在孤儿院通过构建"儿童共和国"来实现儿童的自我管理，"儿童共和国"是由若干机构组成，包括儿童议会、儿童法庭、儿童媒体等。在这些机构中，儿童是真正的权利和义务的主体，而成人（教育者）仅是以咨询者的身份出现，只是给予必要的建议和指导，并不能命令、强迫或者操纵"儿童共和国"的各种机构。这些就集中体现了儿童的自我管理的特性。

科萨克认为，在"儿童共和国"中，儿童法庭是重要的德育工具，最能凸显儿童民主自治的特征。首先，儿童法庭对儿童法官（每周选举产生 5 个儿童为法官）有着很高的要求。儿童法官要熟悉儿童共和国的法律，要能够分析案情，并根据儿童共和国的法典进行裁决，这都体现了儿童法庭的民主性和公正性。其次，儿童共和国法律既适用于儿童，也适用于成人，其中，科萨克也曾五次成为被告，这显示了儿童法律的平等性。再次，儿童法律强调"保护弱势群体，提倡恪尽职守，摒弃玩忽职守"[①]，这既是对法官的要求，也是对儿童王国全体公民权益的保障。最后，儿童法庭的目标是为教育而非惩罚，法庭通常的裁决是警告、建议或是向"犯罪者"解释"犯罪"的原因。通过儿童法庭的体验，儿童能够理解与他人共处的复杂性，认识到尊重个人差异的重要性，体验到民主社会的氛围，进而逐渐形成道德想象力和批判性思考力。这与杜威"参与民主"——强调儿童对民主生活的参与有异曲同工之妙。

---

① Sara Efrat Efron, "Moral Education Between Hope and Hopelessness: The Legacy of Janusz Korczak", The Ontario Institute for Studies in Education of the University of Toronto, 2008.

二 科萨克倡导教育者把握有效德育的四要素

教育者应如何有效进行德育,科萨克给出了具体框架,主要包含四个要素:加强教育者的自我认知、深化教育者对儿童的认知、把握儿童自律与他律的平衡、基于对话的共同价值信念。

(一) 加强教育者的自我认知

科萨克认为,教育者一般是根据自身的道德观念对儿童进行施教的,加强教育者自身的道德修养是非常必要的,而加强教育者道德修养的前提是教育者应坦诚地面对自己,深刻地了解自己。教育者了解自己的重要途径就是唤醒教育者的童年记忆,回顾自身的道德发展历程,感受自己在儿童时期的迷惑与内心挣扎。从而,教育者能够以儿童的视角来重新审视世界,深刻了解儿童的所思所想,同情儿童遇到的各种困难,原谅儿童所犯下的错误。

(二) 深化教育者对儿童的认知

科萨克认为,教育者在正确认识自己的道德发展历程的基础上,还应充分加强对儿童的认知。在科萨克的一篇文章中写道:"儿童是令人着迷的秘密,他们是如此难以读懂,我一次、两次、三次,甚至是十次去试图读懂一个儿童,但是,我发觉自己能够读懂的依然很少,一个儿童就是一片无垠的天际。"① 正因为儿童难于读懂,容易产生误解,因此,教育者应充分尊重每一个儿童,耐心地理解每一个儿童。

(三) 把握儿童自律与他律的平衡

科萨克强调,在进行德育时,教育者应注重把握儿童自律与他律的平衡。一方面,引导儿童自主选择道德价值标准。也就是说,教育者不能将所谓正确的价值观念直接灌输给儿童,而是应该让儿童自主选择道德价值标准。另一方面,科萨克区分了教育者之于儿童的两种爱:一是"感性的爱",以赞美的方式,空洞地去表扬儿童;二是"理性的爱",是更加慎重、客观地表达对儿童的爱意。科萨克所赞同的是用"理性的爱"去

---

① Sara Efrat Efron, "Moral Education Between Hope and Hopelessness: The Legacy of Janusz Korczak", The Ontario Institute for Studies in Education of the University of Toronto, 2008.

爱每一个孩子，而这"理性的爱"的关键就是用规则和纪律去规范儿童的行为。因此，在进行德育时，把握儿童自律与他律的平衡点是十分重要的。

（四）基于对话的共同价值信念

科萨克认为，无论教育者还是儿童都有自己的内隐和外显的价值观念，这些价值观念应得到重视，因为教育者和儿童共同的价值信念是双方进行有效沟通的平台。基于该平台，教育者能以平等的身份与儿童进行对话，参与儿童的生活，了解儿童的快乐与悲伤，进而教育者与儿童可以共商伦理观念和行为准则，有助于教育者切实地帮助儿童。因此，基于对话的共同价值观念是民主框架下儿童与教育者和谐共处的关键。

三 科萨克强调从不良社会风气中探寻道德的希望

科萨克所处的时代被法西斯主义与反犹太主义、战争与血腥所笼罩，社会风气十分败坏。身为人类学家、教育家、作家、儿科医生的科萨克在极度黑暗的社会环境中，秉持人道主义观念，坚信道德理想终会唤起儿童对善良和公正的渴望，以期创造一个真正的伦理世界[①]，从绝望的社会中探求未来的美好希望。

（一）理性地面对不良的社会风气的现实

为了在令人绝望的社会中探求德育的希望，首要的是不回避社会现实，不刻意用美好的、乐观的事物来迷惑儿童。科萨克在《如何去爱孩子》一书中，理性地评论了社会现实，尖锐地批判教育的缺位。因此，科萨克建议教师要向儿童客观地呈现世界，使儿童能够理性地、公正地看待世界。

（二）追求美好的未来愿景

科萨克在教育儿童要理性地面对不良的社会现实的同时，主张不要放弃对未来美好愿景的追求。科萨克所坚守的希望并不是毫无依据的妄想，

---

① Sara Efrat Efron, "Moral Education Between Hope and Hopelessness: The Legacy of Janusz Korczak", The Ontario Institute for Studies in Education of the University of Toronto, 2008.

也不是盲目的乐观,而是深思熟虑后的选择。科萨克认为,只要儿童能够真实地去了解这个不公的社会,参与到更为广泛的公共生活中来,进行批判性思考与想象,儿童必然能够"修复社会被损坏之处,重获公平与希望……"①

四 启示与借鉴

(一) 关注德育创新,开展自主性德育

当前,在中职学校中,中职生心智日益成熟,他们的独立自主意识日渐增强,但是由于受到传统德育的影响,加之家庭对中职生的自主能力培养较少,使得为数众多的中职生缺乏自主能力。正如一位学者所言,现代教育中教化的隐退和规训的在场,形成了教育对人的新的控制,这种控制导致人的新的奴隶化状态,这意味着教育对人的职能化与工具化。② 由此可见,传统德育路径对于中职生的发展是极为不利的。

科萨克自主性德育的新路径为中职德育创新提供了有益的借鉴,主要表现为:在教学方式上,中职教师应改变传统德育中权威者的角色,转而成为学生的咨询者和指导者,引导中职生循序渐进地成长;在话语权方面,应改变传统德育中"一言堂"的德育方式,要建立起师生之间的互信关系,奉还学生的德育话语权,搭建师生互动的对话平台,使教师真正成为学生的良师益友;在道德获得方式上,改变传统德育中以说教的方式来培养学生正确的价值观,要提倡学生参与道德体验活动来生成道德想象力和形成批判性思考的能力。

(二) 关注德育教师培训,有效实施德育

德育教师在学生道德价值观的形成,以及道德批判能力、决策能力的培养过程中起着重要的作用。根据科萨克教师有效德育四要素,结合当前我国中职学校的德育实际,在德育教师培训方面,应该关注以下四点。

---

① Sara Efrat Efron, "Moral Education Between Hope and Hopelessness: The Legacy of Janusz Korczak", The Ontario Institute for Studies in Education of the University of Toronto, 2008.

② 金生鈜:《规训与教化》,教育科学出版社 2004 年版,第2—3页。

1. 自我反思，以学生视角思考德育进程

当前，中职教师进行德育的出发点往往局限于正在进行中的德育工作，然而，就德育进程而言，仅是关注当前的德育现状是不完全的、片面的。若要做到统筹德育进程，则需要德育教师进行深刻的自我反思，了解自身的道德发展过程，从而，以学生的视角观测中职生的道德发展历程，深入理解中职生当前遇到的心理矛盾和冲突，原谅中职生的"不道德"行为，引导中职生循序渐进地成长，帮助其树立起前进的信心。

2. 倾注耐心，深刻了解学生所思所想

当下的中职生绝大多数为 90 后，这一代人生活在互联网高度发达的时代，在这个各种信息高度交互的时代，各种价值观充斥着中职生尚未成熟的心灵，中职生时髦的网络用语，甚至有些"怪异"的行为使得中职教师难以捉摸。这无疑成为中职教师了解中职生的难点，这些难点在进行德育时也是难以避免的。因此，中职教师有效进行德育的关键是去深刻地了解学生的所思所想，体悟中职生的思维状态。但是，了解中职生所思所想的过程并不容易，需要中职教师倾注更多的耐心与思考。

3. 理性把握"爱"的尺度，寻求他律与自律的契合点

时下的中职生非常关注自主性和独立性，然而，这种自主性和独立性的升华则是自律，在自律方面，当下的多数中职生并不能很好地把握，因此，教师应理性地把握对中职生"爱"的尺度，既要让中职生通过参与民主的自我管理的活动，体验自律的重要性；也要认识到自律是有限的，要适时地配合学校的规章制度来规范学生的行为，在这个过程中，寻求自律与他律的平衡点最为重要，如果平衡点合适，就可以有效地促进中职生的健康成长。

4. 共享价值观念，搭建师生高效互动平台

无论 90 后的中职生与中职教师存在怎样的观念差异，中职生和中职教师之间总会存在共享的价值观念，正是这些共享的价值观念为中职教师的言传身教提供了可能，而师生共同的价值观的基础则是中职教师对自我的认知以及对中职生的深刻认知。

（三）关注学校德育与社会环境的协调，发展学生的道德判断力

当前，"随着社会主义市场体制的建立和发展，那些与传统的计划经济体制相匹配的道德要求受到调整，有些已经瓦解，但是一些新的伦理道德规范尚未及时形成和确立。于是在转型过程的社会道德领域出现了一些'真空'地带"。[①] 加之，社会职务犯罪比比皆是，弄虚作假堂而皇之，贪污腐败骇人听闻，以上种种严重威胁到优良社会风气的形成。由此可见，中职学校德育的外部环境令人担忧，更为尴尬的是，中职学校所进行的正面的德育和社会风气相互抵触，学生无法应对学校理想的德育目标和社会实际的反差。那么，在不良社会风气的荒漠中，探寻道德教育理想的绿洲成为中职学校德育的重要课题。

根据科萨克的德育思想，一方面，中职学校学生应客观地面对社会中的道德失范现象，应正确认识这一现象，发展自身的道德判断力，形成道德行为能力。比如，在学生实习时，不可避免地遭遇不符合道德规范的现象，这时，学生可以进行小组讨论，分享职业道德困惑，中职学校教师作为咨询者要适时地进行指导，使学生正确地认识职场失范这一现象，并引导学生如何去应对。另一方面，随着社会主义市场制度不断完善，应清醒地认识到规范的、积极的道德风尚必然会引领社会主义道德的主旋律，中职教师应引导并激励学生不断追求道德理想目标。

第三节　英国提升德育有效性之新举措及其对我国的启示

我国中等职业学校道德教育存在种种问题，道德教育的效果无法令人满意，这些问题与英国中等学校道德教育存在的问题相似，即道德教育常抓不懈，但是收效颇微。英国将此归结为两大问题：一是学校的行为准则缺失道德性，这些行为准则只是告诉学生什么该做什么不该做，而没有清晰地表明对学生道德品质的要求，无法让这些行为准则内化为学生的行为习惯；二是学生的德育课程，如公民教育课程，过于注重道

---

① 李刚、高静文:《市场经济与道德代价》，载《哲学研究》1997 年第 3 期。

德认知的发展，缺少让学生践行道德的机会和平台。英国近期的改革就是针对这些弊端，采取了新举措，在很大程度上改善了上述问题，使得行为准则不仅规范行为而且引导学生的道德发展，促进了道德知识的内化和道德行为的养成。这些对我国中等职业学校德育有很大的借鉴意义。

一 英国学校德育中所存在的问题

（一）学校行为准则道德意义缺失，混淆了道德规范和传统习俗

如果要让学生做到自律，那么学校的行为准则就应该让学生知道哪些行为是学校的传统习俗，哪些行为是违背了道德并侵犯到了他人的利益。学校行为准则如果能区分道德规范和传统习俗，将会更加有利于学生自律，然而英国很多学校却没有认识到这一点，一些学校制定的学生行为准则在道德上是模棱两可的，没有区分道德规范和传统习俗。古德曼对英国50所中学进行调查，结果发现这些学校的行为准则都混淆了道德规范和传统习俗，这些准则不仅目标混乱，而且在理解道德的概念上存在矛盾，只是告诉学生哪些行为是该做的哪些行为是不允许的，却没有把对学生道德发展的要求体现在行为准则中，对于如何贯彻学生行为准则也没有明确的说明。①

（二）行为准则中价值观教育流于形式，无法内化为学生的自觉品行

一是通过课程学习行为准则过于生硬，难以内化行为准则中的价值观。

英国《1997 年教育法》规定，为了促进学生形成良好的行为习惯，每个郡的学校都必须制定学生行为准则。在该法的指导下英国成立了教育标准办公室负责监督学校行为准则的实施情况。② 在《1997 年教育法》颁布之后，英国的学校便越来越重视增强学生行为准则和学校课程之间的联系。学校通过开设学生行为准则课程，把行为准则中蕴涵的价值观渗透

---

① Don Rowe, Taking Responsibility: School Behaviour Policies in England, Moral Development and Implications for Citizenship Education, *Journal of Moral Education*, 2006, 35 (4): 519 – 531.

② Ibid.

在课程中，希望通过一些课程的学习，如 PSHE 课程（Personal Self Health Education），使学生的社会性、情感、行为技能都得到发展。英国政府、地方教育当局认为通过课程的学习让学生理解并接受行为准则的过程，就是学生养成责任行为的过程。① 但事实证明，这种观点是不太合理的，学生服从和接受行为准则并不是其内化行为准则中价值观的表现，学生知道某种价值观并不代表他内化了此种价值观，正如皮亚杰所认为的那样，儿童道德水平从他律发展到自律是一个受多种因素影响缓慢的发展过程。因此，通过课程学习的方式，只是学会了关于行为准则的规定，但没有在个体内部生成正确的价值观念。

二是学生参与行为准则的制定流于形式，无法真正树立行为准则中的价值观。

英国一些学校在制定学生行为准则时注重让学生参与讨论、协商，但是这种做法往往流于形式，并且没有多大效果，让学生参与行为准则的制定，学生也未必能内化学校行为准则中的价值观。虽然学校鼓励学生参与学生行为准则的制定，重视倾听学生的声音，增加学生的话语权，但是让学生探讨和同意一套共同的规则并不意味着学生就可以把这些规则内化，即使学生口头上承认自己做错了，也不代表他们就内化了行为准则中的价值观。瓦启荣（Watchorn）在他的报告中有一段他和学生的对话，学生告诉他："当你回答老师的问题的时候，你的答案必须是老师爱听的，如果你的答案不是老师期望的，他们就会缠着你不放。"②

三是公民教育过于注重道德认知，不利于学生道德行为的养成。

英国公民教育课程对品德发展的概念和过程都有清楚的描述，公民教育课程重视道德认知对道德发展的重要性，想通过一系列的课程学习使公民教育和学生的品德发展都得以实现。这种以学习道德概念为主的公民教育课程，便于学生掌握丰富的道德知识，也能与公民教育联系起来，能在一定程度上促进公民的道德发展。但是，这种课程以道德认知为主，教师

① Don Rowe, Taking Responsibility: School Behaviour Policies in England, Moral Development and Implications for Citizenship Education, *Journal of Moral Education*, 2006, 35 (4): 519-531.

② Ibid.

往往低估学生的能力，缺少让学生践行道德行为的机会，也缺少让学生承担责任的机会，不利于学生道德行为的养成，而道德行为的养成才是学生道德发展的关键。

二 英国提升德育有效性的改革举措

（一）学校行为准则更加体现道德性，注重对学生道德品质的要求

2003 年英国颁布的《全校性的行为和考勤政策咨询报告》指出：学校对学生道德发展的期望以及隐含在校风中的价值观必须是清晰一致的，并且要体现在学校的行为准则中。[①] 之后英国中学制定的学校行为准则都应注重体现对学生道德发展的要求，学校行为准则不再仅仅是告诉学生什么该做什么不该做，而是从道德的层面要求学生，让学生知道什么是道德的要求，什么是学校的传统习俗。

（二）课程中引入商谈的方式，以便促进行为准则的内化

英国中学德育工作针对行为准则中价值观教育流于形式，无法内化为学生的自觉品行的弊端，在公民教育课程中运用商谈的方式，在课程中教师与学生一起讨论学生的行为问题，如恃强凌弱的行为、学校财产安全、种族歧视、同性恋恐惧症以及垃圾的回收利用等问题。老师一般采用讲述的方式，如"从我的角度来看"、"在座的"、"我愿意你们告诉我因为……"等，而不是用命令的语气，老师会精心选择教育内容和方法对学生进行道德教育，让学生在一个积极、公正和充满关怀的氛围内进一步思考个人权利、个人与集体、责任等问题。教师和学生讨论的行为问题往往是学生较为熟悉的或是亲身经历的，这样学生比较容易理解相关概念，也会更加主动地去思考所讨论的问题。讨论这些问题不仅仅有利于学生关注社会，也有利于学生内化学校行为准则，促进学生的道德发展。威尔士的教师有这样的观点，乖巧的学生更有可能成为负责任的公民，但是在学校行为准则实施的过程中教师却发现学生能做出符合规范的行为并不代表有责任意识，责任意识是发自内心的而不是表面的顺从。在英国的一些社

① Don Rowe, Taking Responsibility: School Behaviour Policies in England, Moral Development and Implications for Citizenship Education, *Journal of Moral Education*, 2006, 35 (4): 519 – 531.

区学校里，即使是极其叛逆的、反社会的或是暴力的学生也有民主参与学校规范和价值观讨论的权利。德育教师往往能够不带偏见地倾听学生的意见，与学生探讨这些与他们自身有关的道德问题。教师和学生一起努力，在对某一问题达成共识的过程中，为学生的认知发展创造条件，为学生的道德成长创造时机，促进学生内化道德准则。

（三）道德教育中注重培养学生批判性反思能力和选择能力

当各个年龄段的学生遇到遵守或违背学校准则，尊重他人信仰等种种问题时，需要针对当时的情况来批判性地看待，学生应具备复杂情况下的思考能力和选择能力。一个有责任心、有道德的人，是一个对自己负责、能够自我做主的人，他有自己的价值观，知道如何进行选择。对公共事业问题进行批判性反思和商议，要求学生掌握特殊的思维能力和语言能力，对学生来说，这些能力并不会自然生成，通常都需要通过努力学习才能实现。没有批判性的反思能力和复杂情况下的选择能力，学生的道德发展便无从谈起，英国德育教师注重培养学生必备的技能和情感，善于利用学校行为准则和课程来提升学生的自制力和责任感，促进学生道德的发展。英国公民教育中的一个关键目标就是培养学生的批判性反思能力，使其能够理解他们遇到的公民问题，如学校行为准则、公民的权利及义务。公民教育课程注重培养学生批判性反思能力和选择能力，这不仅有利于学生学习公民知识，也有利于提高他们思考公民问题的能力，学生具备批判性反思能力有利于他们在遇到复杂情况时，根据自己的思考作出正确的选择和判断。

（四）搭建道德践行平台，帮助学生履行行为准则，养成道德行为习惯

英国中等学校针对公民教育过于注重道德认知，不利于学生道德行为的养成的弊端，为学生搭建道德践行平台促进学生道德行为的养成。英国中等学校成立学校学生委员会，该委员会往往是学生谈论行为准则、种族歧视、个人偏见、恃强凌弱行为、暴力行为、平等就业、弱势群体的权利，以及解决冲突的地方。学生通过参加学校学生委员会的工作、化解同伴之间的矛盾等实践活动，加深对校园生活和道德问题的理解，这是英国学校公民教育的一种方法，对培养学生个人的道德行为非常有效。英国一些做得较好的学校都鼓励学生系统地研究校园生活，并向学校学生委员会

报告他们的调查结果。这不仅有利于学生加深对道德问题的理解，也有利于他们道德行为的养成。

三　英国提升德育有效性之新举措对我国中职德育的启示

（一）中等职业学校行为准则应体现对学生道德发展的要求

学校行为准则是学校根据国家和社会的需求制定的，用以调节学生行为的标准或规则。其目的在于引导、约束学生的行为，使其符合国家和社会的要求，学校行为准则也是衡量、检测学生思想、行为、品德、情操的有效标准。英国的中等学校在制定学校行为准则时注重区分道德规范和传统习俗，英国学校行为准则不能仅是告诉学生什么该做什么不该做，更重要的是体现了对学生道德发展的要求，这样会有利于学生自律。我国中等学校行为准则很少体现对学生道德发展的要求，只是告诉学生什么该做什么不该做，如穿戴整洁、朴素大方，不烫发，不染发，不化妆，不佩戴首饰，男生不留长发，女生不穿高跟鞋等。① 学校行为准则没有体现对学生道德发展的要求，这样不利于学生自律，我国中等职业学校在制定学生行为准则时应体现对学生道德发展的要求，这样有利于学生自律，也可以促进学生的道德发展。

（二）中等职业学校德育课程尝试运用商谈的方式促进行为规范内化

英国中等学校德育课程中教师注重运用商谈的方式和学生探讨与他们自身有关的道德问题。教师注重在德育课程中营造积极、公正和充满关怀的氛围，为学生的认知发展创造条件，为学生的道德成长创造时机，这样有利于学生内化道德准则。目前我国中等职业学校的德育教师往往是采用灌输的方式让学生接受道德观念，告诉学生什么是该做的什么是不该做的，什么是道德的什么是不道德的，而忽视了学生内心真实的想法。笔者曾经与一位中等职业学校的德育教师进行过交谈，在交谈中发现这位德育教师的教育目的就是要培养听话的学生，她认为学生的行为能符合学校行为规范，能不违背学生行为准则，她的教育目的就达到了，她最喜欢听的就是学生说："好的，老师！"在这种教育方式中，教师和学生的地位是

---

① 教育部：《中等职业学校日常行为规范》。http：//www. lyedu. org. cn/zcjy/ShowArticle. asp？ ArticleID = 1570. 2011 – 08 – 23

不平等的,教师的意见并不代表学生的想法,学生往往只是表面的顺从,而没有真正内化道德准则。我国的德育课程应注重运用商谈的方式让学生跟教师一起探讨道德问题,在学生与教师逐渐达成对某一道德问题的统一理解的过程中,促进学生内化行为规范。

(三) 中等职业学校应多创设条件,以便学生践行道德行为

英国中等学校在校园中为学生搭建道德践行平台,德育工作逐渐从注重学生道德认知的发展转向注重学生道德行为的养成。这样,不仅有利于学生加深对道德问题的理解,也有利于通过体验让学生养成道德习惯,真正实现知行合一。而我国中等职业学校的德育往往是注重学生道德认知和道德情感的发展,道德行为教育缺失。但在日常生活中,我们也不会只因为某人有丰富的道德知识和好的动机而不管其行为如何就说他是有道德的。任何只有丰富的道德知识和良好的道德愿望而不能付诸实践的人不是真正有道德的人,道德行为是个体道德发展的最终表现,是衡量个体品行好坏的参照点。[①] 况且,中职的目标在于教会学生做事,所以,我国中等职业学校的德育工作完全可以借助实践性教学环节,搭建道德教育践行的平台,观察学生的行为是否在道德上可以接受,是否所学所知与所作所为一致,并以德育评价配套,让学生在践行道德行为的过程中变行为规范条文为日程行为习惯,变道德知识为道德意识和道德判断力,这样他们才能道德地应对复杂多变的工作世界和社会生活。

第四节　美国德育及教师的两难问题
——学术指导还是道德指引

美国的道德教育是在其自由、平等的民族精神的大氛围中开展的,其道德教育经历了多次变革,在多元文化的背景下仍然存在许多困惑,这些困惑不仅仅是美国教师遇到的,也值得许许多多中国教师作深刻的反思。

---

① 唐汉卫、戚万学:《现代学校教育的问题与思考》,山东教育出版社 2008 年版,第 12—13 页。

一 美国教师的困惑和两难处境

美国有一名教师说道：经常会有学生要求我给大学写一封推荐信或者填一份推荐表格。我发现通常这些申请书要求我填一些申请者的品格或者正直与否的问题。大多数情况下，我认为我对学生很了解，至少可以对他们这一方面作出有根据的推测。但是，我每个学期要教 100 多名学生，我对有些申请人的了解并不是很透彻。而且，尽管我可以证明学生的学术表现（她是一个专心学习，深得老师喜欢的学生）和能力（他写作很厉害），我却没有能力对他们的道德品质作出相似的判断。毕竟我只是一名英语老师，学生的成绩大多反映他们在读、写、思考和测试时的聪明程度。除非我亲眼目睹了学生不诚实或者残酷的行为，否则我没有理由推测我的任何一个学生不具有优良的品德。我对他们只能从文学和修辞的学习方面作出评估，而不是他们的道德和品质。

在他的课中，经常会对一个简短的道德哲学概述都十分谨慎。他通常以一系列的假设情景展开讨论，例如：

> 你的朋友 Suzy，来自一个贫困家庭。她的爸爸几年前去世，妈妈嗜酒如命。家里一贫如洗。一天课间，你看到 Suzy 在她的柜子旁边哭泣。交谈之后你得知她把妈妈给她买书的 10 美元丢了。之后，你往另外的班级走。路上，你遇到学校的小霸王 Eddie，他正往他的班级走。你放慢脚步，不想让他看到你，但是他看到了并且"意外"的撞到了你。"对不起。"他诡笑的对试图不要摔倒的你说。当他进入班级的时候，你发现从他书包中掉出了一张 20 美元钞票。他以及其他任何同学都没有发现。钱正好掉在你前面的地板上。你该怎么办？

孩子们各自考虑好他们的答复之后，就按照之前战略上的选择将他们分组，以期产生广泛的分歧。各组阐述他们的观点之后，教师根据他们的反馈，呈现准备好的道德理论。他小心谨慎地不表现出对某个同学观点的支持程度超过其他同学的观点，而是以"老好人"的姿态支持每一个观点。

他认为:多年以来,我听到无数学生表达出对道德行为藐视的观点。很明显的,当前人希望学生冒险去做正确的事情的时候就会陷入两难处境。然而,这样的学生在班级中并不占大多数。考虑到班级中信仰宗教和青年团体的学生数量,这使我很惊讶。事实上,在讨论中世纪英国文学和骑士精神的时候,我曾问学生诚实是否在现在的社会至关重要。有位同学代表班级总结时说人们通过协商确定什么是对什么是错并从中得到自己想要的。学期开始的时候,学生们分小组讨论英雄的话题,有位英雄因为通奸罪而受到另一位同学的质疑,但是另一位同学却反驳说:"那又怎样?每个人都对妻子不忠诚啊!"

当然,并不是每一位美国学生都有这样的观点。但是这种心态的存在使我考虑到另一种假设:你是一位英语老师,你工作的质量是通过孩子们在国家或者州级的标准化测试中的表现来评定的。你是否在学生的性格和道德教育上花费时间了呢?或者你是否和同事谈论:"学生们是在放学后就回家,读圣经,喝牛奶,然后再十点前上床睡觉吗?"

根据课程大纲,这些答案是否定的。"教师并没有进行道德教育。"毕竟,教师无法评测学生的道德情况。而且在一个文化多元的国家里,教师是没有理由将自己的观点强加在学生身上的。

但是,所有的学校(以及整个社会)必须有规则去规范行为。自由不是绝对的,否则将导致混乱。所以,即使我们没有进行道德教育,我们仍然期望行为道德化。长期以来,要解决的关键问题是"怎么办",我们如何确保行为道德化。宗教和哲学教条让人觉得厌恶,因此公立学校没有采取认知方式进行道德教育,而是通过行为方式进行教育。学生们通过学习以此来避免错误的行为而受到惩罚,同时期望道德的行为受到嘉奖。

这种现状是由教育系统导致的,而这种教育系统服务的人群是不断变化的并且总是有更高需求的人群。为了更好地了解这种现状,我们需要考察美国道德教育发展史上的重要发展阶段。

二 美国道德教育的历史回顾

(一)1800 年前:宗教道德教育时期

道德教育在美国教育历史上强调的重点发生了变化,从先前理解的学校应当做什么,开始强调变化的重要性。殖民时期的美国,教育者首先教育孩子要有道德的行为，并且是在宗教观念期望之内的。尽管教育的目标从多元文化融合变为培养经济独立的孩子再到适应全球经济市场竞争，但是对道德教育总体的关注却减少了，道德教育只是通过行为主义的方式延续着。简而言之，在道德价值这方面，美国政策的制定者首先想的是让学生能够行为得当，不管他们是否有内在的道德意识。

早期的美国教育试图灌输给学生一整套的价值观。例如，殖民时期的学校主要教成人们所推崇的基督教价值观。17世纪《老骗子撒旦法》颁布后，马萨诸塞州成立了许多城镇学校，通过这些学校就能了解早期教育理论了。宗教为基础的教育在"新世界"时期对当时的选举权产生了深刻影响，以至于学校在启蒙运动时期仍在坚持这种教育。

（二）19世纪：美国新教价值观

美国成立早期，宪法将国家政权同教会相分离，教育者也不再进行严格的宗教式德育。而是将重心放在了世俗性的道德教育上，以此来促进来自不同文化的移民能够融入社会中。到19世纪30年代，美国移民数量稳定增长，大量人口涌入美国。教育政策主要是想通过课程实施，建立起美国价值观，主要是提供给那些工人们。《麦加菲读本》对这一政策给予了有力的支持，它主要强调国家早期的爱国精神。在这些故事中，正如莫森尔（Mosier）所认为的那样，我们能够看到"基督教与中产阶级的观点"在相互融合。

这种观点在曼妮（Horace Mann）的一生中得到了发展。曼妮在美国公立学校的形成过程中作出了巨大贡献并且使之广泛流传。新教价值观对美国的新一代，包括那些大量增长的移民的孩子们，影响深刻。尽管教授宗教教条并不是学校的主要目的，但是却被认为是灌输价值观的基础。一直持续到19世纪70年代，由于税务原因使得学校和新的法律要求宗教课退出课堂。

从早期的美国教育史中我们可以看到，美国的学校在教授学生价值观的时候并不是仅仅出于让个体更好的成长，更重要的是为了社会稳定。正如对移民者所进行的价值观教化那样，对美国本土的人们和奴隶也进行相同的教化。尽管在19世纪早期奴隶主可以让奴隶参加星期日学校，但是如果让这些人接受太多教育将会产生大批危险人群，使他们追求更多自由与平等权。1831年特纳起义发生后，星期日学校里便不再允许奴隶进入学习。

但是这些奴隶对于以宗教为基础的道德教育的复苏提供了条件。美国内战时期,联盟支持者们在南卡罗来纳州沿海附近建立了学校,主要是将获得自由的奴隶教化为基督徒。内战结束之后,在新英格兰弗里德曼援助协会(New England Freedman's Aid Society)的影响下开展了把上帝之道带给人们的运动。在这场运动中,新英格兰人南下用基督教的价值观去教化那些弱势群体。

这些人希望为美国印第安人建立一种国家性质的行为法则。直到1860年左右,为美国印第安人融入文化而建立的保留日学校才出现。1880年左右又出现了类似的寄宿学校。

(三)20世纪初—60年代:官僚主义及经济行为的教育

尽管19世纪的教育哲学观主要表现为向学生灌输教条以维持社会稳定,在新的世纪里,教育者却开始关注特殊行为。曼恩法案逐步向"新系统"让步,官僚机构开始根据年龄和年级水平将学生分类。在这种新式学校中,不同的价值观得到重视。根据厄本(Urban)和瓦格纳(Wagoner)所述,"守时、遵纪、服从和沉默的品质被认可,并会受到嘉奖"。但这并不表示在20世纪早期道德教育已经完全脱离了学校。在1916年儿童道德法案中,威廉·赫钦斯(William Hutchins)又增加了诚实、责任、团队合作和自律的品质。1920年在管理学校的时候,哈肖恩(Hartshorne)和梅(May)总结了道德教育行为,认为它们并没有起到什么积极作用。

20世纪中期,经历了第二次世界大战之后,美国的教育目标开始转变。尽管学校以塌克(Tyack)的形式组织起来,而且在1918年的中等教育主要条例中有关于公民和道德行为的内容阐述,但是第二次世界大战后学校主要将注意力放在了培养学生在毕业时能够具有经济独立的能力上。职业教育者查尔斯·普劳瑟(Charles Prosser)建议实施新的课程,使学生能够获得技术能力,以便他们能够在现代社会中生存下去。

20世纪50年代后,这种注重工作和培训的教育受到了考验。苏联获得了核武器并且将人造卫星发射上天,对美国教育产生了巨大影响。1959年,美国国防教育法颁布,联邦政府开始制定国家教育政策。学校开始重视数学和科学教育,此便使美国的学生能够在同苏联学生的竞争中取得优势。虽然道德教育没有被彻底放弃，但相比苏联的威胁，道德教育的真实价值显得微不足道。总之，现代学校正在试图与时代接轨，作为社会的工具与社会的制造者，学校正在努力同社会融合。

（四）1960—2000 年：复兴阶段

1960 年左右，价值澄清运动兴起。它是由路易丝·瑞斯和西德尼·西蒙（Louis Raths & Sidney Simom）发起的，提倡对学生进行道德决策的教育而不是灌输给他们前人的道德价值观念。价值澄清要求教师提供情景假设，让学生们在不同的情景中讨论如何做出适当的行为。通过讨论让他们获得适当道德行为的认知。

正如劳伦斯·柯尔伯格（Lawrence Kohlberg）的"道德发展六阶段"阐述的，据报道价值澄清实施效果很好。根据这一理论，人们的道德评价能力是按一定的顺序阶段发展起来的，从最低级的为获得嘉奖或者是为避免惩罚的行为活动，一直到最高级的出于对人性的尊重的行为活动。柯尔伯格认为学生通过价值澄清辩论，提高了道德能力的发展。

柯尔伯格理论和价值澄清的关键是学生通过认知思考获得发展。学生能够通过讨论体验到还未发生在他们身上的各种经历，并能在以后的生活中做出为大多数所接受的行为。当然这需要教师耐心倾听学生的表达，并且排除先前道德灌输思维的影响，教师不应该告诉学生怎么去做，而是让他们自己发现如何去做。

不幸的是，教师和研究者发现学生并不总是按照我们预定的路径和设想的行为发展。缺少了适当的指导以及恰当行为方面的个人观念的认可导致学生总是根据自己的喜好来判断是非。默克（Mulkey）引用威廉·科帕垂克（Willian Kilpatrick）编写的教材中的一句话，"价值主要是你喜欢什么以及你想怎么做"。学生们回到了柯尔柏格理论的第二阶段：认为正确的事情就是满足个人的需求和欲望。

因此，让学生按自己的方式发展下去，并不能产生良好的效果。为了解决这一问题，1980 年逐步开始采用行为主义的方式，威廉·本特（William Benntt）将重心放在圣经的道德教育上。尽管强制学生祈祷同宪法所拥护的将国家与教会相分离的意志违背，但很多州都正式通过了这项法律，即允许让学生在学校祈祷。他们希望通过祈祷来重塑青少年的道德教育。

其他的关于行为主义复苏的例证要同 20 世纪 80 年代的社会运动相结合。如当时的拒绝毒品和"Just Say No"运动等。行为被简单的描述为对或者错。学生并没有进行柯尔柏格所推崇的道德推理,他们只是被简单的要求去做什么以及不去做什么:拒绝毒品和性泛滥,只去做那些公认的正确的、合适的行为。

从 1980 年到 1990 年,道德教育改革一直是热点话题。在《道德教育回归》中,李可纳(Thomas Lickona)给出了再次关注这一话题的三个原因。首先,他引用了家庭分解理论,他认为学校应该教给学生家庭里所学不到的。其次,他详细地描述了大量的青少年腐败行为。最后,他呼吁在道德教育上作出更多的努力。李可纳拥护理性方式的回归——集中于对西方历史文化和亚里士多德的伦理美德的方式。

李可纳在《品德教育:七项重要问题》中详细地阐述了这一方式。他坚持品德包含美德,而美德就是"人类善良的品质,如聪明、诚实、友善和自律"。他同时写到正是由于这些"固有的善良"才使"美德不会改变"。根据这一理论,善行应当取代宗教和文化信仰。但同时,善行并不是简单的记忆对与错。

李可纳将美德等同于习惯;两者都以认知的方式灌输给人们。他列出了品德的三项心理因素。"品德必须经过广泛的构思才能具有道德的认知、情感和行为因素:道德知识、道德情感和道德行为"。这就意味着学生在作出正确行为之前必须学习很多方面;他必须内在地认识和感受到什么是正确的。因此这要通过认知方式来进行道德和品德教育。

三 美国道德教育的现状

20 世纪末,德育需求达到顶峰。"品德计数"以及"品德的六根支柱"(信任、尊重、责任、公正、关心和公民权利)等活动变得流行起来。21 世纪初期,它们的效果受到怀疑。因为它们并没有关注课程的可行性。

这并不意味着课程及资格认证标准与道德行为格格不入。资格认证和学校改善委员会以及南方大学与学校联盟发表了"标准 9:公民"(Standard 9:Citizenship)。但是这些标准也并未涉及课程方面的事情。

如田纳西州也并没有给出品德和道德教育的课程规定。但根据田纳西法案，"所有公立学校的课程都应包含品德教育，帮助学生形成积极的价值观，改善学生行为，学会成为一名学校、社区和社会的优秀公民"。

测量机制是德育的核心。新千年，美国出台了《不让一个孩子落伍法案》，该法案的核心就是测量机制。但是道德并不是那么简单就能定量的。对于少数学生，学校可以根据条例对其不良行为进行惩罚，如拘留、开除等。但是对于大多数学生，如果不采取措施的话，他们的道德水平可能永远得不到提高。

尽管美国政府开发了道德行为的课程标准，但是作出评价仍然是很困难的。我们能够从英国的宗教和公民权利教育的课程标准中获得启示。20世纪90年代中期的社会危机之后，道德发展成为课程标准的重心。英国教育体系将学生按照年龄划分为四个阶段。在每个阶段都开展个人、社会与健康教育的课程。在第四阶段，除了其他学习任务外，学生必须学会"抵制不良行为、偏见、恃强凌弱、种族歧视，并且积极主动地寻求帮助和给予支持"，还要学习"父母的角色和责任，做一个好的父母所应有的品质及其对家庭的意义"。教育标准的制定部门对该标准作了全面的检查并发表了报告。陈述报告对所有学校进行了总结。

与此同时，尽管美国的学校开展了很多项目、课程，对性教育、毒品教育、个人健康以及家庭生活教育也有所涉及，但是标准都很低。一个重要的问题是学生们并没有认真严肃地对待这些。罗曼诺斯基（Romanowski）认为学生不认真对待的原因是因为他们被当作小孩子来描述。他同时表示许多教师不愿意参与或者不愿意学生参与进来。

教师们在当时不愿参与是可以理解的，因为当时的时代是大家都不想把不喜欢的信条强加给别人。现代教育体系的早期，公立学校能够将当地社区的标准强加给学生。但是随着1959年《国防教育法》的颁布，联邦政府集权管理加强，课堂内容的选择权便从社区转移到了官僚政治机构。而且，多元文化变得越来越普遍，同质的社区越来越少。在这种情况下，教师就不会去进行道德教育了。

四 总结

回到最初的两难困境：教师在学生道德发展过程中应当起什么作用？我们可以从英国模式得到启示，但这并不意味着美国也要建立一套道德教育的标准以及测量标准的体系。

英国已经意识到了多元化的问题,非雕像化的宗教教育国家框架(Non-Statuary National Framework for Religious Education)已经起草,并且得到了多个宗教组织的支持,如伊斯兰教、印度教、犹太教以及希腊和俄罗斯的东正教、天主教和佛教。在道德教育方面,主要强调广泛的美德教育,以避免在不同的宗教教条中发生冲突。尽管美国的认证机构和课程都倡导相似的方式,但是公众似乎不愿让世俗哲学模式取代宗教教育观念。

一般来讲,美国教师对学生的道德教育并不十分感兴趣。但是当我们看到社区犯罪活动或者听到校园枪击事件时,我们便不应该将培养学生道德的责任推脱掉。父母和家庭应当担起这项责任。如果他们失败了,至少学校应该是抵制学生作出错误决定的最后防线。

我国多元化程度也在不断提高,在这样一种新的环境下,如何开展学校道德教育,美国的反思对我们是一种非常必要的提醒。

第六章

创新:新时代中职德育的实践探索

理论是灰色的,实践之树常青。我们探讨了中职德育的问题、成因和基本取向之后,不能仅仅停留于此,还需要落到现实的实施层面。虽然这里无法也无力对所有中等职业学校的实践作详细的指点,因为各校有各校的实际情况,这也超出了课题组的阅历和经验,但却可以试图对当今这个新时代中如何实施中职德育提出导向性的建议。基于此,课题组选择了几所有意愿改革德育的中等职业学校蹲点,通过每周的互动、讲座,参与整个改革与创新的过程。

第一节 中等职业学校德育的实践导向

本节就尝试在前几章分析的基础上,对中职德育的目标、内容、过程在实施层面进行探讨,结合已有的案例,归纳出一些具有导向性的实施原则。

课题组认为,总体而言,中等职业学校德育的实践导向将从原来的"五化二性",即基本定位的累赘化、目标层次的理想化、核心内容的学问化、实施过程的格式化、职业道德教育的普通化、管理方式的外压性、实施平台的单一性,走向"新七论",即:

- 中职德育的基本定位——"底色论"(整合的道德观);
- 中职德育的目标层次——"现实论"(道德规则);
- 中职德育的核心内容——"职业论"(职业道德与技术伦理教育);
- 中职德育的实施过程——"活动论"(日常活动、主题活动、课程

活动);

　　● 中职德育的特色之处——"践行论"(训练与熏陶结合);

　　● 中职德育的管理方式——"自主论"(减少外在压力);

　　● 中职德育的实施平台——"个性论"(群体德育与个别化咨询相结合)。

一 中职德育目标

　　从教育的整个系统来看,德育目标是教育目标的一个重要组成部分,是教育目标在德育领域的具体化。德育目标是德育的首要问题。它制约着整个德育活动;一切德育措施都是为着实现既定的德育目标服务的。[①]

　　我们不妨看看德育目标。"所谓德育目标,就是指一定社会对教育所要造就的社会个体在品德方面的质量和规格的总的设想或规定。也就是说,在进行德育之前,人们对于要把受教育者培养成具有何种品德的人,在观念中所具有的某种预期的结果或理想形象。""德育目标是从德育预期结果,也就是从受教育者所要形成的品德的角度,来说明德育的作用和认识德育活动的价值。所以我们可以明确地说:德育目标,就是对德育活动结果的具体要求,对德育工作产品的质与量的规定。"[②] 这在德育界是有共识的。

　　德育目标具有价值内涵,它在本质上是德育价值的凝结。马克思在《资本论》中论述劳动实践的目的时,明确指出:"劳动过程结束时得到的结果,在这个过程开始时就已经在劳动者的表象中存在着,即已经观念地存在着。他不仅使自然物发生形式变化,同时他还在自然物中实现自己的,这个目的是他所知道的,是作为规律决定着他的生活方式和方法的,他必须使他的意志服从这个目的。"[③] 这里所说的"目的",就是主体根据自身对客观规律和主体需要或内在尺度的认识而提出的并努力为之实践的未来客体的模型,或者观念中设计的未来行为的理想结果。目标,是目的的具体化和规范化。目标凝结着价值的理想状态。从这个意义上讲,德育

————————

　　① 胡守棻主编:《德育原理》,北京师范大学出版社 1995 年版,第 83 页。

　　② 鲁洁、王逢贤:《德育新论》,江苏教育出版社 1994 年版,第 130—131 页。

　　③ 《马克思恩格斯全集》(第 23 卷),人民出版社 1972 年版,第 202 页。

目标的考察必须联结德育价值问题，以实现德育目标本性自然的回归。相反，离开价值论来谈论德育目标，以通常所说的"社会"的"设想或规定"，或者直接将德育目标定为对"培养学生的思想品质所做的规定"，往往易于产生德育目标上的命令主义或权威主义、官僚主义的歧义。从历史的经验来看，这种担心不是没有根据的。德育目标离开价值论的根基，也易于成为无根之萍，随社会风波或政治风向转移。

那么，如何制定德育目标？制定德育目标有些什么原则呢？张澍军指出：德育目标是其自身前提性条件的整合统一，主要包括三方面：必须坚持德育主体需要与德育规律的统一；必须坚持超越性与现实性的统一；必须坚持统一性与多样性的整合统一。① 课题组非常同意这种说法，它可以作为提出各级各类学校德育目标的基本原则。

从上述对德育目标的论述中，我们知道，中职德育目标应当是从属于中职人才培养目标之下的子目标，为了实现中职人才培养目标服务的，是中职人才培养目标在德育领域的具体化。因此，我们在讨论中职德育目标时，有必要把相应的人才培养目标一起罗列出来。

在教育部《关于全面推进素质教育，深化中等职业教育教学改革的意见》中提到，中等职业教育的培养目标是：培养与社会主义现代化建设要求相适应，德智体美等全面发展，具有综合职业能力，在生产、服务、技术和管理第一线工作的高素质劳动者和中、初级专门人才。

相应的中职德育目标是：培养符合普通高等教育基本思想品德要求，又具有相关职业道德的高素质劳动者和中、初级专门人才。

黄炎培在 1917 年提出职业教育的目的有三点："为个人谋生之准备，一也；为个人服务社会之准备，二也；为世界、国家增进生产力之准备，三也。" 1934 年经中华职业教育社公订："职业教育的目的：一为谋个性之发展；二为个人谋生之准备；三为个人服务社会之准备；四为国家及世界增进生产力之准备"。基于上述认识，黄炎培把职业教育包括中等职业教育的培养目标确定为："使无业者有业，使有业者乐业。"②

---

① 张澍军：《论德育目标的价值蕴涵》，载《东北师大学报》（哲学社会科学版）2006 年第 2 期。

② 孙培青主编：《中国教育史》，华东师范大学出版社 2000 年版，第 458 页。

相应的中职德育目标是：培养充分和谐发展的个性，具备谋生与乐业必备的道德素养。

着力培养学生的就业能力、适应经济社会需要，是中职德育教育的基本职责和应有内容。可见，中等职业教育的培养目标应当是具有相关就业能力的人。

相应的中职德育目标是：培养学生的一般就业能力。因为就业能力分为一般就业能力和特殊就业能力。一般就业能力主要指学生的社会认知能力、工作适应能力和自我管理能力。特殊就业能力是指某个职业所需的特殊技能和环境所需的某种特殊技能。中职教育中特殊就业能力的培养主要通过专业知识教学而实现；一般就业能力的培养则需要通过德育教育来完成。[①]

这是一种较新的说法，因为在《中共中央关于完善社会主义市场经济体制若干问题的决定》中，把增强国民的"就业能力"列入深化教育体制改革的重要内容中。

这些表述在中等职业学校都是较为普遍的，具有代表性的。在对上述几种目标进行分析之前，我们有必要先建构一个分析框架。

课题组在这里所建立的分析框架，主要有三个维度：

第一，从中职教育的培养目标来看，是社会本位论还是个人本位论，或者是两者兼顾。所谓社会本位论就是指中职的培养目标完全是为了社会发展和经济发展服务的；所谓个人本位论就是指中职的培养目标完全是为了个体的全面、充分发展服务的。

第二，从中职教育的培养目标与德育目标的关系来看，是否体现了从属关系、上位与下位的关系、一般和具体的关系。如果体现了这样的关系，那么可以说该中职教育的培养目标和德育目标是相关的或者是整合的；否则则为缺乏相关的或者分离的。

第三，德育目标体系是在一定的德育观和方法论指导下确定的各类具体目标组成的，这些目标之间相互关联，中职德育目标也是德育目标体系中的一个。从中职德育目标在整个德育目标体系中的位置来看，是否体现

---

① 谢征宇：《中职德育教育——以培养就业能力为基点》，载《安徽农业大学学报》（社会科学版）2005 年第 2 期。

了上下衔接、类型侧重。如果体现出来，那么可以说该表述具有中职教育的特殊性或特色；否则，则没有突出中职教育的特殊性或特色。

综上所述，对于中职教育的培养目标的表述多为社会本位的，只有黄炎培先生考虑到了个体的发展需求。教育作为一种有目的地培养人的活动，原本就是一种"人"的教育。从古希腊教育家所追求的"自由人"，到19世纪马克思所预言的"全面发展的人"，再到20世纪60年代美国现代化问题专家阿列克斯·英克尔斯所探索的"现代人"；从先秦儒学教育家所憧憬的"伦理人"，到20世纪40年代陈鹤琴所提倡的"现代中国人"，再到邓小平提出的以"三个面向"为旨归的"四有新人"，"人"始终是教育情有独钟的关注对象。而人性是人所区别于动物的属性，它表现为人的自然属性、社会属性和精神属性。

马克思早在《1844年经济学哲学手稿》中就说过："人的全面发展的实质是表现在全面占有自己的本质。"马克思主义人性观的教育意义在于，教育必须以人的本质属性为依据，全面拓展人性，从而达到自然、社会、精神诸属性的浑然一体。而在20世纪末期，在我国教育理论研究和教育改革实验中，教育的人性化、教育的人文意义及价值等成为人们关注的重点。有学者提出："我国教育界正在发生一场'革命'，而'革命'的旗帜就是'人文'。"① 其实，通过对人文教育历史的考察，便会发现，以前的人文教育家正是在批判教育史上"非人"历史的现象中形成了一个共同的主题，即强调教育应该以人为中心，是为了人的教育。从亚里士多德强调闲暇教育，珍视文雅教育，到文艺复兴时期维多里诺把学校看作"快乐之家"等，他们都看到了实利教育压抑儿童的非人性的一面，实利教育没有服务于人，只服务于实利，把人当作劳动的工具。进入现代社会以后，具有人文精神倾向的思想家们更是以批判现代教育的职业化、非人性为己任。其中最具代表性的是赫钦斯，他认为，现代教育制度以经济增长为目标，重点放在职业上，把人看作简单的生产工具，把学校看成是人力加工厂，按物的生产原则来管理学校，这都是非人性的；从实际效果来看，也是低效甚至无效的。他指出：教育的目的在于培养人类的智慧，发挥人性，完善人，其目的是人，不是人力。因此，中职教育的培养目标不

---

① 杜时忠：《人文教育的理念》，载《教育理论与实践》1999年第9期。

仅要关注社会发展的需求,更要关照个体的人的发展。

从中职教育的培养目标与德育目标的关系而言,上述表述都注重了两者的相关性、从属性,把德育目标作为实现整个培养目标的一方面,这是正确的。而且在中职教育的培养目标中,德育目标应该成为非常重要的一方面,充分体现中职教育的"育人性"的方面。但是,有些培养目标的表述过程中只注重了社会的需要,因此其德育目标也仅仅体现了为社会服务的一面,只注重了现实的需求,没有注重未来的发展需求,而且没有突出对于个体全面发展特别是精神方面发展的积极服务作用。这样的德育目标是不完全的。黄炎培先生的表述既注重了人的充分和谐发展,也注重了社会的需求,提出谋生和乐业的道德需求。

从德育目标在整个德育目标体系中的位置而言,表述得非常准确的就很少。这个问题也较为复杂,它牵涉到几个问题:一是中等职业教育的层次;二是中等职业教育的类型;三是现实的需求和未来需求的统一,对于现实而言,我国的职业道德发展还不那么成熟,有与公德混淆的情况,且对于技术伦理的重视还远远不够,但是任何教育都应当具有一定的前瞻性,这些未来可预计出现的伦理要求,也应当作为中职德育的现实目标。

从上文对现实中中职德育目标的分析,我们认为,这些表述都或多或少的存在一些不足。笔者不打算逐字逐句推敲该如何表述中职的德育目标,各中等职业学校对德育目标的表述可以不同,但大致的原则导向如下:

第一,中职德育目标首先关注人的全面和谐发展,塑造健全完善的人,特别关注人在精神层面的健康发展,然后关注社会对个体的道德要求。

第二,中职德育目标要体现中职教育的类差和级差,在公德的培养方面,注重高度和深度;其重点是相关专业职业道德和技术伦理的养成。

第三,中职德育目标应当体现现实的社会道德和职业道德需求,更要体现未来的社会道德和职业道德发展趋势。

第四,中职德育目标不仅关注个体在谋生中需要的道德品格,而且关注职业生活中追求幸福的能力。这里需要作进一步的解释,当今的职业教育包括中等职业教育往往被人们认为是"谋生"的途径,学习"谋生"的本领,其目的是能够很好地"谋生",谋得一席之地,取得谋生的手段，教育与个人生计的关系始终是人们接受职业教育所关注的重点。其德育关注的也就是现实中用人单位的道德要求。但事实上，这些还远远不够。亚里士多德认为"善是最高的美德"，他把教育当作实现"善"即幸福这一理想的手段来论述的。"教育能够使自然赋予个体的潜能得以充分挖掘和开发，除了传授生存所必需的知识和技能之外，它还能让受教育者具备他所处时代的各种规定性，这既是个体社会化的重要环节，也是幸福生活赖以实现的物质前提。""为了实现每个人的幸福，教育应该把受教育者作为具有完整精神和独立人格的真正的人来对待，不仅仅关怀他的物质所需，更主要的是通过对其心灵的呵护，提升其探寻生活意义的能力"。[①] 从这个意义上来讲，"乐业"对中职教育而言，就显得极为重要，而今天中等职业教育的内涵远远比过去丰富，因此，这儿所说的乐业比起当初黄炎培先生所说的乐业有着更为丰富的内涵。

二 中职德育内容

中职德育的目的就是培养中职生的相关品德，而人们对于品德的不同理解会导致对中职德育内容的选择不一。主要分为以下几种观点，这些观点受当时的主流心理学影响较大。

一是行为训练说。该观点的有利支撑是行为主义心理学。持该观点的人们认为道德教育的重点是让学生能够行出道德，即做符合道德的事情。而实现这些行为习惯的获得，主要通过训练，反复操练既定的德目就是其重要的学习内容。

这种观点在职业教育本位观处于能力本位（Capability Based Education and Training）阶段（职业教育的本位观经历了四个阶段：学科本位—能力本位—人格本位—素质本位）时非常流行。核心教育方式是对于职业所需要的知识、技能和态度都采用行为训练的方式。

这种观点对于岗位技能的培训较为适合，但对于需要个体经验逐步建构起来，具备较大的个体差异性的道德而言，这种方式只会造成压力下的服从或者盲从，在压力消失后这些行为很难说能够一直保持下去。因为，这种行为习惯的获得是外在的，没有通过个体自身的加工而内化。

---

① 亚里士多德：《尼各马尼伦理学》，商务出版社 2003 年版。

二是认知理性说。该观点是在心理学从行为主义发展到认知主义之后出现的。主张该观点的人指出:比良好行为训练更为重要的是对道德的认识和理性的分析,最著名的代表人物就是苏格拉底。"美德即知识"就是其闻名遐迩的经典命题。其逻辑推理是这样的,只有知善才能行善,因此知善是行善的前提。这种认知理性主义的观点在西方很长一段时间内都非常盛行,如柯尔伯格(L. Kohlberg)在阐述他的道德两难问题时,就假设了道德判断水平的发展代表了道德行为的发展;又如价值澄清理论、谢佛(James Shaver)和斯特朗(William Strong)为代表的理性为本的道德教育理论①都属于这一类。

这种观点对于解决行为训练说容易出现的盲从等现象是具有好处的,但是完全把逻辑定位于:知一定能导出行,这就走向了极端。知善是重要的,但它不是道德内化的充分条件。

在中职德育中,目前的德育内容主要遵从了这一观点,把"知识"的获得作为德育的核心内容,于是在教学中给予学生各种各样关于道德的知识,还要求学生背诵以备考试之用。

三是情感体验说。其观点是道德的基础不在理智而在情感,道德起源于情感,情感是人行为的动力,人的情感取向是道德评价的基本标准。舍夫茨别利、休谟、赫起逊等人都赞同这一观点。如休谟认为,感情是道德的主要因素,道德行为基于苦乐感而产生。苦乐感是行为的动机,也是判断善恶的标准。人同此心,人们以自己快乐或痛苦的经验为基础,通过联想而对别人的喜怒哀乐有同感,从而以同情的依据评价别人的行为。亚当·斯密也是从同情心出发来讨论道德问题的。

该观点是对理性为本的道德教育的直接挑战,主张用情感教育取而代之。对于情感因素的重视和强调是该观点的进步之处,但是它在对理性教育批判的同时,走向了它的另一个极端。

在中职德育中,目前还没有在内容上非常重视情感培养的,情感因素是中职德育一直以来不太重视的方面。但在基础教育的德育改革中,却已经把情感因素作为非常重要的改革切入点,业界出现不少相关理论研究和实践探索。

---

①　袁桂林:《当代西方道德教育理论》,福建教育出版社 1995 年版,第 127 页。

四是和谐结合说。该观点主张培养有道德的人，并非单单从行为、认识或情感就可以达成的，而是三者的和谐结合。比较典型的代表就是杜威，杜威认为：通过教育培养出来的性格，不仅要有善意，更要有坚决实现善意的性格力量或践行力量。一切软弱无力的性格，都是伪善的性格。单纯的性格力量可能毫无理性可言，这种力量可能会践踏别人的利益，甚至在指向正确目标时可能以侵犯别人权利的方式去达到目的。因此必须对性格加以指导，使之忠于各种有价值的目的。这就意味着理智上和情感上的教育。在理智方面，性格需要的是良好的判断力，即对各种价值的辨别能力。"一个有判断力的人，是能审时度势的人，是能把握当前环境和形势，而置不相干的或在当时无关紧要的情况于不顾的人，是能把握需要注意的因素，并根据各自的要求分清主次的人。"① 在情感方面，性格需要的是精细的个人敏感性。"没有这种敏感性，就不可能有良好的判断力。对周围环境以及他人的目的和兴趣，如果缺乏快速得几乎出自本能的敏感性，判断的理智方面就不会有适当的运用材料。"② 按照杜威的意思，性格力量、敏感性、判断力是个人品德的三位一体，缺一不可。其中，性格的力量可以看作是道德行为方面的事情，敏感性是道德情感方面的事情，而判断力是道德认知方面的事情。杜威从全新的角度去理解道德教育，即不单单强调某一方面的重要性，而是从多个方面分析德育的内容。除了杜威之外，哈什、米勒、菲尔丁等人通过对"斯洛汀的故事"（见材料6—1）的考察，解释了道德的养成有赖于人道的关心、客观的思维和果断的行动的和谐结合，即道德认知、道德情感、道德行为等共同构成的综合体。③

材料6—1 **斯洛汀的故事**

路易斯·斯洛汀（Louis Slotin）是一名原子物理学家，在美国洛斯阿拉莫斯（Los Alamos）工作，帮助研制原子弹。1946年，他在实

---

① ［美］杜威著，赵祥麟等译：《教育中的道德原理》，转引自《学校与社会·明日之学校》，人民教育出版社1994年版，第142—143页。

② 同上。

③ 黄向阳：《德育原理》，华东师范大学出版社2005年版，第106—107页。

验室做一项实验。他像专家常做的那样,用螺丝刀轻轻地把一块块钚片聚集成一团,使它大到足以产生链式反应。不幸的是,螺丝刀突然滑落,钚片一下子靠得太紧。瞬间,每个人观察的仪器都显示出中子正在剧增,表明链式反应已经开始。整个房间充满着放射线。在这千钧一发之际,斯洛汀立即用自己赤裸的双手把钚片分开。这实际上是一个自杀行动,因为这样做使他暴露在最大剂量的放射线下。然后,他平静地要求7名合作者精确地标出他们在事故发生时所处的位置,以便确定每个人受到放射的程度。做完这些事,斯洛汀向医疗救护站报警,然后向同事们道歉,并且说:他将死去,而大家肯定会康复。

在中职德育中,对于行和知的强调一直在交替出现,但对知、情、行的同时关注是非常少的,而课题组认同这是道德培养的不可缺少的方面,也是共同作用于个体道德发展的。因此,从德育内容而言,课题组赞成从三个方面协同培养,以促进中职生的道德提升。

在前几章中,我们已经对中职德育内容的取向进行了相关的讨论,其结论有如下几点:中职德育的核心是职业道德和技术伦理;中职德育中的职业道德和技术伦理教育要分专业进行;对于公德的教育要特别注重共同信仰的养成;社会公德教育同职业道德教育可以融合在一起进行。

由此可见,中职德育的内容主要有两个方面:一是中职教育的特殊性部分,即分专业的职业道德与技术伦理教育,这里做重点阐述;二是社会公德,这方面的教育可以同职业道德教育结合在一起进行。因此,这里不再专门叙述。下面就分别对职业道德和技术伦理的内容作具体分析。

(一) 分专业的职业道德

职业道德,国外一般称作专业伦理。国内的研究同国外有较大的差别,其差别大致如表6—1所示。

由于上述差异,我们可以认为国外对于职业道德或专业伦理的研究比国内更为成熟。为此,我们有必要对国外的相关研究进行介绍,以便取其精髓,加以借鉴。

在国外所开发的职业道德或专业伦理中,大多既有道德原则的层次又有道德规则的层次。下面是计算机机械师职业道德/专业伦理的案例：

表 6—1　　　职业道德或专业伦理国内与国外研究的比较

	国内研究	国外研究
道德层次	道德原则	道德原则、道德规则
有无专门的研究机构	无	有
系统性程度	不系统	系统
细致性程度	较粗	非常细致
更新情况	不常更新	根据专业发展情况定期更新

材料 6—2　　1992 年计算机机械师（computing machinery）的专业伦理[①]

1. 总的道德规则（general moral imperatives）

1.1　贡献于社会和人类（contribute to society and human well-being）

1.2　避免伤害他人（avoid harm to others）

1.3　诚实可信（be honest and trustworthy）

诚实是可信的必要组成。诚实的计算机从业人员应当准确无误地指出计算机系统的局限和问题。他们有义务诚实地对待自己的资格、能力等，以免引起利益冲突。

1.4　公平和不带歧视的采取行动（be fair and take action not to discriminate）

1.5　尊重所有权包括版权和专利（honor property rights including copyrights and patents）

1.6　尊重知识产权（give proper credit for intellectual property）

1.7　尊重他人的隐私（respect the privacy of others）

特别要注意的是计算机中的信息。

1.8　尊重机密（honor confidentiality）

2. 具体化的职业道德责任（more specific professional moral re-

---

① 参见 http：//ethics. iit. edu/。

sponsibilities)

2.1 在专业工作中尽力提高产品和服务的质量、效率和品位（strive to achieve the highest quality, effectiveness and dignity in both the service and products of professional work）

2.2 获得和保持职业能力（acquire and maintain professional competence）

2.3 了解并尊重同专业工作相关的现有法律（know and respect existing laws pertaining to professional work）

2.4 接受和提供适当的专业复审（accept and provide appropriate professional review）

2.5 给出综合及彻底的计算机系统的评价，包括分析可能的危险（give comprehensive and thorough evaluations of computer systems impacts, including analysis of possible risks）

2.6 尊重合同、协议及安排的任务（honor contracts, agreements, and assigned responsibilities）

2.7 提高公众对计算机本身及其使用结果的理解（improve public understanding of computing and its consequences）

2.8 只有当获得授权时，才可接触计算机和交流的资源（access computing and communication resources only when authorized to do so）

3. 组织领导的伦理规则（organizational leadership imperatives）

4. 遵守的伦理规范（compliance with the code）

从该案例中，我们可以看到，对于职业道德/专业伦理不仅有道德原则层面的表述，这种表述中已经具有专业的特点，另外，还开发了更为具体的伦理规则和规范，这些是我国职业道德/专业伦理研究中所缺乏的。

在国外，一般来说，专业伦理主要由四大类组织开发：（1）专业/职业与贸易协会（professional and trade associations）；（2）商业组织（business organizations）；（3）政府组织（government organizations）；（4）大学，如加利福尼亚大学、伊利诺斯大学等。如伊利诺斯技术研究所（Illinois

Institute of Technology，IIT）的专业伦理（ethics in professions）研究中心对 11 个领域的几十个专业开发了职业道德，其内容非常丰富。这里以儿童福利工作者的伦理规范为例来说明，该规范是 1996 年版的，所有的内容共有 14 页 A4 纸，这里仅展示其中一部分内容。

材料 6—3　　　　儿童福利工作者的伦理规范①

导言

社会赋予每个儿童获得基本需要的自然权利，如生存权和发展权，以及与父母同住的权利。社会同样赋予每个家长抚育子女的权利，根据儿童福利的法律，当父母的权利和儿童产生冲突时，应当限制父母的权利，以便保护儿童。儿童福利工作者是指干预家庭生活的人，他的目的是确保儿童安全，帮助家长看管儿童，并达到家长的最低要求，当家长无法或不愿达到看护的要求时，此人当给予持续不断的关心。

儿童福利工作者对客户的职责是基于受托人承诺他以一种可信任的方式干预家庭生活。这种关系维系在尊重、能力、忠诚、勤劳、诚实和保密的基础之上。儿童福利工作者对被监护人、养父母、法庭、雇员、儿童福利领域和社会的责任同样植根于对每个人的尊重、诚实、承诺忠诚以及承担个人行为结果，保持高标准的职业行为。

本伦理规范提出了无论在什么样的特定环境下进行道德判断的原则，这些应当成为每日行为的习惯性指导。它确立了职业人与客户、同事、被监护人、养父母、法庭、雇员、儿童福利领域和社会之间的行为标准。其目的是帮助从业人员知道并在实践中运用相关的价值和职责，并在决策中经常准确考虑既定的价值和职责。

1. 总职责（general responsibilities）

1.01　正直（integrity）

儿童福利工作者应该承担起自己的专业责任，以一种有尊严的、尊重他人的和公平的态度来处理与之有职业关系的人们的关系。

1.02　合适（propriety）

---

① 参见 http：//ethics. iit. edu/。

儿童福利工作者应该在职业活动中保持高水平的个人道德。个人标准与行为虽然属于私人态度，但某种行为直接影响到儿童看护，此时当以更高的标准来承担职业责任。

1.03　胜任能力（competence）

a. 儿童福利工作者应该根据自身通过教育、培训和经历中获得的能力来提供服务。

b. 儿童福利工作者应该准确地提供自己的资质背景和职业信誉度。

c. 儿童福利工作者应该了解当前该职业的最新信息，以便继续接受职业教育来提高自身的服务水平。

1.04　避免伤害（avoiding harm）

儿童福利工作者应当根据职业责任，任何行为要以被监护人获得最大利益为准则。可以理解的是，在选择过程中必然会出现不同价值观念和责任之间的冲突，但是，必须注意有些价值观和责任具有优先权。

a. 儿童福利工作者应该尽可能增加被监护人的福利或利益。

b. 儿童福利工作者有责任避免被监护人受到伤害。

c. 儿童福利工作者应该在不可避免的情况下，将伤害程度降到最低。

1.05　不可歧视（nondiscrimination）

a. 儿童福利工作者不应该出现任何歧视和歧视行为。

b. 当进入一个特定的家庭，其个人或文化差异确实影响到儿童的看护工作时，儿童福利工作者应该得到监督和培训以便确保不影响看护工作，包括工作胜任能力和文化适应性。

1.06　性骚扰（sexual harassment）

儿童福利工作者应该阻止性骚扰的行为发生。

1.07　利益冲突（conflict of interest）

1.07.1　多元关系（multiple relationships）

儿童福利工作者应该考虑与客户、家庭成员、家长、同事、被看护人的非职业性接触所导致的潜在危害，因为这会影响到他人对儿童福利工作者职业的客观判断和儿童福利工作者自身的职业表现。

a. 儿童福利工作者应该避免任何一种引起误解的行为，这种误解可能被推理成儿童福利工作者具有职业偏见或受报酬左右等。

b. 无论什么时候，儿童福利工作者都要把职业关系置于非职业关系之上。

c. 儿童福利工作者应当考虑以前的、现在的和潜在的多元关系，处理好他们之间的关系，以避免影响他人之间的伤害等。

d. 成为养父母的儿童福利工作者应该公开讨论他们的双重角色所赋予他们的适当的优先权利，以避免利益冲突、滥用权力或对职业活动提出不当的建议。

1.07.2 私人利益（private interests）

a. 儿童福利工作者不应该允许自己的私人利益影响到职业责任，无论是经济方面还是其他方面。应当避免任何一种引起有推理能力的人理解为是儿童福利工作者的偏见或受私人利益驱使的表现。

b. 儿童福利工作者应当避免同自身经济或个人利益发生关系的职业事宜。一旦发生冲突，儿童福利工作者应该与他的监管人商量，并采取行动解决现实的和潜在的冲突。

1.08 个人问题（personal problems）

a. 儿童福利工作者当得知自己存在个人问题、心理健康问题或影响职业判断和表现的问题时，不能从事职业活动。

b. 当这种问题将影响职业表现时，儿童福利工作者应当同他的监管人商量，是保持职业活动还是终止。

1.09 职业工作的凭证（documentation of professional work）

儿童福利工作者应当准确、诚实地根据政策或合法要求提供他们的职业记录。

2. 对客户的职责（responsibilities to clients）

客户指一个儿童或一个家庭成员，他需要儿童福利工作者的服务并通过协议购买了这种服务。对客户的第一职责是根据不同家庭成员的情况具有不同的职责。

A. 对儿童的职责

当儿童的基本权利无法得到保障时，儿童就成为客户。儿童福利工作者要确保儿童的基本需要得到家长的满足。如果不可能,那么儿童福利工作者要确保其他人能满足儿童的这些需要。

B. 对家长的职责

当家长无法完全担当照顾儿童的责任时家长就成为客户。如果家长能够也愿意满足儿童的基本需要,那么家长和儿童有权住在一起,成为家庭。儿童福利工作者应该合理地努力帮助家长达到照顾的标准,同时认识到职业责任性质的转变,责任转移到家长。

C. 对其他家庭成员的职责

当为其他家庭成员提供服务能够满足儿童的基本需要时,这些成员就成为服务的客户。儿童福利工作者的职业行为就是提供这些服务。

2.01　正直（integrity）

儿童福利工作者应当清楚地认识到客户在看护儿童方面的不足,并有责任帮助客户,干预到家长与儿童的关系之中。儿童福利工作者应该重点得到他人的信任,并把重点的价值放在尊重、能力、忠诚、勤劳、诚实和保密上。

2.02　客户自主决定（client self-determination）

儿童福利工作者与客户之间被托管与托管的本质限制了客户与儿童接触的可能,但并不代表剥夺了他们自主决定的权利。自主决定是指在没有过度影响或强制下,客户有权自主作出选择和决策,并获得必要信息的可能。

a. 儿童福利工作者应该具有当环境发生变化时重新评价所有客户已有决定的能力。

b. 儿童福利工作者应该确保所有的客户,无论年龄长幼,都能够按照他们的理解水平作出自主决定的权利。

c. 儿童福利工作者应该确保他的客户有可能接触到对他作决定非常必要的信息。

d. 儿童福利工作者应该确保他的客户在不受任何外在影响的情况下有机会在不同的选择中作出自主的决定。

e. 儿童福利工作者应该注意有心理限制的客户所作出的决定,如果可能,尽量防止这种决定出现。

2.03 知情赞同（informed consent）

知情赞同是从客户自主决定的原则中生发出来的。意思是指当客户经过了周密的考虑并具备足够的信心时作出的考虑到家庭干预和可能后果的决定后应该让儿童福利工作者和客户充分知情。儿童福利工作者有责任参与这一过程，以便防止客户胡乱作出决定，在托管干预的框架内要求他能够充分考虑各种选择并作出决定。

a. 儿童福利工作者应该尽可能快地告诉客户本职业关系的性质、家庭干预的本质、儿童福利工作者代表的权力、客户所作出决定的有限性。

b. 儿童福利工作者应该让客户了解合法的和符合程序的法律和权利。

c. 儿童福利工作者应该让客户指导整个家庭干预的计划。

d. 如果有客户不能给予知情同意，那么儿童福利工作者应该被允许合法干预。

e. 儿童福利工作者应该尽力得到客户的同意获得知情赞同，充分考虑客户的最大利益。

2.04 保密（confidentiality）

a. 儿童福利工作者应该尊重机密，这是客户的权利。机密信息只能在同一团体中分享。

b. 儿童福利工作者有义务熟悉联邦和州法律相关条文，以及儿童福利领域相关的法规。

c. 儿童福利工作者应该告诉客户所有相关的机密和限制。

2.05 同客户的性别关系（sexual relations with clients）

儿童福利工作者与客户的关系中天生是不平等的。在托管关系中，有一项特别的规定，就是儿童福利工作者不能利用易受伤害的客户。

a. 儿童福利工作者不能与现在的客户发生性关系。

b. 儿童福利工作者不能与以前有过性生活的人建立客户关系。

c. 儿童福利工作者在职业干预终止的至少2年中不能与以前的客户发生性关系。因为和以往客户范式性亲密会造成客户的潜在伤害。2年后才能保证没有利用的发生。

2. 06 服务终止 (termination of services)

儿童福利工作者不能不管客户。儿童福利工作者应该持续干预直到儿童不再需要或有了合适的人来照顾。这种干预才能终止。

3. 对同事的职责

4. 对法庭 (court) 的职责

5. 对养父母 (foster parents) 的职责

6. 监管的职责

7. 行政的职责

8. 研究的职责

9. 对儿童福利事业的职责

10. 对社会的职责

11. 道德的决策

上述案例的总标题是伦理规范,尽管有些地方用职责来表达,但是从其内容来看,具有道德约束力,因此仍然视作该专业的伦理规范。我们仔细阅读这些伦理规范会发现其中有三个特点:这些伦理规范与职业行为紧密联系在一起;这些伦理规范是本职业从业人员特有的规范;这些伦理规范最低层面涉及法律,最高层面涉及个人的职业理想和职业生涯发展。

他们对专业伦理研究之全之细在国内是很难看到的,从上述案例中我们已经能够直观地看到。再举一个简单的例子,如医生的职业道德,虽然这个职业的从业人员不是中职培养的,但可以作为案例来考察它的细致性。我国研究者也一直关注这个领域,但提出的职业道德无非是诚信、敬业、不收受红包等。值得一提的是,国外对它的研究不仅把医生按科分开,而且即使是外科,还细分为整形外科医生、头颈部外科医生等。总体上,把医生的伦理规范分两大类阐述:一类是实践伦理;另一类是学术伦理。可见,其细致的程度越高,对伦理规范研究得越细致,对于从业人员的指导意义和约束力就会越大。

这里我们谈到的是职业道德或专业伦理,因此下面就举相关的销售人员的案例加以说明。

材料6—4　直销协会制定的独立销售人员的伦理标准①

其基本原则是：诚实、保密、守信、不用不合法手段牟利。

其具体伦理标准是：

1. 价目单必须清晰，便于消费者确切了解价目单上的物品和相关信息。

2. 对购买物品及数量、价格、付款方式应该清楚地描述在订货单上，并写清楚其他的附加费用。

3. 合同与发票的使用要符合相应的法律法规。

4. 自产品售出销售代表应当坚持负责维修等售后服务。

5. 对售后服务的描述应当准确、清晰。

6. 任何发票及合同文本都应当显示该公司销售代表的名字、住址、电话号码。

7. 所有的销售人员都应当对可能的消费者表明身份、来意、公司和产品的品牌。

8. 销售人员不能制造混乱来蒙蔽消费者，滥用消费者给予的信任，也不能利用消费者在经验和知识方面的不足。

9. 销售人员不能暗示可能的消费者是被"特意挑选出来的"，如果购买则可以得到额外的利润或是特别的价格或时间有限等。

10. 销售人员应当尊重消费者的隐私，尽量在他们方便和希望的时间打电话。

11. 销售合同不能在有侵扰的情况下签署。客户如果要求终止销售面谈应当得到充分尊重。

12. 所有的证明材料和签署应当是可信的。

13. 如果比较产品，销售人员应当公正地根据事实评价。

14. 销售人员应该避免把公司的不同产品搞错。

15. 销售人员不能试图引导消费者同其他销售人员取消合同。

从本案例我们可以看出，对于独立销售人员的伦理规范是极为具体和实在的，这些规范是在基本道德原则的指导下，同职业行为紧密结合在一

---

① Center for the Study of Ethics in the Professions, Illinois Institute of Technology.

起的。如果仅仅对道德原则作规定,而对职业行为的伦理规范没有约束性的规定,那么这些原则很难切切实实地落到实处。从业人员如果没有对自身职业范围内相关的常见职业行为有非常明确的伦理认识,没有具体的约束性规定,那么就很难保证那些道德原则在职业情境发生的当时(有限的时间内)能够确实地发挥作用,维护职业行为的伦理性,往往表现出较大的个体差异性。如果职业行为的伦理性无法维持,何以说遵守了道德原则。

写到这里,课题组似乎找到了中等职业学校所困惑的一个问题的答案,那就是:为什么某些中职生在学校是品德良好的好学生,但到了企业就出现品德不良的现象?而日常生活中,他周围的人都认为他还是一个品行不错的人。其原因有两点:一是仅有高层次的道德原则是不够的,还需要深入职业内容,挖掘必要的常见道德规范,以进一步确保这些原则发挥出实实在在的效果;二是在职业活动中,许多情况是个体从未经历的,这就需要具备道德敏感性,以便作出具有道德性的职业行为。而在中等职业学校,由于没有同专业相结合的职业道德教育,仅仅是同公德相类似的道德原则教育,如果个体本身又缺乏应有的道德敏感性,那么在职业活动中,要在职业行为里表现出道德性是有难度的。

值得一提的是,在中职德育中,把职业道德教育同社会公德教育联系在一起是可能的。在上述案例中,我们发现独立销售人员的伦理标准在原则上同社会公德是一致的,如诚实、保密、守信、合法;在内容上同社会公德是一致的、相通的,只是在日常生活中的具体表现同职业活动中有所不同。然而,相对而言,中职生对于日常生活的体认程度比职业世界要高得多,因为他们具有近 20 年的生活经历和体验。因此,对于在日常生活中如何运用这些原则,学生心里都有数。在职业道德教育中进行这些原则的教育时,可以适当引用一些日常生活的案例,以便加深和强化学生既有的社会公德意识。

因此,课题组的观点就是,在中等职业学校,进行分专业的职业道德教育非常必要。而对于细致、系统的职业道德的开发需要行业、企业、政府和研究机构的共同参与。此外,对于道德敏感性的培养也是中职德育不可回避的内容,因为职业情境不都是可以预见的、常规的,当偶发事件出现时,就需要个体有足够的道德敏感性,以便作出道德的决策。

（二）分领域的技术伦理

技术伦理教育是自然科学和人文社会科学相互交叉形成的，旨在培养学生在未来的职业技术活动中具有强烈的社会责任感，形成以伦理道德的视角和原则来对待技术活动的自觉意识和行为能力。对中职学生进行技术伦理教育应该成为中等职业学校一项较重要的德育内容。由于技术活动不仅仅是科学技术应用于生产获得经济效益的单一问题，它的组织、设计、生产、结果等方面都会给社会带来综合的效应和持久的作用，它是涉及社会的生态环境、法律、文化和道德等多方面的综合性问题。此外，每一项具体的技术活动都是一个复杂的体系，它涉及多种学科的交叉和综合运用、众多的组织部门和社会管理系统的协调管理、众多从业者不同专业和个性的参与等。这里存在着利益分配和合理组织、配合以实现最大效率的问题。因此，在技术活动中存在价值选择，这是技术伦理教育的基本依据。其根本目的在于解决如下问题：如何运用技术？运用科学技术的人具有什么样的价值观、道德观、利益观和责任感？技术工作者是否明确技术对人、对生态环境等方面的影响？

技术伦理教育涉及多种学科的相互交叉、融合，是在专业知识的基础上，或是结合在具体的专业中进行的，使学生在学习技术专业知识的同时，很自然地接受在项目设计、实施、评估和验收中所应遵循的道德原则和规范，形成不仅以质量标准，而且还要以伦理道德的标准来衡量整个技术的责任感。

下面以信息技术的技术伦理为例。对于信息技术从业人员的技术伦理，有不同的研究，这里引用大连理工大学的周凌波及其导师王前教授的观点①，这里引用的目的不在于揭示信息技术领域的伦理问题究竟是什么及如何解决这些问题，而是在于揭示在不同的技术领域都存在这样那样的值得研究和重视的伦理问题，而这些技术伦理正是我们中职德育需要关注和教授的。关于信息技术的技术伦理，他们的结论如下。

首先，在对世界改造的起点上，信息技术需要反思自己的责任问题。

---

① 周凌波：《信息技术伦理及其哲学反思》，大连理工大学 2005 年硕士学位论文。

那么对什么负责？信息技术给我们带来了很多亟待重新认识的伦理难题。美国的道若西·E. 丹宁（Dorothy E. Denning）在《信息战与信息安全》中有一段总结："在 20 世纪初期，一个信息战士不可能企图去入侵一个计算机系统，去窃取机密，去对一个网络发动具有毁灭性的计算机病毒入侵，去截获蜂窝电话的通话，去用间谍卫星拍摄图像，或者在无线电台和电视台上进行广播宣传以故意散布假情报，因为这些技术当时并不存在。到了 20 世纪 50 年代（除了无线电和电视以外），人类还发明了计算机，但是个人却几乎无人拥有，无人与这些发明的物体有任何关联，甚至与它们有任何远距离的接触。当时没有网站可供黑客攻击，没有因特网服务商可以破坏，没有网上交易可供截获，也没有电子邮件可供发布恶意代码。普通人没有获得低成本的方法对潜在的数百万人发动毁灭性的计算机病毒战，散布仇恨信息，流行欺骗，或者大搞阴谋伎俩。"[①] 这里所提到的陆续发明出来的众多信息技术，比如无线电、电视、计算机、网络、卫星、移动通讯等新技术，一方面带来了信息的极大丰富、充分交流，但是它们的确又构成了一种充满危机的生存环境，这与破坏自然原生环境所导致的后果是雷同的。如果说我们在历史中的确曾经遭受过信息缺乏、闭塞和模糊带来的威胁，那么今天我们构造这种技术的信息极度丰富的生存环境也是不负责任的。我们需要对信息技术创造的人工自然负责。

尤纳斯还说到了对未来人负责的问题："对于未来的人类，我们并不是要让他们生活得更好，而是要抢救与保护他们生存的基础。"[②] 这个生存技术，不仅是信息技术造成的人工自然，而且也包括现实的自然和社会在信息化进程中所遭受的改变，比如信息技术发展程度的差异在经济、政治、文化及社会生活等各个方面所形成的"数字鸿沟"、"数字殖民主义"等现象，就已经深刻地影响了不同国家、种族等的生存发展状况，埋下了未来人类生存状况可以预见的后果。所以，信息技术并不是像有人所说的那样，为世界各国提供新的、平等的起跑线，反而可能是一种更强烈的

①　[美] Dorothy E. Denning 著，吴汉平等译：《信息战与信息安全》，电子工业出版社 2003 年版。

②　李文潮：《技术伦理与形而上学——试论尤纳斯责任伦理》，载《自然辩证法研究》2003 年第 2 期。

"马太效应"，彻底撕裂现有的不平等发展环境之间那脆弱的张力，留给未来的人类一个难以收拾的社会环境。所以，我们还应该对信息化进程中的现实自然和社会负责。

在对信息技术的伦理判断中，面临着一些困境。比如在公共场合安装的摄像头、监视器，是侵害了人的隐私权，还是保护了人的公共利益？手机是方便了人的通讯，还是侵害人的自由？越来越快的电子技术更替，是在为人们提供更好的产品和服务，还是在制造更大的电子垃圾污染的压力？如此等等。对此就带来了伦理评判的需求：谁来裁决公共监视、移动通讯、产品更新换代等技术的善恶正邪？

由谁来负责？当然是技术工作者。虽然技术工作者对于技术的伦理后果是难以掌控的，但是，对于技术如何发展以及对技术逻辑的伦理走向的判断，技术工作者还是有发言权和决定力的。

所以，从信息技术的兴起来看，我们需要树立责任意识。因为我们不确定，信息技术所创造的那个以信息为核心的人工自然，是在保证原有自然的完整性，还是在破坏它；我们在其中所遵循的"消除不确定性"的价值观，是对传统决定论思想的反对和进化，还是一种建立在对世界偶然性"驯服"基础上的新的决定论。正如我们不能无节制地向自然索取材料和能源一样，也许我们也不能无节制地向自然索取信息——也就是"被消除了的不确定性"。我们面对信息的节制，在发展和使用信息技术时候的恐惧和敬畏，也许才是一种负责任的态度。

其次，在改造过程中，如何构建一个技术的人工自然，则应该考虑到权利冲突的问题。网络是一种特殊的"技术—社会"体系结构。技术以自己的模式"挟持"了社会自然的结构—社会关系，使得社会关系向技术化演变，由此，在信息技术所构造的网络虚拟世界中，围绕着信息资源的交换、分配、使用等，有着诸多的权利冲突。具体表现为：第一，人身权利方面，比如人的姓名权（署名权）、隐私权、名誉权、肖像权、荣誉权等。在网络上，很容易出现这些权利受到侵害的现象，比如剽窃文章、转载不署名、私自传播他人照片等。第二，财产权，比如在网络上获得报酬的权利，网络的税收、在线交易的安全性、版权等问题。第三，政治权利，比如言论自由、民主，国家间在网络上的政治竞争等。这些都是当前网络伦理讨论的重要话题。

再次,信息技术还涉及到社会公正问题。弗兰克·梯利在《伦理学导论》中分析到:社会公正,体现了人在社会生活中一种利他主义的伦理观。利他主义者将人类的"善"作为自己的目标。例如实现"信息对称"是一种技术目标,也是一种倡导社会公正的伦理规范。信息作为人工自然的一种要素,和材料、能源一样,具有某种程度的稀缺性,所以在信息技术和社会的关系中,如何配置和分配信息资源,就是一个关系社会公正的伦理问题。比如,在经济生活中,如何制定政策和措施,保证商品生产和销售商及时、充分而准确地披露有关商品和交易的信息,防止他们对消费者进行信息误导和欺诈,是一个关系到消费公正的问题。在文化领域,信息技术一方面带来了文化传播和交流的巨大进步,促使大众文化的繁盛;但另一方面,也放大了强势文化和弱势文化之间既有的不平等,在虚拟世界中形成了所谓的"文化霸权"、"文化殖民主义"的问题,造成了文化认同的困境等。所以,信息技术为社会交往提供了"信息对称"的手段和工具,但是能否真正实现信息对称,还需要由公正的社会伦理原则来予以约束。由此,对于信息技术工作者而言,需要辨析的是信息资源是有限的还是无限的,是稀缺的还是充足的。

最后,信息技术的工作者还面临"人工智能"的伦理问题。在信息技术中,能够将人的智能模仿仿真到什么程度并非首要问题,这种技术本身是否损害了人的尊严才是关键问题。比如对于计算机芯片能够在某种程度上超越人的能力,这是好事,但如果将芯片植入人脑来代替人脑思考,在伦理上就有问题了。又如,对于手机必须和基站保持联系,人们并无异议,但是通过这种联系来确定其持有者的位置,就是一个典型的关涉人的自由的问题了。在技术的发展历程中,总会有技术侵害到人身尊严的时候,这也是技术伦理中不可缺少的一个方面。信息技术与人关系的高度结合,它所牵涉到的人自身生命尊严的伦理问题,也不是一个简单的价值判断的问题,如果处理不当,是会影响到未来人的存在问题。正如医疗技术解剖人、克隆人一样,信息技术也想通过对人的认识活动的解剖,达到用机器"克隆"人的目标,这无疑是伤及伦理问题核心的举动。

总而言之,信息技术伦理有自身特殊的逻辑体系,即责任原理、权力冲突、社会公正和生命尊严四个方面。

从材料6—4中，我们看到信息技术从业人员本着责任、敬畏和公正的态度来开发、利用技术的重要性。那么，对于即将踏上这些岗位的人而言，学习这些伦理要求就成为必须的前提。

在不同的技术领域，会出现不同的技术对现有伦理原则和伦理规则的挑战，形成新的伦理问题，作为从业人员，了解技术目的的达成对社会伦理的冲突也是必要的。而且，中等职业教育的培养目标就是高级技术人才。所以，技术伦理必然成为中职德育不可或缺的内容之一。

（三）案例

从上文中我们可以得出结论，中职德育的内容主要包括职业道德、技术伦理和较高较深等次的公德。而这些内容的安排，前两者必须同专业相结合来教授，而后者则既可以同专业结合在一起，也可以按照中国既有的模式，把它单列作为专门的道德课程来教授。下面有一则相关的案例，虽然它讨论的是工程师的伦理道德，但其模式可以为技术人员的伦理道德教育所借鉴。

在此借用美国全国职业工程师协会提出的工程道德的基本准则来尝试说明。其基本准则主要包括：（1）工程师应该保证公众的安全、健康和福利；（2）工程师应该仅在自己的能力范围内提供服务；（3）工程师应该以客观的、诚实的方式发表公开声明；（4）工程师应该是每一个雇主或顾客的忠实代理人；（5）工程师应该避免欺骗行为；（6）工程师应该以自己正直、可靠、道德及合法的行为增强本职业的尊严、地位和荣誉。课题组认为，这样的道德准则，在全球经济一体化的时代，同样适用于全世界的工程师。对于工程专业的学生来说，通过对工程道德规范的学习，应该能对工程专业实践行为中什么是正确的、什么是错误的，什么是应该的、什么是不应该的，哪些是好的、哪些是坏的这样一些问题作出正确的道德判断。为此，工程专业的学生应具备以下一些能力：（1）明确工程道德规范的定义；（2）了解专业工程行为法规的主要内容；（3）能列举工程实践中的道德问题并从多方面来理解；（4）能识别并且批评性地分析在工程实践中常见的道德困境及可能的结果；（5）能分析道德争论并确定哪一个观点有最好的理由可以相信并付诸行动；（6）能认识到历史上有关工程和技术的道德决策对我们社会发展的重要性；（7）能认识到自己行为的法律责任；（8）能在工程决策过程中使用基本风险评估技术；

(9) 能认识到工程决策的地方性和全球性的结果。①

本案例的做法是:在工程专业中开设工程专业道德课程,其目的是让工程专业的学生知道他们在社会中将要承担的道德责任和义务;帮助学生理解道德在工程领域扮演的重要角色;让学生从专业上认识到自己是社会的一部分,并对社会负有责任;使学生掌握在遇到工程道德问题时可行的决策程序。总的来说,其目标是要让工程专业的毕业生理解,作为专业工程师,不仅需要技术专长,而且要熟悉工程师的社会和职业角色。

当然开设工程道德课程具有阻力,在本案例中阻力来自两个方面:一是学生缺乏相应的热情。这可以从教学内容和方法上来解决,虽然大学生缺乏学习道德规范的热情,但他们普遍对工程的社会问题感兴趣,因此案例教学应是可行的策略,如 2003 年的"非典"事件中,香港淘大花园SARS 病毒交叉感染一事就反映出建筑设计上的弊端,建筑设计的一个小小失误竟然隐藏着如此巨大的公共安全隐患,这一事例可以激发建筑设计专业学生对于公共安全的认识,强烈感受到未来所从事职业的社会责任。二是教师对工程专业道德教学缺乏准备,既无现成的教材教案可以参考,又会增加工作量。要根本解决这个问题,就要让教师认同工程专业道德是工程专业教育不可或缺的组成部分,具体的教学技能则可以通过短期的教师培训计划来完成。

从内容上来讲,麦克莱恩 (G. F. McLean) 将工程师所遇到的道德问题分为三个层次:技术道德、职业道德和社会道德。技术道德包括各种技术决策和判断,涉及组件的选择和安排、制造方法的选择、安全因素的考虑等,在这一层次上,工程师最关心的只是功能的问题,即如何生产出一个工程产品。职业道德超越了技术问题,考虑了合作或竞争群体之间的相互作用,涉及财务、经济收入或与供货商的关系等,如果在这一层次上有不符合道德的决策发生,那么工程产品整体成功的可能性就会受到影响。社会道德则是更高的层次,在这一层次上,工程师有责任用其生产的工程产品来维护公共利益,为社会服务。工程师必须从多个方面来考虑工程对社会的影响,特别是其负面影响。虽然职业道德和社会道德都超越了技术

---

① J. R. Herkert, "Engineering Criteria 2000 and Engineering Ethics: Where do We Go from here?", 1999. http://onlineethics. Org.

问题，但并没有脱离技术问题，它们都需要通过技术来实现，这也是工程专业道德与一般伦理道德的差异。工程专业道德课程可划分为多个主题来完成，如工程师的基本道德观念、遵守道德规范的方法、工程职业行为准则、工程技术的历史、专业工程师的权利、工程师和环境、工程决策和公共安全、工程师的社会职责及法定义务等。

在教学实施层面，由于案例教学能激发起学生的兴趣，又与工程实践紧密相连，也容易与专业内容相结合，它可以广泛用于工程道德教育的实践中。案例通常包括一个决策或一个问题，它通常是从决策者的角度来描述，并引导学生慢慢进入决策者的角色。案例教学法一方面通过提供给学生真实世界的问题将现实带进教室，促进深入的分析和讨论；另一方面通过在课堂上尽可能地再现现实的情形训练学生作出有效的决策，通过案例教学法可以使学生同时获得职业知识和解决问题的经验。为了减轻教师的工作量，可以考虑让多个工程专业的教师共同承担工程道德课程，每个教师准备一个专题，这样既可以结合每个教师的技术专长来讲授专业道德，又可以让学生感受到道德问题是工程专业的重要组成部分。此外，每个主讲教师结合自己的专题设计一个案例包，包括一个有趣的、真实的且与主题相关的案例以及相关的教学笔记，包括教学目标、案例的使用、与案例有关的道德决策问题，对学生可能提出问题的简要讨论，如何在课堂中有效地实现案例教学的意图，同时还应该包括一些相关的问题以促进学生之间或师生之间的讨论。

对于评价，由于道德判断能力难以量化，对于学生道德判断能力的评价不宜完全采取课程考试的方式，可以使用定性方法，如使用调查表等，依据调查结果作出评价。当然，评价一个学生的道德判断能力的最有效方法应该是看该学生在面对现实问题时如何作出道德决策，平时可以让学生做一些作业，分析工程师可能面对的专业道德问题，这些作业使学生有机会将不同的道德规范应用于具体的工程道德决策中，在学生自主作出这一道德决策时反映了他对工程专业道德规范理解、掌握及应用的能力。在课程结束时可以安排一些实践环节，让学生提交一篇有关实践中碰到的道德争议的小论文，反映学生在面临具体问题时的道德决策能力。通过考试、调查、作业、实践这几方面的评估可以较准确地判断一个学生的工程专业道德水平。

这则案例向我们展示了在工程教育领域道德培养的方式,尽管工程教育同我们中职所讨论的技术教育具有一定的差别性,就如前文所提到的,前者的技术是工程技术,后者则为职业技术。但是,从道德培养来说,两者又具有共通之处,因为都需要进行职业道德、技术伦理和社会公德的教育,只是领域内容的差异而已,因此,工程道德教育这些做法值得我们借鉴。

综上所述,中等职业教育要培养一个有道德的技术人员,主要有三个方面的德育内容:

一是分专业的职业道德或专业伦理。其重点在于道德原则在具体职业情境中应用时表现出来的道德规则的把握。这些具体的道德规则同职业本身紧扣在一起,起到约束和指导职业行为的作用。而这些职业道德规则的开发并不是由中等职业学校教师开发的,而是由行业或职业群的资深人士同研究机构共同开发的,中职仅仅是选用其内容作为教学内容而已。而目前我国对于各行各业职业道德的研究还很不系统和规范,需要职业道德的专门研究机构来从事该项目的研究。与此同时,中职在内容选择的过程中,不能全盘照搬现有的职业道德规范,还需要作些深入调查和比较研究,以使选择的内容具有准确性和一定的前瞻性。此外,职业道德教育中可以把社会公德教育的内容融入进去,因为在原则方面,两者基本一致,且中职生具有多年对于日常生活情境的经历和体验,两者可以结合在一起。

二是分领域的技术伦理。重点在于技术开发和应用过程中对传统伦理原则和伦理规则的挑战的认识和敏感性。技术伦理的出现很大程度上是由于技术的创新所带来的负面影响,即对伦理的挑战,对于这类问题,比较适用应用伦理。在从事技术工作的人员中,不可避免地要面临技术伦理问题,这些问题有些已经在业界广泛讨论并有结论,而更多的则是新出现的,还没有结论的。因此,对技术工作者而言,一方面,对已有的技术伦理问题要有清楚的认识;另一方面,还要对开发的新技术进行伦理的考量,对伦理问题具有敏感性。这两方面正是中等职业学校道德教育中不得不重视的内容。

三是高于私德和社会基本伦理规范的共同信仰。从整个德育目标体系来看,中职德育在公德方面的要求是在中等教育德育的基础之上的,主要进行的是关于国家、民族、世界的共同信仰的教育。但与此同时，从我国的现实来看，基础教育中对公德和私德教育的效果不佳，使得在高等教育阶段还必须加强基本道德规范教育，以维持基本的底线伦理。当然，这部分内容不是中职德育的重点，所占的比例不大。

此外，对于中职德育，对职业道德和技术伦理的认识是重要的，同时，对职业情境的感受和伦理问题的意识也是极为重要的，这些是培养符合道德的职业行为的主要因素。

三　中职德育过程

在讨论了中职德育目标和内容之后，我们需要进一步探讨这些内容如何实施才能达到目标，即德育过程。所谓德育过程，是对学生进行思想品德教育的过程，是教育者根据一定社会和职业的德育要求和受教育者思想品德形成的规律，对受教育者有目的地施加教育影响，并通过受教育者的心理内部矛盾运动，使其养成一定的思想品德，也就是把一定社会和职业的思想准则和道德规范转化为受教育者个体思想品德的过程。[①] 各级各类学校由于德育目标和内容的不同，其过程也不尽相同。对于中等职业教育而言，其德育过程有着自身的特点，其中最为突出的特点就是在学会做事中学会做人，即在实践中进行道德教育，且中职生的道德素养是作为培养职业能力的一部分来实现的。

（一）美德如何教？

美德可教吗？这在西方是一个讨论不止又至今尚未解答的问题。黄向阳先生对该问题作了细致深入的梳理和分析，通过引古论今，得出如下结论："美德是可教的知识"、"美德可教但无需专门教师"、"美德可以通过榜样示范和批判性指导下的训练来教"、"美德可学不可教"、"美德可间接教不可直接教"。[②] 课题组基本认同他所提出的这些观点，但是仔细推敲，会发现他在这些结论中所使用的"教"是有不同含义的，有些是广义的"教"，如"美德是可教的知识"中的"教"，不仅包括传统意义上在学校中教师与学生用语言传递等显性方式的"教"，还包括更宽泛的熏

---

① 胡守棻主编：《德育原理》，北京师范大学出版社 1995 年版，第 106 页。

② 黄向阳：《德育原理》，华东师范大学出版社 2005 年版，第 69—78 页。

染、身教等方式的"教";有些是狭义的"教",如"美德可间接教不可直接教"、"美德可学不可教",其中的"教"就是指学校中的一般学科意义上的"教"。可以肯定的是,美德的"教"绝不是一般学科意义上的"教";学校教育也确实可以对学生的道德发展起到积极的影响。其关键的问题就是如何教?

(二) 道德知识的批判与维护

学校道德教育困境,其知识化倾向往往成为众多学者批判的焦点,是众矢之的。例如鲁洁教授就曾经撰文写道:

> 以传授知识为主的德育课程,她所传授的是些什么知识呢?
>
> 首先,它是一种被客体化了的知识。……而道德的学习却是以主体求善为主要目标,在道德学习中必须把学习者的主体价值观、情感、愿望等等包含在内,否则就达不到主体求善的目的。在我们以往的德育课程中,道德知识却是在去主体化、去人化、去生活化中变成一套无主体、无人的、无生活的,外在于人的、客体化的、抽象的道德规范、指令和道理。
>
> 其二,它是被学科化了的知识。课程,作为一个独立的领域从教育学中分化出来,历史并不久远,它是20世纪初的"科学管理运动""效率运动"历史背景下的产物,为此,课程的研究和理论从它诞生时起就被刻上科学理性主义的烙印。为实现课程的科学化、效率化,一种按照不同门类学科来设置的学科课程,在一个较长时期中成为课程设置的主流。……在德育课程中,道德是作为一种独立的、孤立的现象来学习的,它无视道德融于人的全部生活之中,并不存在独立的、孤立的道德生活的现实,不承认和生活的方方面面联结在一起的道德才是道德存在的原型。德育的分科课程要把道德从生活中剥离开来,把它从整个生活有机体中肢解成为一种独立的现象。①

高德胜博士还专门著书批判了"知性德育"。这些对现实的批判都合情合理。但是,大家所批判的是知识化的德育形式,并非知识本身。知识

---

① 高德胜:《生活德育论》,人民出版社2005年版。

是中性的，道德学习同样需要知识。如果光说道德教育知识化恐怕是不够的。还需要对选择的具体知识加以分析。

随着对"知性德育"批判的声音越来越大，学校德育在实践中也认同这一观点，于是，开始大幅度的减少知识性的内容，而加入了其他元素，如情感等。他们认为在课堂中光有知识是不够的，重点要激发学生的情感，即所谓的移情，只有移情才能内化，才能导致最终的道德行为，因为知、情、行是道德发展中密不可分的，所以只有通过情才能达到行。这一做法确实在改变原有道德知识满堂灌方面具有积极作用，但是大幅减少知识的比例、加强情感的激发是否就能够达到道德教育的目的呢？笔者认为，道德发展是需要三者统和作用，但情是否可以通过外界来激发，是否可能通过课堂的某些行为来激发全体学生共同的情？这一点是值得怀疑的。因为，情本身也是内生的，而不是靠煽情煽出来的。即使煽出情来，这种情也是特定环境的结果，它是否具有迁移性，是否能够顺利内化还值得怀疑。如果说知不能达到行，情是一个中间环节，那么整个道德发展过程就成为可控制的了，一种可以控制的，有固定输入、输出过程的道德培养，这种培养本身或许已经违背了道德的本意，侵入了道德自由的禁地，反而阻碍了道德的正常发展。笔者认为，在道德培养的知、情和行，甚至最后达到的道德信仰中，只有知识是属于外在给予的，而情、行和信仰都是内生式的，而非外压的。

有一种现象值得我们深思，那就是，在古代，儒家学说中的某些道德，如仁、义、礼、信、忠、孝等，不仅是读书人了解并遵守的，而且在乡野的那些没有受过任何教育的老老少少心中也有这些道德，尽管这些道德是朴素的，但他们也能够自觉地行出这些道德，是为什么呢？课题组认为，知识的形式是非常重要的，这些人确实有这些关于道德的知识，知道什么是仁、什么是义等，但是他们不需要任何激发情感的环节，就自觉遵循和行出了。这种现象表明，知是可以达到行的。

那为何现有的知识达不到行呢？我们不妨比较一下古代的"知"和现在的"知"。可以说，两者是有很大区别的。古代的"知"是一种经过大师推敲、极度精练的表达，便于传扬、理解和记忆；而现在的"知"是有文本形式的，是有多种版本的文字。例如，在教师的职业道德中，我们发现不同的学校有不同版本的教材，而且每个学校都有一本，试想教师有没有可能把整本书都内化呢？恐怕连看一遍都需要花很长时间，更谈不上识记和践行了。因此，古代的"知"可以达到道德行为，而现代则不行。

中国古代的这种朴素的道德并不是特例，又如罗尔斯的《正义论》，实际上也仅仅表达了两条原则，即第一正义原则："每个人对与其他人所拥有的最广泛的基本自由体系相容的类似自由体系都应有一种平等的权利。"第二正义原则："社会的和经济的平等应这样安排，使它们（1）被合理地期望适合每一个人的利益；并且（2）依系于地位和职位向所有人开放。"① 而这两条原则是在较长时期内影响西方人行为的重要准则。它在让人们了解的过程中，并不一定带有情感的激发，但它也成功内化为人们自身的道德素养。

由此可见，知识是道德培养中不可或缺的方面，而现有的道德教育中的知识不是适合培养道德的知识形式，它需要极度精练，而不是洋洋洒洒的长篇大论。如果有人说道德教育中的知识太多的话，课题组倒认为还不够，还没有达到古人所锤炼的那种知识的程度。因此，关键不是知识的多与少，更关键的问题在于选择怎样的知识。当然，要达到那样精练的知识的形式是有难度的，但我们不能因为有难度，就否认知识的价值。

自由是个体道德发展的基本前提。道德可以说不是一种"形而下"的，如知识、技能般客观的、可测量的东西，更多的是一种"形而上"的精神层面的东西。精神的东西就要按照其本身发展和培养的条件来进行。那么个体精神发展的条件是什么呢？课题组非常赞同金生鈜先生的观点，他指出：自由是造就良好个体的核心条件，因为只有在自由中，个体的精神才能获得自主发展，才能获得实现优秀和卓越的机会。自由给予人们自我主宰和自我发展的机会，但是，只有把自由设定为人的基本权利，把自由看作是对政治和教育提出的要求，这样，才能在制度上保障个人自由不受侵犯。教育自由其实意味着教育只能创造条件让个体的理性在充分自由的交流中自己决定自己的发展。就个体的精神发展而言，个人是最高的主权者，是自己的精神健康的最好的守护者。正是为了个体的精神发

---

① ［美］罗尔斯著，何怀宏等译：《正义论》，中国社会科学出版社1988年版。

展，每个人才需要自由。①

对于中职而言，其目标应当是让"每一个人按照自己的方式来处理一生的事业的自由，并且充分地利用这种自由，是自然所承认、理智所许可的普遍的理想，这样的自由，如果说不是一切崇高美德的源泉，就是一切崇高美德的条件"。②

既然人的精神是需要在自由的条件下才得以提升和发展的，那么道德也是精神的体现，也需要自由作为发展的条件。金生鈜先生对道德自由专门下了定义，指受教育者个人拥有追求自己的道德理想、选择和认同道德原则、追求自己的幸福的自由权利。③ 诚然，道德的习得是具有个体性和主观性的，它的发展是个体通过自由选择和自行内化而建构起来的，道德教育如果不尊重这一点，那么就会把受教育者禁锢在预定好的道德规范中，使他们成为道德囚徒或道德工具。④ 这种现象在现有的中职德育中已经存在，学生没有任何道德选择的权利，他们只能被灌输、被压制、被说教，并且被监管、被惩罚。学校教育他们的目的，无非是让他们契合企业和市场的需求，成为驯服的、不出乱子的活的工具。

如果教育所面对的是一种与民主、自由、和平、人权的共同理想呈强烈反差的现实，比如说，人们渴望自由，但制造枷锁的幽灵却在现实中到处逞凶；人们追求团结、合作、理解、信任的人道关系，但一些强大的现实力量却制造着隔离和仇恨，并且常常把人们投入处处设防或彼此仇杀的可悲境地……在这种情况下，教育就不只是丧失其自身功能，而是沦为现实中黑暗势力的帮凶了。只有关注实现人类的最佳状态，内蕴着对民主、自由、和平、人权的追求，不与现实相妥协的教育才能解除魔咒，使人获得心灵自由，使现实得到提升。⑤

由此可见，给予自由是学生道德发展的基本条件。而给予自由就是要

---

① 刘铁芳主编：《回到原点——时代冲突中的教育理念》，华东师范大学出版社2006年版，第34页。

② 同上。

③ 同上书，第42页。

④ 同上书，第42—43页。

⑤ 同上书，第28—29页。

给学生道德选择和自主道德决定的权利,对教育而言,就是给予学生开放式的学习内容、开放式的学习方式和开放式的学习环境,而不是在特定时间、特定地点学习特定内容的封闭模式。

(三) 中职德育过程的总体原则

那么中职德育过程如何既保证学习的开放性又突出中职教育的特色?课题组认为是在做事中体验如何做人。对于中职而言,主要是技术教育,与之相对的是学术教育。学术教育和技术教育很大的不同在于,学术教育是由静态的学科知识联系在一起的体系,而技术教育是由动态的过程知识聚集在一起的体系,可以说前者是学科体系,而后者是工作体系。对于工作体系中的知识是应用的知识,而不仅仅是从理论到理论。正如建构主义的核心观点所指出的那样:只有当现有的知识不能解决当前的问题时,真正的学习才开始发生。就中职教育而言,要解决的当前问题是工作中的问题,因此,中职的知识只有在工作中才能最好的习得。这种知识与学术知识有所不同,可以说它具有明显的职业性和实践性。所谓知识的职业性,主要有两层内涵:一是指这些知识是职业活动中需要应用的;二是指职业活动过程中的知识形态,即应用性的知识要在应用中学习,效果才最好。由此,职业教育中知识观从“储备观”走向“过程观”。也就是说,这些知识不是先学后做,而是在做中学。因此,中职教育具有职业性特色和实践性特色。而中职德育是中职教育的一部分,中职德育应该一脉相承这种特色。也就是说,中职德育也应当注重实践性和职业性,注重在过程中习得知识。这就是中职德育过程的总体原则。

这一原则同以往中职德育过程的原则不同之处在于:

第一,以往认为先要教给学生相关的道德知识,他才可能在职业活动中转化为道德行为;而新原则则认为在职业活动中,学生一边做事,一边可以学习道德知识,一边践行道德行为。

第二,以往认为教给学生道德知识就够了,他们自己会内化,会形成道德行为,所以只需要教给他们相关的德目;而新观点则认为道德行为的形成是在职业活动发生的过程中训练、约束而产生的,道德行为的达成促使学生掌握相关的道德知识。

(四) 中职德育过程的两大分类

一般来说,人们理解的中职德育过程仅仅局限于中职中专门的德育课程加上相关的教育性活动。当然，我们不得不承认这些确实是德育过程的一部分，但这些未必是德育过程的全部或主要部分。

首先，现有的中职德育课程主要进行道德知识的灌输。这些完全外在的压力使得德育过程"标准化"，这种"标准化"的后果，杜威早就指出了：它犯了将伦理学教学等同于操纵和强行灌输道德戒律的错误；最有成效的道德教学是，那种从不间断地使个体相信学校是终身的过程的教学；固定的道德教学只是，直接产生于学校内的事件的教学，或不同于促使学生注意他成为其中一部分的生活的意义的教学，十有八九是形式上的和例行公事的，结果是用许多一知半解的戒律使儿童的头脑变得麻木不仁，而不是有益的发展。如果道德教学被看作是行为规范的固定教学，而不是儿童自己的良心的培养，则存在着对某种病态般的良心进行培养的危险，而这种良心总是窥探并暗中监视人的情感状态，不允许那些情感在与行为的正常的密切联系中发展；在其他方面，存在着创造出令人厌恶的道学先生，可能是伪君子的危险。① 而目前我们中职德育就培养了一些德育高分的道德伪君子，所以才会出现上文所提到的在工作中的不道德现象。"依据实践伦理学，我们不得不断言，反复灌输道德规则和为数众多的惯例一样不可能形成人的品德。"② 在批判了灌输式道德的同时，杜威还指出："问题不在于做什么，而在于如何决定做什么。"③

因此，中职德育过程的重点在于帮助和指导学生如何决定，而不是知道什么和做什么。如果道德理论的教学有什么实际价值的话，它有诸如此类的价值，即有助于受教育者养成亲自认识他置身于其中的真实情景的性质的习惯。于是，这种方法的目标在于，培养对起作用的人际关系富于同情心的想象力；这种努力目标可替代道德规则的训练，抑或是替代对个体体现于品行中的情绪和态度的分析。④

对于这一点，陶行知先生有一次非常经典的教育表演：当他进入课

---

① ［美］杜威著，王承绪等译：《道德教育原理》，浙江教育出版社2003年版，第276页。

② 同上书，第276—277页。

③ 同上书，第278页。

④ 同上书，第279页。

堂,面对文化程度不高的学员,甚至有些是文盲,准备教他们一些教育原理时,他没有直接开口讲述教育理论,而是拿了一个木箱子,从里面拿出一只鸡,然后在它前面撒了一把米,摁着它的头让它吃,鸡显然是吓坏了,根本不吃,陶先生又把米硬塞到它嘴里,当然,它还是不吃,还差点把它噎着。然后,陶先生放开它,并退后几步,这只鸡向四周看了看,犹豫了一下,慢慢地接近米粒,开始进食。陶先生非常有智慧,借用这个生动的表演,告诉学员,强行的灌输是没有用的,主体认为是好的东西,他自己会学习的。在中职德育中,这一点同样非常适用。

其次,现实中的中职德育无论是专门的课堂教学还是教育性活动,往往是群体性的,没有个体的指导和咨询。然而,道德学习的复杂性决定了个体道德形成的差异性,个体所面临的情境差异性也决定了其道德发展的区别性。这些差异性要在群体教育中体现和解决应该说是困难的。道德在个体实践的基础上形成,这些实践有些是可以在群体中完成,但更多的社会情境及交往实践包括职业情境的体认是个体自己完成的。其间所遇到的道德问题或道德冲突,需要寻求帮助时,只可能通过个别性的指导。而目前的中职德育还没有特别关注到个体道德发展的特殊需求和个体差异性的发展。由此,个体德育即个别化的德育咨询和指导也应该是中职德育不可或缺的重要组成部分。

由此,基于现实中中职德育过程的不足,拟将德育过程分为两大类型:即群体德育和个体德育。相对而言,真实的个人经历和具有针对性的个别指导是个体道德发展的最有效途径之一。虽然个体德育不能完全由中等职业学校来完成,但是中职德育中的个别指导可以成为学生个别化道德成长的一部分重要资源。

四 群体德育过程

目前,我国中职德育中针对群体的德育过程绝大部分是由专门的德育课程和一些具有德育价值的教育活动所占据。但正如上文所说,这些德育过程还存在一些问题,需要进行适当的调整和改革。除了这两个板块之外,课题组以为还有职业道德和技术伦理教育,这两部分教育需要同专业课程相结合来进行。由此,中职群体德育过程主要分为三个板块:专门的德育课程、融于专业教学的德育和课外德育活动。下面就一一分析不同板块的德育过程。

（一）以活动为核心的专门德育课程

专门的德育课程是目前中职德育中最为常见的，主要分为政治理论、法律、就业指导和道德理论课程，这些课程都分别单列，自成体系。

目前，各所中等职业学校都在积极探索德育课程的新方案。根据教育部精神，要在中职教育中积极体现人文素养的教育。业界人士特别是实践界的教师们积极出谋划策如何改革，其中比较典型的就是提出把德育课程与人文素质教育相整合。

那么，专门的德育课程究竟如何开设？其功能何在呢？在第四章中，课题组已经谈到，在中等职业学校中开设专门的德育课程是我国的特色，在一定程度上保证了德育的时间和空间，但德育不能成为学科，也不能按照学科的方法来教授。德育课程的主要功能就在于通过具有教育意义的活动使学生懂得道德知识、提升道德敏感性、探讨伦理问题等。而专门辟出的德育课程由于无法同专业相结合，在内容上主要有两大块：一是道德敏感性的培养，如开展道德两难问题讨论等；二是对于当前社会新出现的现象的伦理探讨，如网络道德等。其核心是社会责任感的培养。当然，这里的公德教育同基础教育中的公德教育不同，应当是在基础教育所开展的社会基本道德规范教育之上，进一步强化和提升，而对于一般的社会公德则可以融入职业道德教育中加以深化。对于职业道德和技术伦理教育，课题组仍然认为同专业结合是最好的方式。当然，在做法上各中等职业学校可以"八仙过海、各显神通"，这里仅举一例来说明具体的做法。

材料6—5　　思博学院以增强教学实效性为目标，整合课程体系

思博学院在建校之初，就提出了"相信人人有才，帮助人人成才"这一充满了人文精神的办学理念，随后又相继提出了"成才先成人"、"专业成才，精神成人"和"育人为本，德育为先，人文先导，全面发展"的要求，把思想政治理论课教学作为实现这一理念的重要内容和手段，并成立了德育中心，建设了一支结构合理的专职专任的思想政治理论课教师队伍。几年来，我们坚持解放思想、实事求是，以与时俱进的精神，对思想政治理论课教学进行了稳步推进、锲而不舍的改革，在努力使思想政治教育贴近实际、贴近生活、贴近学生方面作了一系列积极的探索。

——以思想政治理论为核心,对政治理论、思想品德、文化教育等课程进行了重组和整合,增加了历史文化、时事政治、人文素养、身心发展等内容,重构了以思想政治理论为核心,包含人文素质教育的十二大模块、近百个专题的课程体系。

——改革后的"思想政治理论"和"人文素质教育"的课程体系包括了必修课、选修课和任选讲座三个层次,有机配合,共同完成教学任务。

——强调"三年不断线"的全程运作,科学安排,统筹兼顾,突出重点,有张有弛地把思想政治教育"寓教于人文教育课程"、"寓教于专业知识传授"、"寓教于社会实践锻炼"、"寓教于学生思想工作"、"寓教于校园文化活动"。

——贯彻"两个结合"和"三全负责"的要求:即"与学生教育相结合,与专业教学相结合";"全员负责、全面负责、全程负责"。

形势与政策课由原来学校统一安排授课,改为校、院(系)"统分结合"安排授课,其中一部分由德育中心教师开设,一部分由各院(系)根据专业特点制订计划,组织教师特别是学生指导教师实施。由于第一线的指导教师对学生思想状况了解及时准确,讲课内容更具有针对性,容易收到实效。学校组织指导教师积极备课,调查研究,分析学生思想状况,进行思想道德教育课观摩。大部分指导教师选题有新意,立论有事实,形式多样,观点鲜明,受到学生欢迎,指导教师队伍自身的综合能力也在教学实践中得到很大的锻炼提高。

"素质教育系列讲座"初具特色。

为了进一步加强和改进大学生思想政治教育,提高学生的学习兴趣和人文素质,学校推出了有特色的"素质教育系列讲座"。与以前的各类讲座相比,此次推出的"素质教育系列讲座"具有一些新的特点:

首先,为让"素质教育系列讲座"受到同学们的欢迎,能与学生思想实际相吻合,学校将讲座的选择权交给出学生,在一定范围内由学生选内容、选时间。事先拟出数十个专题,供各院(系)学生选择，从中确定正式开讲题目，使该系列讲座具有了充分的"群众"基础。学生选题较为集中的题目有时事政治类、人生修养类讲座，如"如何选择你的人生道路"、"新世纪中国面临哪些安全问题"、"如何看待网络道德"、"密切关注台独发展"、"艺术人生"等。

其次，为保证讲座的质量，形成全员负责、全员关注素质教育的合力和机制，除由德育中心承担部分核心讲座外，还积极引进校外讲座，并发动全校各院（系）教师及机关人员共同参与讲座的开设，五位二级学院的院长亲自担任该系列的讲座任务，资深教授、学报编辑部主任还推出自己的研究成果为全校师生开出讲座。

最后，由于准备充分、参与力量强，因此该系列讲座题目比较新颖、内容比较广泛，涵盖了时事政治、法律常识、人文素养、道德修养、身心发展、艺术欣赏等多个领域。有些讲座有望成为学校的"精品"讲座。

目前，该系列讲座已正式开讲，先期推出的已有"大学生与法"、"乡土人物介绍：神童、诗人、烈士——夏完淳"、"影响当前中国社会发展的若干重大问题"等。这些系列讲座通常利用晚上或学生自由活动时间进行。

案例中的思博学院虽然不是中等职业学校，但其做法值得借鉴，把原本枯燥、呆板的德育课程上活了。能够活起来的原因主要有：（1）从学生感兴趣的话题出发，贴近学生生活实际，如学生上网遇到的网络道德问题，进行适当的道德教育；（2）把德育融于整个中职教育的方方面面，成为每个个体成长的持续性的教育环境；（3）形式多样，提高学生的学习动机。这样的德育课程既符合道德教育的规律又切合学生的学习特点，所以受到欢迎。

德育目标是固定的，而德育过程是弹性的，可以由教师创造性的发挥，其创新的空间是很大的。过程的评价标准主要是实施效果，因此，针对不同学院、不同情况的学生和不同的内容，教师可以不断革新德育过程。

方法都是为目的服务的，由于每堂课的目的不同，所选用的方法也不尽相同。对于具体的教学手段和方法，课题组无力做指导。但值得指出的是，新时代赋予我们的高新技术，特别是信息技术，对于教学具有积极的意义。其意义一方面在于使得课程内容表现得更为生动和清晰，具有吸引力和感染力；另一方面在于切合学生的兴趣倾向，因为当代的中职生特别热衷信息技术，采用他们热衷的方式教学，效果更佳。

当然，值得一提的是，德育课程中有没有知识性的内容？课题组认为，肯定是有的。那么这些内容是否都可以通过活动的方式教给学生？课题组认为部分内容可以体现在活动中。但是，需要指出的是，活动只是道德学习的一个阶段，道德知识的获得可以在活动前或活动后补充，而不需要像传统学科教学那样灌输给学生。比较好的做法是设计一些可读性较强的读本，供学生自行阅读。

综上所述，对于专门的德育课程避免学生厌学、教师厌教的问题，关键在于德育过程的设计，这些活动要能够吸引学生接近道德，而不是相反。这样，他们自然会在活动的体验中获得教育所期望他们习得的道德。

（二）融于专业教学的德育：职业道德和技术伦理教育

融于专业教学的德育，其主要内容是同专业密不可分的职业道德和技术伦理教育。对于融于专业教学的德育过程，业界有不少人认为应当渗透到整个专业教学之中，在无形中进行教育，在无意识中提升道德情操，类似于隐性课程。对于这个观点，课题组持部分赞同的态度。

首先，值得肯定的是，把德育作为专业教学的一个目标，通过专业教学渗透道德教育，这一点有别于仅仅把道德教育归于专门道德课程的观点，把培养学生道德素养作为中职教育各个环节的重要目标。

其次，在专业教学中融入道德教育，不仅仅是社会公德，更为重要的内容是职业道德和技术伦理教育。那么值得讨论的问题就是：职业道德教育和技术伦理教育是渗透在专业教学中的？是无形的、无意识的教育，隐性的课程？还是有目的的、有专门内容和时间的教学？在上述观点中，很显然把它理解为前者，这种说法与基础教育中把德育渗透在学科教学中是雷同的。那么，在中等职业教育中，是否仅仅通过渗透就能够达到道德教育的目的呢？

对于该观点，课题组并不同意。因为，中等职业教育的德育内容和德育目标同基础教育是有差别的，其突出的区别在于培养学生的职业道德和技术伦理，而这两者的内容，无论是道德知识还是非知识性的道德教育都不可能在专门的道德课程中统一解决，而是要分专业进行，正如上文在案例中所提到的，这些专业职业道德和技术伦理是复杂的，差异性很大。这同基础教育的重点，即社会公德教育的方式有很大的不同。那么，单单基于渗透式的教学能够达到这一目的吗？课题组认为，渗透的方式是不够的，因为在中等职业学校的专业教学中，不仅要把德育目标纳入考虑，而且要涉及职业道德和技术伦理的内容。也就是说，职业道德教育和技术伦理教育应当成为专业教学的一部分，不仅仅是隐性的课程，而且是显性化的。

这种显性化表现在几个方面：一是在课程目标中，需要体现德育目标；二是在专业课程标准中，需要体现道德教育的要求；三是在专业教学中，有专门的时间来讲述职业道德和技术伦理；四是在专业实践中，有专门的指标来考核相关的职业道德和技术伦理。

中等职业学校的职业道德和技术伦理教育的主要任务，就是使中职学生能够在职业活动中做出道德可以接受的行为，树立明确的社会责任感、社会价值意识和对技术综合效应的道德评价意识，掌握对现代技术活动进行社会评价和道德评价的基本规则，以使他们在技术活动中能够做出符合人类共同利益和可持续发展要求的判断和抉择，并以科学的态度和严谨的敬业精神为社会提供优质的产品和服务。

就职业道德教育而言，不像社会公德那样，责任心即可涵盖，因为不同专业的核心道德是不同的。如会计专业，其核心是仔细、谨慎，因为对会计专业的学生而言，数据的准确性是第一位的。因此，在专业教学中，特别要注重追求精确的道德品质。又如，在医药专业，其核心是整洁和规范，因为对医药行业的从业人员而言，动作、程序的到位是关键的，此外，在职业情境中要求保持无菌。再如，护理专业的核心是耐心，因为护理人员主要同病人打交道，耐心是第一位的。由此，在中等职业学校中，不同的专业可以寻找到符合自身专业特点的核心道德，相关的职业道德教育就以此为核心。

就技术伦理教育而言，其核心是维持社会和谐和可持续的发展。因为就技术活动而言，其本身可能为社会带来巨大贡献，也可能会带来巨大灾难，因此，从事技术开发和创新活动时，特别要具有社会和谐观念和可持续的发展观，这样才能保证技术活动符合伦理要求。

目前，对于在专业课程中进行职业道德教育和技术伦理教育的尝试在我国还没有，中职教师也普遍缺少这两方面的知识，甚至缺少技术伦理教育的意识。从事职业道德教育和技术伦理教育的教师必须具有社会责任感，具有面向实际问题的意识和能力，同时要具备科技知识和人文社会知识的基础。由于缺乏可资借鉴的经验，所以，对融于专业教学的职业道德教育和技术伦理教育的途径和方法也只能提出一些探讨性的建议：

第一，引入相关的案例教学。

在专业教学中可引入职业道德和技术伦理的真实案例或模拟案例，提出问题供师生共同探讨、研究。由于专业课程主题与范例息息相关，案例有其生动的职业情境，有明确的技术伦理问题，学生均能够明了伦理道德规范，在学习专业课程阶段，同时学习职业道德和技术伦理。

第二，在实践中体验探索。

中职教育的特点是实践，包括专业见习/实习、综合实训、就业实践。新课改以后，这些实践的时间和机会将越来越多。实践中，中职生有机会到真实的职业场所和技术活动的第一线去亲自实践，参与项目技术设计、管理、考核与评估等方面的工作。中职生可以通过这一过程亲自感受和认识技术活动对人类生活、对社会持续发展的重要影响，领悟到技术活动中蕴涵着的伦理价值。[1] 与此同时，这也是职业道德教育的重要平台，教师可以通过在职业活动中对学生行为的纠正和训练，促使学生认识到相关的职业道德，而不是一味地进行知识灌输。当然，相关的知识是需要的，课题组认为只要提供学生相应的学习材料或读本即可，不需要一点一条的讲述。

第三，开展道德辩论。

对于职业活动中的道德问题和技术伦理问题，还有许多具有争议的两难道德问题和可以预期的道德问题。于是，在专业课程中，有必要把这些问题拿出来讨论，以便提高学生的道德敏感性、职业道德意识，提升道德辨识与抉择能力。

---

① 姜安心：《技术伦理教育与中职学生道德素质的培养》，载《中国职业技术教育》2006 年第 22 期。

（三）课外德育活动：德育的深化与巩固

从整体性德育的角度而言，德育不仅仅是课堂教学的目标，同时也是整个学习教育的目标，它必然渗透到课外活动中。因为单纯的课堂学习已经不能满足学生们身心发展的需要，有必要把它延伸到课外，渗透到教学、科研和社会服务各个方面，以此来深化和巩固中职德育的效果。对于课外德育活动的开展，其基本原则是：寓德育于有意义的活动之中。

需要强调的是，我们教师在举办活动的过程中，容易犯一个错误，那就是只注重形式和场面，而忘却了举办的目的，偏离了这个目的。这种现象在教学中也常常出现，正是所谓的"丧失目标的教学"，这一点是必须要注意的。

当然，值得指出的是，群体德育都是有教师组织和参与的，但并不能说明教师在道德方面就一定比学生更为优秀。教育者本身的道德也是在不断发展和完善的，因此，这里需要强调指出的是，教育者本身的自我认知要准确，不能够把自己抬得很高，认为自己一定比学生好，而应该以学习他人、共同成长的追求来对待道德教育。这样，有利于提升教师本身的整体道德素养，也有利于全校的校园伦理的建构。

（四）个体德育过程：个体成长最有效的途径

个体德育过程是目前中国中等职业学校德育中被普遍忽视的，却是国外同类院校的主要德育阵地。那么，我们有了群体德育过程，为什么还需要个体德育呢？首先，道德习得是个体建构的，而不是外在压制的，个体只有在真实的环境中亲身体验了，才最有利于其道德的建构，否则，外在的说教或者案例或者榜样示范都是一种不可及的目标，个体真正形成自己的道德观念需要经历自主的道德决策。其次，个体所遇到的问题各不相同，所处的道德发展水平也各不相同，因此其道德发展具有个别性。因此，个别化的指导对于个体道德水平的提高效果最好。最后，道德的发展在最真实的情境中最有利，个体自身遇到的道德问题一定不是虚拟的或模拟情境，而是真实情境的问题，解决真实情境中的道德问题最能够促进个体的道德成长。

个体德育过程，主要是通过专门的教师对学生个体遇到的道德问题，进行相关的咨询和指导的过程。国外的中等职业学校有较为丰富的经验。

这里有一则案例可以说明这个观点:

材料6—6　　加拿大某社区学院个体生涯指导案例

位于加拿大多伦多的某社区学院,学院没有专门的道德教育课程,也没有专门的道德课教师,只有两名专职的生涯指导师。这两名教师承担了学生在生涯发展过程中遇到的包括道德等诸方面的问题的排解任务,并为他们保密。其中,有一位学生因父母面临离异而痛苦不堪,情绪很低落,影响到了专业学习,他便找到生涯指导师,寻求帮助。生涯指导师给予他的帮助是一系列的:首先,打开电脑,和这名学生共同查阅了该州的离婚率情况,告诉他每周都有4对夫妇要离婚,然后又查阅了整个加拿大的离婚情况和全球的离婚率统计。以这些数据告诉学生,离婚并不是他想象中那么大的事情。其次,分析可能导致离婚的原因,但并不直接讨论其父母离婚的原因,事实上,帮助这名学生从父母的角度来理解这一决定。再次,跟这名学生一同罗列各种情况下离婚的利弊,此时学生变得轻松起来。接着,他们共同讨论婚姻的责任和基础分别是什么,讨论不同的婚姻观。然后,他们请学生自己谈谈他认为什么条件才适合踏入婚姻,以及父母离婚后他的打算。最后,学生表示自己遇到的问题自己可以处理,很值得来咨询,并表示感谢。

在整个咨询和指导过程中,两名教师并没有"教导"学生该做什么或该如何考虑问题、做什么决定,而是让学生自己来体会并从中获得领悟。这个咨询过程尽管是为个体解决现实问题的过程,但何尝不是一节出色的德育课呢?这名学生不仅走出了困境,而且进一步确立了婚姻观,了解了婚姻的责任,摆正了心态。对于此类生涯指导教师,是有较高要求的,他必须把握心理学、伦理学、教育学等的核心内容,还要善于沟通,善于指导,能够对学生遇到的不同问题作出一个相应的指导方案,这些指导不仅仅是道德方面的,还包括学习方面、生活方面、心理方面和职业方面等。

值得一提的是:对于个体德育过程而言,除了保密性的面对面交流之外,还有一个很合适的平台——网络。网络的优点在于,在网络中任何人都可以隐匿自己的真实身份，仅仅采用网络身份进行交流，很多不能在面对面场合或者知晓身份的情况下吐露的心声，在网络上可以彻底倾吐。目前，已经有中等职业学校注意到这一交流和教育平台，不仅在学校设立了实体性的德育中心，而且开设了专门的网页，供本学院的学生和教师互相交流，网页有专门的德育教师负责，解答、指导和提供咨询，不少难以启齿的道德问题在网络上，学生就愿意同教师交流了，也愿意接受教师的指导和建议。这是新时代的高新技术给我们教育带来的全新德育手段。

综上所述，中职德育过程主要由群体德育和个体德育两条主线来实施，两者对中职生的道德发展而言都非常重要。在群体的德育过程中，更要加强专业教学中的职业道德和技术伦理教育。在个体德育中，关键在于咨询者或指导者根据实际情况为学生制定一套针对自己的指导方案，这对个体的道德发展可能起到关键性的作用。

（五）中职德育过程导向

综上所述，对于中职德育过程，课题组认为有如下几个实施导向：

第一，中职德育过程的总体原则是在学习实践中体验和习得道德规范，并内化为中职生的道德品质。中职德育中的道德知识具有实践性和职业性，是过程性知识，而不是静态的知识，在应用时学习效果最好。

第二，中职德育的主阵地并非专门的道德课程，专门道德课程只是中职德育的一部分。中职德育过程的两大主要途径是群体道德教育和个体道德教育，两者不可偏废，特别需要重视后者，因为后者可能成为个体道德发展的关键事件。

第三，在群体德育过程中，传统的德育课程要注重活动的设计和道德读本的开发，让学生形成接近道德的兴趣和可能；就专业教学中的职业道德和技术伦理教育而言，它不仅仅是渗透性的隐性课程，而是隐性与显性的结合，因为职业道德和技术伦理不是道德理想层面的问题，而是基本的道德规则层面的问题，因此，需要显性化和刚性化；就课外德育活动而言，要避免重形式和排场，出现"丧失目标"的德育活动。

第四，个体德育过程是我国目前中职德育中经常被忽视的部分，需要组织专门的人员进修以便达到指导中职生个体生涯问题包括道德问题的要求，制定针对个体的指导方案，以便帮助个体在解决问题和困难的过程中发展道德。

综上，中职德育应当从原先的"五化二性"走出来，形成新的取向，具体如下：

- 中职德育的基本定位——底色论；
- 中职德育的目标层次——现实论；
- 中职德育的核心内容——职业论（职业道德与技术伦理）；
- 中职德育的实施过程——活动论；
- 中职德育的特色之处——践行论；
- 中职德育的管理方式——自主论；
- 中职德育的实施平台——个性论（群体德育与个别化咨询相结合）。

第二节　DMVP 进校园,铸成医药人职业素养

德育是中等职业教育教学的底色，是实现中等职业教育道德目标的基本途径，是使学生获得综合职业素养的教育。道德教育的核心主题就是讨论人性向善，正如西田几多郎所说："个人的善良是最重要的，是其他一切善的基础。"① 当前，我们频繁听闻的渎职案例，如奶粉门事件、瓦斯爆炸事件等都源于职业道德败坏。而培养规范、健康的职业道德是中职德育的主要目标，我们有必要审视现有中职德育的效果，探索一条有效实施中职德育的创新路径。

一　政治化、公德化的德育内容难以承载中职德育的要求

当前中职德育是普通高中德育的翻版。无论是课程设置还是教学内容都是如此。根据 2008 年华东师范大学职业教育与成人教育研究所受上海市教委职成教处委托对 30 所中等职业学校开展调研的结果，中职德育的效果并不令人满意。就德育内容而言，存在两大问题：

———————

① ［日］藤田正胜：《西田几多郎的现代思想》，河北人民出版社 2011 年版。

一是道德教育的政治化。调研结果显示，德育课程中 80% 以上都是政治课程，相关的德育活动中还要附加开展时事政治的教育。这种政治化的道德教育由来已久，自从进入近现代社会后，原先统一于社会生产生活中的道德教育就逐渐工具化，其一就是成为统治阶级传递意识形态的工具。当代学校形态的德育构成了陈桂生教授所指出的"政治化的'道德教育'与道德化的'政治教育'交错"的现象。当然，学校的大德育观应当具有政治教育的功能，但是其定位不能是主体。因为政治教育同道德教育的目标和方式皆不同。政治教育重在培养政治理念、政治信念和政治信仰，授受双方是不平等的，意识形态是不容商榷的；而道德教育重在培养学生的德性，授受双方是平等的关系，可以就某些问题提出不同的观点来探讨，如道德两难问题等。一旦将道德教育政治化了，不仅会产生目标的偏离，而且对德育的方式和效果都将产生深远影响。

二是职业道德教育的公德化。事实上，中职德育与普高德育应当有所区别。根据道德教育所涉及的范畴，它可以分为私德（私人交往领域的道德，如家庭婚姻道德等），公德（社会公共领域的道德，如公正、诚实等）和职业道德（职业领域的道德，如不泄露公司的技术机密等）。普通高中德育的目标是培养合格的公民，因此它的主体内容应当是社会公德教育；而中职由于其培养目标直接指向生产、服务一线的职业人，因此其德育的主要目标是培养合格的职业人（但不排斥公民教育），职业道德理应成为中职德育的主体内容。中职德育课程体系中有一门课是同普通高中相区别的，即《职业道德与法律》，但就调查结果来看，教材所涉及的职业道德是不分专业的笼统的职业道德，或者说不是真正意义上的"职业道德"。如谈奉献、诚信、关心，这些都是社会公德领域的道德原则。当然有人会反驳说，这些也适用于任何职业。如果每个职业的道德都完全一样，那还能称之为职业道德吗？从道德的层次结构（分为道德理想、道德原则和道德规则）来看，职业道德更倾向于职业道德规则，是一种底线性的道德，是每个学生必须遵守的，而不是像"无私奉献"那样属于引导学生努力达到的道德理想。而且，这些职业道德规则是分行业的，行业职业道德才能具体到规则层面，也才真正谈得上职业道德，如表6—2所示，同样讲"诚信"，在不同的行业其要求完全不同。

表6—2　　　　　　　　　　不同行业职业道德比较

	销售人员	医务人员	技术人员
相关职业 道德	不隐瞒商品的缺陷 不谎报市场的价格	不过度用药 不过度治疗	不泄露公司的技术机密

由此，公德化的职业道德使得学生仅仅了解道德理想和道德原则，根本无法知晓本行业的具体职业道德是什么，道德践行更无从谈起了。

综上所述，政治化、公德化的德育内容难以实现中职德育目标，难以承载作为合格职业人的道德要求。因此，中职德育低效是必然的。

二　行业职业道德教育是中职德育的核心内容

中职的培养目标是合格的职业人，也就是说，这一总体目标已经规定德育的目标应当主要指向职业道德，而不是社会公德和私德。通常，职业道德是按行业来划分的。因此，行业职业道德应该成为中职德育的核心内容。

首先，行业职业道德教育是同职业能力要求相吻合的。中职学校的主要目的是使学生获得与某行业或职业群相关的职业能力。而从职业能力的内涵来看，它不仅包括职业知识的要求、职业技能的要求，而且应当包括职业心理的、职业道德的要求。行业职业道德是获得完备职业能力不可或缺的部分。任何职业都具有价值维度，包括技能与技术人才所从事的职业。离开了价值维度的职业能力是可怕的，是道德上难以接受的，可能出现渎职、滥用技能等社会危机。因此，行业职业道德教育是培养学生职业能力的重要组成部分。

其次，行业职业道德教育是培养德性的重要方面。教育的本质是培养人的德性。个体的德性体现在不同方面，其中在职业世界的表现也是其重要方面。一个人格完善的人，必须在各个方面都是善的，任何行为都是道德上可接受的。因此，行业职业道德教育是培养完整的人格中不可缺少的方面。

最后，行业职业道德教育同社会公德教育相关联。正如上文所述，从道德原则的层面来看，行业职业道德同社会公德是基本一致的。只是在具体运用的领域不同，这一原则所派生出的道德规则不同罢了。相对职业世界而言，学生对日常的社会生活更为熟悉，因此，行业职业道德教育可以不仅仅局限于行业职业道德规则的教育，而且可以上升到道德原则层面，帮助学生理解这一原则如何应用于社会生活之中。这样一来，就将行业职业道德教育同社会公德教育结合在一起了，也就能兼顾培养合格的职业人和培养合格的公民。

由此，行业职业道德教育也理应成为中职德育的核心内容。

三 以医药职业道德为核心的中职德育创新模式——以上海医药学校为例

基于近两年在上海医药学校的创新德育实践，探讨基于医药行业职业道德来展开的中职德育创新模式。由于医药职业道德规则本身较繁杂，我校专门编著了校本教材《医药职业道德》，相关内容这里不再赘述。其核心是"关爱生命，注重规范"。围绕着这一核心，我们展开了如下创新：

第一，体系创新：依托所有教育教学活动开展德育。

课题组认为，中职德育不能仅仅依托德育课程，而是把德育作为整个教育教学的底色，融于一切的校内外活动之中，因此，提出了"整合式—自主性中职德育模式"，其基本架构如图6—1所示。

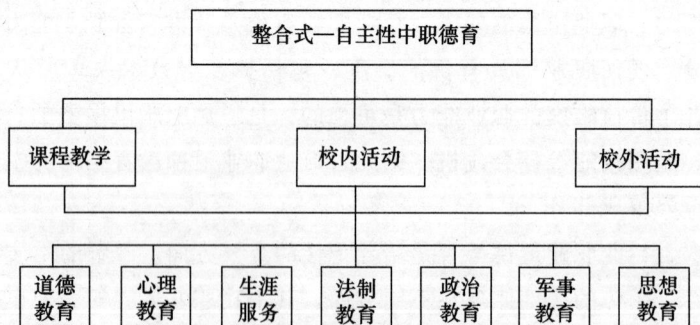

图6—1 整合式—自主性中职德育创新模式

由此可见，中职学校的德育是大德育，容纳了道德教育、心理教育、生涯服务、法制教育、政治教育、军事教育、思想教育等，这些教育是整合在所有的课程教学、校内活动和校外活动之中的，这是其整合性的体现。其自主性体现在强调学生自主管理、自主发展、自主监督、自主成长等。

第二,内容创新:以医药职业道德为主线。

从内容来看,我们学校的德育自始至终贯穿着医药职业道德的核心精神。从军训开始,我们就参观医药企业,让学生认识将来要从事的职业,引导学生如何转变角色成为准职业人;在学校学习中,讲究严谨和规范,无论是专业学习还是日常行为都要求注重规范,希望把"做人与做药一样不能马虎"的思想深入人心;在校外活动中组织学生到仁济医院、护理院和辅读学校,一方面运用自己的专业技能,另一方面学会"关爱生命";此外,主题活动、实习/见习等实践性活动无不体现医药行业职业道德的要求。

第三,过程创新:以日常行为规范和职业实践为主体。

在德育过程方面,我校的改革重点在于使知性德育转变为践行德育。在日常行为规范中,我们要求学生以医药行业的全面质量管理(制药行业)(GMP)和标准作业程序(SOP)的标准来保持环境卫生,以医药行业的职业形象来规范自身的衣着打扮;在我校的国际交流部试点将所有的德育课程都安排在周五下午,开展体验式素质训练,让学生在训练中提升道德水平;在实习、见习阶段,也渗入德育,要求班主任记录典型的道德行为与不道德行为,并给予评价,且把这一评价纳入到德育的整个评价体系之中。

第四,平台创新:群体德育和个体咨询相结合。

课题组相信,群体德育对于解决普遍性的道德问题具有适用性。但是,对个体而言,很多问题具有个性,而且只有当个体遇到真实问题的时候,学习才开始。由此,我们认为不能错失个体德育的平台,不能错失个体德性成长的契机,个体德育在很大程度上是能够真实提升个体道德素养的平台。例如,在实习期间,我们发现有学生产生了道德困惑,不知道如何处理职业道德与职业潜规则的冲突。这些是无法在课堂中解决的。我校将团委负责老师、心理健康老师和德育专任教师培养为生涯咨询师,使他们能够对个体学生同时开展心理教育、道德教育和生涯服务等。

第五,环境创新:正面的、积极的软环境辅助。

环境对道德的养成具有重要作用。正如诺尔特(D. Nolte)所指出的:如果孩子生活在批判里,他将学会谴责;如果孩子生活在敌意里,他将学会暴力；如果孩子生活在嘲讽里，他将学会害羞；如果孩子生活在羞耻里，他将学会罪恶感；如果孩子生活在鼓励里，他将学会自信；如果孩子生活在赞美中，他将学会欣赏；如果孩子生活在公平里，他将学会处事公正。由此，我们要求教师以一种正面、积极的态度来处理学生问题，并编写了《教师忌语》的小册子，要求教师身体力行，为中职学生创造一个良好的道德环境。

第六，评价创新：多元维度的表现性评价。

由于我校的德育改革侧重道德行为，且行业职业道德往往是道德规则层面的具体规定，医药职业道德讲究规范、到位，对这种职业道德的评价适合以表现性评价为主的方法。表现性评价（performance assessment），即通过学生完成某一实际任务的过程中来开展评价的方式，包括表现性任务和对表现的评价。这种表现性评价采取学分制，不仅包括各门德育课程，还包括日常行为规范、劳育活动、实习/见习中学生的道德表现等，而且还加上附加分，志愿者服务、社区活动及好人好事等。通过多维角度对学生表现出来的道德行为进行评价，获得更全面、更准确的道德评定。

经过近三年的实践，我们发现，以行业职业道德为核心开展的中职德育，以及我校推行的"整合式—自主性"创新德育模式的试点至少有如下效果和优势：第一，有利于学生尽早从学生角色向准职业人角色转变，让学生更顺利地实现从学校到工作的过渡；第二，有利于学生真正掌握行业职业道德的具体规则，避免从业后由于不清楚相关职业道德规则而出现渎职的现象；第三，有利于使学生从枯燥、厌烦的德育知识课堂中摆脱出来，走到鲜活的职业世界和生活实践中来体验道德，促进有效的道德学习；第四，有利于帮助个体解决个性化的道德困惑和心理、生涯问题，从而提升其道德水平；第五，有利于学校更人性化、更高效地管理学生，规范日常行为，营造健康的校园文化。

主要参考文献

著作类

1. [法] 爱弥尔·涂尔干著，陈光金等译：《道德教育》，上海人民出版社 2001 年版。

2. [法] 爱弥尔·涂尔干著，渠东、付得根译：《职业伦理与公民道德》，上海人民出版社 2001 年版。

3. [英] 彼得斯著，邬冬星译：《道德发展与道德教育》，浙江教育出版社 2003 年版。

4. [德] 博恩哈德·祖托尔：《简明政治伦理学》，德国波恩联邦政治教育中心 1997 年版。

5. 陈桂生：《"教育学视界"辨析》，华东师范大学出版社 1997 年版。

6. 《辞海》，上海辞书出版社 1989 年版。

7. [美] 杜威著，王承绪等译：《道德教育原理》，浙江教育出版社 2003 年版。

8. [美] 杜威著，赵祥麟等译：《教育中的道德原理》，《学校于社会·明日之学校》，人民教育出版社 1994 年版。

9. [美] 保罗·A. 萨缪尔森、威廉·D. 诺德豪斯著，高鸿业译：《经济学》（第 12 版），中国发展出版社 1991 年版。

10. 杜时忠：《德育十论》，黑龙江教育出版社 2003 年版。

11. 甘绍平：《伦理智慧》，中国发展出版社 2000 年版。

12. 冯建军：《生命与教育》，教育科学出版社 2005 年版。

13. 高德胜：《知性德育及其超越》，教育科学出版社 2003 年版。

14. 顾明远主编：《教育大辞典》，上海教育出版社 1998 年版。

15. 胡守棻主编：《德育原理》，北京师范大学出版社 1995 年版。

16. 何怀宏：《伦理学是什么》，北京大学出版社 2002 年版。

17. 黄向阳：《德育原理》，华东师范大学出版社 2005 年版。

18. 金生鈜：《规训与教化》，教育科学出版社 2006 年版。

19. ［美］柯尔伯格著，魏贤超等译：《道德教育的哲学》，浙江教育出版社 2000 年版。

20. 刘铁芳主编：《回到原点——时代冲突中的教育理念》，华东师范大学出版社 2006 年版。

21. 鲁洁、王逢贤：《德育新论》，江苏教育出版社 1994 年版。

22. ［美］罗尔斯著，何怀宏等译：《正义论》，中国社会科学出版社 1988 年版。

23. ［德］米歇尔·鲍曼著，肖君、黄承业译：《道德的市场》，中国社会科学出版社 2003 年版。

24. 彭坤明：《知识经济与教育》，南京师范大学出版社 1998 年版。

25. 戚万学、杜时忠：《现代德育论》，山东教育出版社 1997 年版。

26. 全国五年制中职教育德育工作指导委员会编：《全国五年制中职教育德育论文集》，华东师范大学出版社 2000 年版。

27. 孙彩平：《道德教育的伦理谱系》，人民出版社 2005 年版。

28. ［苏］《苏霍姆林斯基选集》（第 4 卷），教育科学出版社 2001 年版

29. 宋晔：《校园伦理智慧》，高等教育出版社、中山大学出版社 2006 年版。

30. 唐君毅：《道德自我之建立》，广西师范大学出版社 2005 年版。

31. ［美］提摩西·巴特勒、詹姆士·沃德鲁普著，赵剑非译：《哈佛职业生涯设计》，中国商业出版社 2004 年版。

32. ［美］托马斯·J. 萨乔万尼著，冯大鸣译：《道德领导 抵及学校改善的核心》，上海教育出版社 2004 年版。

33. 檀传宝：《信仰教育与道德教育》，教育科学出版社 1999 年版。

34. 吴安春：《回归道德智慧——转型期的道德教育与教师》，教育科

学出版社 2005 年版。

35. 王健敏：《道德学习论》，浙江教育出版社 2002 年版。

36. ［英］休谟：《道德原则研究》，商务印书馆 2004 年版。

37. 徐国庆：《实践导向职业教育课程研究：技术学范式》，上海教育出版社 2006 年版。

38. ［英］亚当·斯密：《道德情操论》，商务印书馆 2004 年版。

39. ［古希腊］亚里士多德著，苗力田译：《尼各马可伦理学》，中国社会科学出版社 1999 年版。

40. 袁桂林：《当代西方道德教育理论》，福建教育出版社 1995 年版。

41. 朱小蔓：《教育的问题与挑战——思想的回应》，南京师范大学出版社 2000 年版。

42. 中国教育与人力资源资源问题报告课题组：《从人口大国走向人力资源强国》，高等教育出版社 2003 年版。

43. Daryl Koehn, *The Ground of Professional Ethics*, Routledge, 1994.

44. Mike W. Martin, *Meaningful Work Rethinking Professional Ethics* (*Practical and Professional Ethics Series*), 2006. http：//www. amazon. com.

45. Rich, John Martin, *Professinal Ethics in Education*, Charles C. Thomas, Publisher, 1984.

46. H. Blankertz, Kellegstufenversuch in Nordrhein-Westfalen-das Ende der gymnasialen Oberstufe und der Berufsschulen, in Deutsche Berufs-und Fachschule, 1986.

论文类

1. 安桂清：《知识理解与教学创新——诠释学的视角》，载《全球教育展望》2006 年第 8 期。

2. 崔欣頔：《学校责任教育论纲》，南京师范大学教科院 2006 届博士学位论文。

3. 陈泽环：《底线伦理·共同信念·终极关怀——论当代社会的道德结构》，载《学术月刊》2005 年第 3 期。

4. 陈向阳：《试论高职院校中的技术伦理教育》，载《中国高教研究》2006 年第 2 期。

5. 杜爱玲：《德育内涵丰富的供需见面会——记北京市劲松职业高中以职业生涯设计为载体的德育活动》，载《中国职业技术教育》2004 年第 12 期。

6. 戴雪梅：《二年制下中职德育课相关课程整合的思考》，载《职业教育研究》2005 年第 9 期。

7. 傅维利：《真实的道德冲突与学生的道德成长》，载《教育研究》2005 年第 3 期。

8. 冯建军：《和谐关系中的道德意蕴与教育》，载《教育理论与实践》2006 年第 10 期。

9. 甘绍平：《应用伦理学：冲突、商议、共识》，载《中国人民大学学报》2003 年第 1 期。

10. 甘绍平：《关于应用伦理学本质特征的论争》，载《哲学动态》2005 年第 1 期。

11. 龚天平：《论应用伦理学的问题阈》，载《襄樊学院学报》2005 年第 1 期。

12. 胡宇彬：《黄炎培的职业教育目的观对现代中职教育的启示》，载《职教论坛》2003 年第 5 期。

13. 姜大源：《职业教育的专业教学论：属性、冲突、定位与前景》，载《中国职业技术教育》2004 年第 25 期。

14. 姜安心：《技术伦理教育与中职学生道德素质的培养》，载《中国职业技术教育》2006 年第 22 期。

15. 蒋乃平：《在学会做事中学会做人》，载《中国职业技术教育》2006 年第 24 期。

16. 蒋乃平：《职业生涯设计与德育》，载《中国职业技术教育》2004 年第 12 期。

17. 蒋乃平：《创新精神的培养是德育的重要内容》，载《职教通讯》2000 年第 5 期。

18. 蒋乃平、杜爱玲：《职业理想教育与职业生涯设计——职业院校职业指导工作的重要内涵》，载《教育与职业》2003 年第 1 期。

19. 京平：《应用伦理：当代伦理学研究的热点——第三次全国应用伦理学讨论会综述》，载《道德与文明》2003 年第 3 期。

20. 鲁洁：《道德危机：一个现代化的悖论》，载《中国教育学刊》2001 年第 4 期。

21. 鲁洁：《生活·道德·道德教育》，载《教育研究》2006 年第 10 期。

22. 蓝维：《政治教育与道德教育》，载《教育研究》1998 年第 6 期。

23. 刘黔敏：《德育学科课程：从理念到运行》，南京师范大学教科院 2005 届博士学位论文。

24. 刘志山：《道德教育向现实生活的回归与超越》，载《北京师范大学学报》（社科版）2005 年第 4 期。

25. 刘志山：《对传统的格式化道德教育的反思与超越》，载《教育理论与实践》2006 年第 10 期。

26. 刘玉萍：《中职教育德育目标实施过程中存在的问题及方法》，载《福建商业高等专科学校学报》2006 年第 2 期。

27. 廖申白：《应用伦理学的原则应用模式及其优点》，载《中国人民大学学报》2003 年第 1 期。

28. 李济忠、姚志彬：《学校德育的系统性刍议》，载《山西教育学院学报》1999 年第 1 期。

29. 李刚、高静文：《市场经济与道德代价》，载《哲学研究》1997 年第 3 期。

30. 龙宝新：《认识论视野中的学校德育转型》，载《宁夏大学学报》（人文社会科学版）2006 年第 2 期。

31. 匡瑛：《论职业道德教育低效的原因及对策》，载《中国职业技术教育》2009 年第 3 期。

32. 匡瑛：《去职业性：职业学校德育与教育教学难以融合的症结》，载《职教通讯》2009 年第 11 期。

33. 匡瑛：《初中生职业观与职业指导需求之调查》，载《河南职技师院学报》2001 年第 5 期。

34. 彭薇：《绝对真理辨》，载《北京教育学院学报》2001 年第 15 期。

35. 孙逊：《对青年人进行做人的教育》，载《清华大学教育研究》2001 年第 2 期。

36. 孙其华：《创新精神培养与学校道德教育改革》，南京师范大学教科院 2005 届博士学位论文。

37. 孙光琼、冯文全：《一种值得重视的德育方法——无意识教育法》，载《当代教育论坛》2006 年第 1 期。

38. 沈晓敏：《在对话和协商中提升道德判断和行为抉择能力》，载《全球教育展望》2006 年第 8 期。

39. 唐爱民：《政治教育与道德教育的异趣与关联：一种德育学辩护》，载《思想政治教育》2005 年第 4 期。

40. 童松辉：《学校德育不能孤立进行》，载《江西教育》2003 年第 24 期。

41. 吴刚、吴秋菊：《中职教育德育工作探析》，载《湖北成人教育学院学报》2006 年第 3 期。

42. 王永平：《浅析高等职业教育的德育工作》，载《安徽广播电视大学学报》2005 年第 3 期。

43. 王家军：《学校管理伦理》，南京师范大学教科院 2006 届博士学位论文。

44. 王春华：《关于高校德育目标定位的思考》，载《山东省青年管理干部学院学报》2006 年第 1 期。

45. 魏贤超：《整体大德育课程体现初探》，载《教育研究》1995 年第 10 期。

46. 谢征宇：《中职德育教育——以培养就业能力为基点》，载《安徽农业大学学报》（社会科学版）2005 年第 2 期。

47. 肖平、朱孝红：《职业道德现状与职业道德教育的边缘化》，载《高等工程教育研究》2004 年第 5 期。

48. 辛治洋：《道德判断与道德教育——基于中国传统道德教育思想范式的研究》，南京师范大学教科院 2006 届博士学位论文。

49. 薛飞：《"经济人"的德行选择与道德制度建设》，载《长白学刊》2001 年第 1 期。

50. 徐朔：《论关键能力和行动导向教学——概念发展、理论基础与教学原则》，载《职业技术教育》2006 年第 28 期。

51. 徐国庆：《实践导向的职业教育课程研究》，华东师范大学 2004 年博士学位论文。

52. 谢维营:《恩格斯和列宁论绝对真理》,载《上饶师范学院学报》2002 年第 22 期。

53. 许锋华、杜时忠:《从"道德人"到"经济人"——关于德育实效问题的根源探讨与视角转换分析》,载《教育理论与实践》2006 年第 6 期。

54. 叶澜:《试论当代中国学校文化建设》,载《教育发展研究》2006 年第 8 期。

55. 杨雁斌、史乃新:《信息时代的应用伦理》,载《国外社会科学》2004 年第 1 期。

56. 杨金土:《贯彻以人为本的职业教育价值观》,载《人民政协报》2005 年 10 月 26 日。

57. 郑富兴:《论当代学校组织的伦理基础》,2006 年南京师范大学博士后出站报告。

58. 周晓静:《课程德育:走向整合的学校道德教育》,南京师范大学教科院 2006 届博士学位论文。

59. 钟启泉:《知识建构与教学创新——社会建构主义知识论及其启示》,载《全球教育展望》2006 年第 8 期。

60. 张立新、夏惠贤:《当代东西方国家的公民教育及其价值取向研究》,载《全球教育展望》2006 年第 8 期。

61. 章仁彪:《以职为志 转识为智 由技入道——职业教育与职业人格、职业精神培养》,载《职业技术教育》2004 年第 12 期。

62. 周祖耐:《德育力量整合操作的系统性》,载《现代中小学教育》2000 年第 5 期。

63. 张澍军:《论德育目标的价值蕴涵》,载《东北师大学报》(哲学社会科学版)2006 年第 2 期。

64. 周凌波:《信息技术伦理及其哲学反思》,大连理工大学 2005 年硕士学位论文。

65. Codes of Ethics Online, Center for the Study of Ethics in the Professions. http://www. Codesofethicsonline. com.

66. H. Danesh, *The Psychology of Spirituality*, Manotick, Ontario, Nine Pines, 1994.

67. Elena Mustakova-Possardt, "Education for Critical Moral Consciousness", *Journal of Moral Education*, Vol. 33, No. 3, September 2004.

68. D. Helminiak, *Religion and the Human Sciences*, Albany, NY, SUNY Press, 1998.

69. J. R. Herkert, "Engineering Criteria 2000 and Engineering Ethics: Where do We Go from here ?", 1999. http: // onlineethics. Org.

70. E. Koehn, "Engineering Perceptions of ABET Accreditation Criteria", *Journal of Professional Issues in Engineering Education and Practice*, February 1997.

71. Sara Efrat Efron, "Moral Education Between Hope and Hopelessness: The Legacy of Janusz Korczak", The Ontario Institute for Studies in Education of the University of Toronto, 2008.

72. B. G. Wilson & K. M. Myers, "Situated Cognition in Theoretical and Practical Context", in D. H. Jonassen & S. M. Land, *Theoretical Foundations of Learning Environments*, Lawrence Erlbaum Associates, Mahwah, New Jersey.

中职德育调查问卷(学生卷)

亲爱的同学：

　　您好！下面是一些关于您道德学习方面的问题，请按要求如实回答。您的回答仅作研究使用。非常感谢您在繁忙的学习中抽出时间，配合我们。谢谢！

学校＿＿＿＿＿＿　专业＿＿＿＿＿＿　性别＿＿＿＿＿　年级＿＿＿＿

一、请选择您认为最符合您真实想法的答案。

1. 我对本专业/职业/行业所涉及的职业道德（　　）

A. 非常了解　B. 很了解　C. 有些了解　D. 很少了解　E. 几乎没有

2. 我从事的专业/职业/行业中的职业道德和其他专业/职业/行业（　　）

A. 完全一致　B. 基本一致　C. 部分一致　D. 很少一致　E. 几乎不一致

3. 我所能列举的职业道德数量为（　　）

A. 3 种以下　B. 3—10 种　C. 10—20 种　D. 20—30 种　E. 30 种以上

4. 我能遵守的职业道德数量为（　　）

A. 3 种以下　B. 3—10 种　C. 10—20 种　D. 20—30 种　E. 30 种以上

请选择与你实际情况最符合的一项，以打钩表示。

	非常大	很大	一般	较小	几乎没有
5. 我认为在校所学的职业道德对求职的影响	1	2	3	4	5

6. 我认为道德素养对我职业生涯发展的影响

                             1   2   3   4   5

7. 我认为我们学校德育实施的成效

                             1   2   3   4   5

8. 因为学校德育而改变自身道德认识的程度

                             1   2   3   4   5

9. 因为学校德育而改变自身道德行为的程度

                             1   2   3   4   5

10. 我认为未来工作中出现道德冲突的可能

                             1   2   3   4   5

11. 我们学校进行德育的方式有:【请按时间比例排序】

____ > ____ > ____ > ____ > ____ > ____ > ____ > ____

A. 德育课   B. 政治课   C. 班会   D. 辅导员个别谈话

E. 其他任课教师个别谈话   F. 德育课/政治课教师个别谈话

G. 爱国主义教育   H. 节日活动   I. 其他_____

12. 我们学校进行德育的方式有:【请按实际的重要程度排序】

____ > ____ > ____ > ____ > ____ > ____ > ____ > ____

A. 德育课   B. 政治课   C. 班会   D. 辅导员个别谈话

E. 其他任课教师个别谈话   F. 德育课/政治课教师个别谈话

G. 爱国主义教育   H. 节日活动   I. 其他_____

13. 我们学校德育中职道德教育占所有德育内容包括公德教育(如不得随地吐痰等)、私德教育(如要孝敬父母等)和职业道德(如要保守企业技术秘密等)的比例为(   )

A. 80%以上 B. 60%—80%% C. 40%—60% D. 20%—40% E. 20%以下

14. 我校所使用的德育教材是(   )

A. 统一教材   B. 学校自编教材   C. 教师自选教材   D. 其他_____

15. 我认为我们老师在进行道德教育时(   )

A. 非常生动、深入人心   B. 较生动、较能打动人   C. 一般

D. 不太生动、很少打动我   E. 不生动、我一点也没感觉

16. 我平时经常思考学习、生活或未来工作中出现的道德问题(   )。

A. 总是   B. 经常   C. 有时   D. 偶尔   E. 几乎不想

17. 我爸爸是开公司的，他的公司和我所在公司是同一行业，他正好需要我们公司的一些技术参数，而我正是技术人员，可能获得这些技术参数，爸爸希望我能把自己公司的技术参数透露给他，在这样的情况，我会（ ）？

A. 告诉爸爸　　　　B. 不告诉爸爸　　　　C. 觉得很矛盾

D. 告诉一部分　　　　E. 其他_____

二、请根据您自己的真实想法填写。

1. 我认为本专业/行业中所需要的职业道德有：_____

_____

2. 我校德育课程所使用的教材是：_____

3. 我认为我们学校德育存在的问题有：_____

_____

4. 我喜欢的德育方式是：_____

_____

——再次感谢您真诚的合作——

中职德育调查问卷(教师卷)

敬爱的老师：

　　您好！下面是一些关于中职生道德学习方面的问题，请按要求如实回答。您的回答仅作研究使用、全部匿名。非常感谢您在繁忙的工作中抽出时间，配合我们。谢谢！

学校_____类别_____（班主任/专业课/公共课教师）

是/否　德育课教师　　年级_____

一、请选择您认为最符合您真实想法的答案。

1. 我对本专业/职业/行业所涉及的职业道德（　　）

A. 非常了解　B. 很了解　C. 有些了解　D. 很少了解　E. 几乎没有

2. 我从教学生的专业/职业/行业中的职业道德和其他专业/职业/行业（　　）

A. 完全一致　B. 基本一致　C. 部分一致　D. 很少一致　E. 几乎不一致

3. 我所能列举的职业道德数量为（　　）

A. 3 种以下　B. 3—10 种　C. 10—20 种　D. 20—30 种　E. 30 种以上

4. 我认为我的学生能遵守的职业道德数量为（　　）

A. 3 种以下　B. 3—10 种　C. 10—20 种　D. 20—30 种　E. 30 种以上

5. 我校所使用的德育教材是（　　）

A. 统一教材　B. 学校自编教材　C. 教师自选教材　D. 其他_____

请选择与你实际情况最符合的一项，以打钩表示。

非常大　很大　一般　较小　几乎没有

6. 我认为在校所学的职业道德对求职的影响

        1   2   3   4   5

7. 我认为道德素养对学生职业生涯发展的影响

        1   2   3   4   5

8. 我认为我们学校德育实施的成效

        1   2   3   4   5

9. 我因为学校德育而改变学生道德认识的程度

        1   2   3   4   5

10. 我因为学校德育而改变学生道德行为的程度

        1   2   3   4   5

11. 我认为学生未来工作中出现道德冲突的可能性

        1   2   3   4   5

二、请根据您自己的真实想法填写。

1. 我认为我所教学生的专业/行业中所需要的职业道德有：_____

_____

2. 我校德育课程所使用的教材是：_____

3. 我认为我们学校德育需要改进的地方有：_____

——再次感谢您真诚的合作——

企业调查问卷相关问题

尊敬的 _____ 企业领导：

您好！

为了了解贵单位对中职毕业生的素质要求以及对中职学校教育活动安排的满意程度，以使企业和人才之间架设一座互通、互晓的桥梁，我们特制定了本调查问卷。您的意见是我们改进职业指导工作，调整人才培养计划和改革教学工作的重要依据。希望得到贵单位的大力协助。

感谢您的支持与合作！

调查对象的基本情况问卷

1. 贵单位名称：_____

2. 贵单位性质：_____

A. 国有大中型企业　B. 中外合资企业　C. 外资企业　D. 民营或私人企业　E. 其他_____

3. 贵单位规模：_____

A. 50 人以下　B. 50—99 人　C. 100—499 人　D. 500—1000 人
E. 1000 人以上

4. 贵单位所属行业：_____

A. 加工·制造·汽车　　　　B. 计算机·互联网·电子商务

C. 贸易·进出口·物流　　　D. 咨询业（法律、财务、中介服务）

E. 金融　F. 电信·通讯　　G. 批发·零售　　H. 教育·培训

I. 其他行业（请写明）_____

企业调查问卷

5. 你认为下列因素对就业的影响程度如何?(每题均答)

因素	非常重要	比较重要	一般	不太重要	不重要
(1) 性别	A	B	C	D	E
(2) 户籍	A	B	C	D	E
(3) 学习成绩	A	B	C	D	E
(4) 个人能力(包括外语、计算机能力)	A	B	C	D	E
(5) 道德修养	A	B	C	D	E
(6) 技能证书	A	B	C	D	E
(7) 实践/工作经历	A	B	C	D	E
(8) 所学专业	A	B	C	D	E
(9) 应聘技巧	A	B	C	D	E
(10) 学历层次	A	B	C	D	E
(11) 家庭的背景或社会关系	A	B	C	D	E
(12) 学校声誉	A	B	C	D	E

6. 请贵单位对毕业生的素质要求排序。

____ > ____ > ____ > ____ > ____ > ____ > ____ > ____ > ____

A. 学习成绩　B. 个人能力　C. 所学专业　D. 技能证书

E. 家庭背景　F. 道德水平　G. 学历层次　H. 学校声誉

I. 应聘技巧　J. 工作经历

	非常满意	很满意	一般	较不满意	不满意
7. 贵单位对我院德育成效	1	2	3	4	5
8. 贵单位对我院德育内容	1	2	3	4	5

9. 贵单位认为对我校教育中需要改进的方面是(最多选三项):____

A. 专业理论教学 B. 专业实践环节 C. 职业生涯指导 D. 学院管理

E. 技能考核 F. 道德培养 G. 计算机和外语能力 H. 交往能力

I. 其他_____(请填写)

10. 贵单位对我校毕业生综合素质的评价（空格内打"√"）

序号	评 价 内 容	很好	较好	一般	较差	很差
1	专业知识的深度和广度					
2	分析问题和解决问题的能力					
3	职业道德素养					
4	团队精神					
5	敬业精神					
6	创新精神					
7	动手实践能力					
8	英语、计算机等基础知识的运用能力					
9	继续学习和再培训要求					
10	基础知识的掌握程度					
11	对中职毕业生总体的满意程度					

访 谈 提 纲

亲爱的同学/老师：

　　您好！

　　为了解中职学校近年来在德育所取得的成果以及遇到的一系列问题，故通过本次调查研究，以期为中职学校德育的发展和完善提供借鉴和帮助。调查结果仅供研究使用，全部匿名，敬请放心！希望您能予以大力支持，配合我们完成下列调查。谢谢！

　　1. 贵校的培养目标是什么？

　　2. 德育在贵校的地位如何？

　　3. 您认为德育在培养中职毕业生的过程中有多重要？

　　4. 贵校实施德育主要由哪些部分组成？

　　5. 贵校德育课程的内容、教材（校本/统一）、课程安排和教学形式是如何的？

　　6. 在实习、见习期间有没有进行德育？

　　7. 您认为学校德育有用吗？

　　8. 贵校老师对德育重视吗？

　　9. 贵校老师本身非常注重自身的道德修养吗？

　　10. 您有没有因为贵校的德育而改变自身的某些想法和做法？改变有多大？

　　11. 企业及其他用人单位对贵校毕业生的基本素养反映如何？

　　12. 您认为近年来贵校德育方面存在哪些问题？

　　衷心感谢您能在百忙之中抽出时间为我们进行详细的介绍，谢谢！

　　　　　　　　　　　　《中等职业教育创新德育模式研究》课题组

　　（注：以上是访谈的基本内容框架，访谈者会根据访谈的内容进行调整和追问。）

中职生问题行为德育处和班主任访谈提纲

访谈时间_____ 访谈对象_____ 学校名称_____

一、访谈对象情况
职务：主任/科员

在德育处的时间：

做班主任的时间：

二、访谈问题
（一）德育处老师

1. 您处理过哪些学生问题？到德育处来处理的学生问题通常都有哪些？为什么这些问题要放到德育处来处理？

2. 在这些处理过的问题中哪些比较普遍？为什么？给这些比较普遍的问题排个序。

3. 一般这些问题都由谁来处理？学校对这些问题的处理有一个怎样的程序？

4. 对这些问题一般采取什么处理方式？

5. 您认为我们的学生在行为表现方面与普通高中生有什么区别？哪些问题是中职生身上常见而普通高中学生身上较少出现的？

6. 请被访者举例。（谁？什么样的学生？怎么了？怎么处理的？处理结果怎么样？）

（二）班主任

1. 近期内您处理过哪些学生问题？

2. 您认为哪些问题在我们学校的学生身上比较普遍？您认为我们的学生在行为表现方面与普通高中学生有何区别？哪些问题是我们学生身上

常见而普通高中学生身上较少出现的？请您给这些比较普遍的问题排个序。

3. 学生的这些问题一般是由谁来处理，班主任、德育处还是发现问题的老师？

4. 您一般是怎么处理这些问题的？

5. 举例说明。

（1）例子。（谁？什么样的学生？怎么了？怎么处理的？处理结果怎么样？）

（2）您当时怎么会觉得这个行为有问题？

（3）你觉得自己处理得怎样？哪些地方好？哪些地方不好？

附录六 中职生问题行为访谈提纲（后期调研）

中职生问题行为教师访谈提纲

访谈时间＿＿＿＿ 访谈对象＿＿＿＿ 学校名称＿＿＿＿

一、访谈教师情况

1. 老师您现在是否担任班主任？（若是，请问担任班主任的时间有多长？）

二、访谈问题

1. 请您详细地描述一下事情的经过好吗？

包括是哪位学生出现的、出现后学校或是教师本人采取了什么样的处理措施？周围同学是否知晓？影响是否重大？

2. 您当时为什么要采用这种处理措施？

出现这种情况您一般采取什么措施？

A. 采取通常措施：为什么通常都采取这种方式？

B. 若不是通常处理方式：为什么这次不一样？平常采取什么方式？为什么？

3. 您认为学生为什么会出现问题行为？

4. 您了解这个学生吗？他本人的个性性格怎样？在班级中学习成绩怎样、表现怎样？与同学相处融洽吗？他的家庭情况怎样？

5. 班上或者学校里的其他同学知道这件事吗？其他同学对您的处理反应如何？

6. 您处理之后学生还出现这个问题吗？其他同学还出现过吗？

7. 如果事情再发生一次，您还会采取这种处理方式吗？您对自己的处理方式满意吗？

8. 如果要对学生的问题行为进行分类的话，您把这个问题归为哪一类？为什么？

中职生问题行为学生访谈提纲

访谈时间_____　　访谈对象_____　　学校名称_____

一、访谈学生情况

1. 目前就读于什么专业？

2. 现在是几年级了？

二、访谈问题

1. 我还了解到了××事件，能给我详细说说事情的经过吗？

2. 你为什么要做这件事情呢？（出现这个行为呢？）

3. 这件事情发生后老师是怎么处理的呢？

4. 老师这样处理你认可吗？为什么认可？为什么不认可？

5. 换个角度来想想，若是你是老师的话，你会怎么处理？

6. 后来你还出现这种行为了吗？其他的同学呢？

7. 能跟我说说你自己吗？（性格怎样，学习成绩，人际交往等）

中职生问题行为研究教师问卷

尊敬的老师：

您好！为了了解中职生行为规范方面的问题，特展开本次调研。问卷仅用于研究，不涉及具体的学校和教师，并将对个人信息保密。谢谢您的真诚合作！

请您在符合学生情况的选项下画"√"，不同的数字代表不同的符合程度："1"表示非常不符合，"2"表示不太符合，"3"表示符合，"4"表示比较符合，"5"表示非常符合。

请问您是否担任班主任：A. 是   B. 否

选项	非常不符合	不太符合	符合	比较符合	非常符合
1. 学生经常迟到	1	2	3	4	5
2. 学生染发、烫发，男生留长头发	1	2	3	4	5
3. 学生佩戴首饰，着装不符合自己的身份	1	2	3	4	5
4. 学生逃学的现象很少出现	1	2	3	4	5
5. 学生经常无故旷课	1	2	3	4	5
6. 学生上课睡觉、说话、玩手机的现象很普遍	1	2	3	4	5
7. 学生抄袭他人作业的情况很少出现	1	2	3	4	5
8. 学生经常考试作弊	1	2	3	4	5
9. 不骂脏话对于学生来说是件难事	1	2	3	4	5
10. 学生顶撞老师的情况很少出现	1	2	3	4	5
11. 学生经常逃夜	1	2	3	4	5
12. 学生很少参与赌博	1	2	3	4	5

续表

选项	非常 不符合	不太 符合	符合	比较 符合	非常 符合
13. 学生抽烟的情况经常出现	1	2	3	4	5
14. 学生不会出现喝酒的情况	1	2	3	4	5
15. 学生打架的事件经常发生	1	2	3	4	5
16. 学生浏览不健康网站、看不健康的书籍和影视作品	1	2	3	4	5
17. 偷窃他人财物的情况在学生中很少发生	1	2	3	4	5
18. 学生经常与社会上的不良青年来往	1	2	3	4	5
19. 早恋是学生中的普遍现象	1	2	3	4	5
20. 敲诈勒索的情况在学生中很少发生	1	2	3	4	5
21. 学校公共物品经常被学生破坏	1	2	3	4	5
22. 学生很少出现借钱不还的情况	1	2	3	4	5

问卷结束：非常感谢您的配合！

说明：由于教师卷和学生卷的选项是一致的，为避免重复，在这里只呈现教师问卷。